A CONSTRUÇÃO DO PLANO DE NEGÓCIO

Alexsandro Feitosa

www.saraivauni.com.br

Antonio Renato Cecconello
Alberto Ajzental

A CONSTRUÇÃO DO PLANO DE NEGÓCIO

Percurso metodológico para:

caracterização da oportunidade
estruturação do projeto conceptual
compreensão do contexto
definição do negócio
desenvolvimento da estratégia
dimensionamento das operações
projeção de resultados
análise de viabilidade

Editora Saraiva

Editora Saraiva

Av. Marquês de São Vicente, 1697 – CEP: 01139-904
Barra Funda — TEl.: PABX (0XX11) 3613-3000
Fax: (11) 3611-3308 — Televendas: (0XX11) 3613-3344
Fax Vendas: (0XX11) 3268-3268 — São Paulo - SP
Endereço Internet: http://www.editorasaraiva.com.br

FILIAIS:

AMAZONAS/RONDÔNIA/RORAIMA/ACRE
RUA COSTA AZEVEDO, 56 — CENTRO
FONE/FAX: (0XX92) 3633-4227 / 3633-4782 — MANAUS

BAHIA/SERGIPE
RUA AGRIPINO DÓREA, 23 — BROTAS
FONE: (0XX71) 3381-5854 / 3381-5895 / 3381-0959 — SALVADOR

BAURU/SÃO PAULO
(SALA DOS PROFESSORES)
RUA MONSENHOR CLARO, 2-55/2-57 — CENTRO
FONE: (0XX14) 3234-5643 — 3234-7401 — BAURU

CAMPINAS/SÃO PAULO
(SALA DOS PROFESSORES)
RUA CAMARGO PIMENTEL, 660 — JD. GUANABARA
FONE: (0XX19) 3243-8004 / 3243-8259 — CAMPINAS

CEARÁ/PIAUÍ/MARANHÃO
AV. FILOMENO GOMES, 670 — JACARECANGA
FONE: (0XX85) 3238-2323 / 3238-1331 — FORTALEZA

DISTRITO FEDERAL
SIG SUL QD. 3 — BL. B — LOJA 97 — SETOR INDUSTRIAL GRÁFICO
FONE: (0XX61) 3344-2920 / 3344-2951 / 3344-1709 — BRASÍLIA

GOIÁS/TOCANTINS
AV. INDEPENDÊNCIA, 5330 — SETOR AEROPORTO
FONE: (0XX62) 3225-2882 / 3212-2806 / 3224-3016 — GOIÂNIA

MATO GROSSO DO SUL/MATO GROSSO
RUA 14 DE JULHO, 3148 — CENTRO
FONE: (0XX67) 3382-3682 / 3382-0112 — CAMPO GRANDE

MINAS GERAIS
RUA ALÉM PARAÍBA, 449 — LAGOINHA
FONE: (0XX31) 3429-8300 — BELO HORIZONTE

PARÁ/AMAPÁ
TRAVESSA APINAGÉS, 186 — BATISTA CAMPOS
FONE: (0XX91) 3222-9034 / 3224-9038 / 3241-0499 — BELÉM

PARANÁ/SANTA CATARINA
RUA CONSELHEIRO LAURINDO, 2895 — PRADO VELHO
FONE: (0XX41) 3332-4894 — CURITIBA

PERNAMBUCO/ ALAGOAS/ PARAÍBA/ R. G. DO NORTE
RUA CORREDOR DO BISPO, 185 — BOA VISTA
FONE: (0XX81) 3421-4246 / 3421-4510 — RECIFE

RIBEIRÃO PRETO/SÃO PAULO
AV. FRANCISCO JUNQUEIRA, 1255 — CENTRO
FONE: (0XX16) 3610-5843 / 3610-8284 — RIBEIRÃO PRETO

RIO DE JANEIRO/ESPÍRITO SANTO
RUA VISCONDE DE SANTA ISABEL, 113 A 119 — VILA ISABEL
FONE: (0XX21) 2577-9494 / 2577-8867 / 2577-9565 — RIO DE JANEIRO

RIO GRANDE DO SUL
AV. A. J. RENNER, 231 — FARRAPOS
FONE: (0XX51) 3301-4001 — PORTO ALEGRE

SÃO JOSÉ DO RIO PRETO/SÃO PAULO
(SALA DOS PROFESSORES)
AV. BRIG. FARIA LIMA, 6363 — RIO PRETO SHOPPING CENTER — V. SÃO JOSÉ
FONE: (0XX17) 3227-3819 / 3227-0982 / 3227-5249 — SÃO JOSÉ DO RIO PRETO

SÃO JOSÉ DOS CAMPOS/SÃO PAULO
(SALA DOS PROFESSORES)
RUA SANTA LUZIA, 106 — JD. SANTA MADALENA
FONE: (0XX12) 3921-0732 — SÃO JOSÉ DOS CAMPOS

SÃO PAULO
AV. MARQUÊS DE SÃO VICENTE, 1697 — BARRA FUNDA
FONE: PABX (0XX11) 3613-3000 / 3611-3308 — SÃO PAULO

ISBN 978-85-02-06791-2

CIP - BRASIL. CATALOGAÇÃO NA FONTE
SINDICATO NACIONAL DOS EDITORES DE LIVROS, RJ.

C383c

Cecconello, Antonio Renato
A construção do plano de negócios : percurso metodológico para : caracterização da oportunidade, estruturação do projeto conceptual, compreensão do contexto, definição do negócio, desenvolvimento da estratégia, dimensionamento das operações, projeção de resultados, análise de viabilidade / Antonio Renato Cecconello, Alberto Ajzental. - São Paulo : Saraiva, 2008.

Inclui bibliografia
ISBN 978-85-02-06791-2

1. Planejamento estratégico. 2. Planejamento empresarial. 3. Administração de empresas. I. Ajzental, Alberto. II. Título.

07-3457. CDD: 658.4012
CDU: 65.012.2

Diretora editorial: Flávia Helena Dante Alves Bravin
Gerente editorial: Marcio Coelho
Editores: Rita de Cássia da Silva
Ana Maria da Silva
Produção editorial: Viviane Rodrigues Nepomuceno
Juliana Nogueira Luiz
Suporte editorial: Rosana Peroni Fazolari
Revisor técnico: João Pedro de Castro Nunes Pereira
Arte, Produção e Capa: Casa de Idéias

1ª edição
1ª tiragem: 2008
2ª tiragem: 2008

À minha família [... Geraldo, Maria, Reny, Renê, Fernando, Felipe, Daniel, Eliane, Silvana, Giovanni, ...], um presente sempre presente!

A. R. Cecconello

Dedico este livro a todos aqueles que, direta ou indiretamente, contribuíram para sua realização. Em especial a meus pais Icek e Maria, minha esposa Ilana e meus pequenos Dani e David, que sentiram a subtração de horas de convivência.

Alberto Ajzental

Agradecimentos

Às vésperas de entregar este livro para a impressão, é imperativo reconhecer que não somos os únicos responsáveis por ele. Revendo as etapas percorridas até esta data, desde a primeira reunião, quando fomos convidados a este desafio, até as recentes horas na revisão do texto, muitos foram aqueles que contribuíram para o produto que apresentamos agora.

A oportunidade de escrever este livro aconteceu por meio da professora Manolita Correia Lima, responsável pelo departamento de Trabalhos de Conclusão, convite que veio ao encontro das percepções captadas via atividades de consultoria junto a empresas e acadêmica na ESPM – Escola Superior de Propaganda e Marketing. Enquanto a atividade de consultoria possibilita presenciar as dificuldades de vários empresários e analistas de negócios nos procedimentos preliminares à tomada de decisão, a atividade acadêmica traz a experiência com estudantes voltados para a elaboração de trabalhos de conclusão de curso.

O motivo maior para se escrever um livro desse teor foi a observação, seja nas empresas, seja em sala de aula, da ausência de uma obra específica que atendesse à necessidade do não-iniciado no percurso orientado à elaboração de planos de negócio. No caso específico da sala de aula, era necessário recorrer a vários autores, o que era difícil metodologicamente. Se tal contexto para o estudante, que usualmente tem maior facilidade de acesso aos livros, já era um inconveniente, o que dizer do empresário ou do analista que não tem uma biblioteca tão próxima?

Nossos agradecimentos, aqui registrados, podem representar pouco se comparado a tudo que consideramos ter recebido daqueles que envolvemos nessa caminhada. Não importando o escopo ou abrangência da contribuição, todas elas trouxeram o equilíbrio para a obra, que entendemos ser o melhor que podíamos oferecer àqueles que precisam pensar na construção de planos de negócio, seja como aplicação prática na empresa privada, seja em trabalhos acadêmicos.

A quem agradecer primeiro? Escolhemos a ordem cronológica para fazer essa reverência às contribuições no conteúdo e na produção gráfica.

À professora Manolita Correia Lima, pela confiança, apoio e incentivo no desenvolvimento deste livro.

Àquele que, além de conselheiro, foi um *sparring* mental no desenvolvimento do livro, desde a estruturação do sumário até a busca por melhores definições de títulos, termos e significados, Cláudio Antônio Tordino.

Ao professor Renato Telles, pela acuidade na revisão completa do primeiro texto e qualidade das melhorias sugeridas tanto na forma quanto no conteúdo.

Aos professores Ernesto Giglio, Ilan Avrichir, Júlio César Tavares Moreira, Rui Teske, Luciana Jacques Faria, Edmir Kuazaqui, Thelma Valeria Rocha, da ESPM – SP, e Tânia Maria Vidigal Limeira, da EAESP-FGV, pelas contribuições relativas aos conceitos sobre estratégia, marketing e aplicação do texto em trabalhos de conclusão de curso.

Aos professores Eduardo Tambor Jr., do IMT, e Marcio Gabrielli, da ESPM – SP, pelas revisões críticas e sugestões para melhorias na análise financeira.

Ao professor Marcos Fernandes Gonçalves da Silva, da EESP – FGV, pelas contribuições sobre a aplicação dos conceitos de Economia em Estratégia de Negócios.

A Marcelo Romeiro, da Rio Bravo Serviços Financeiros S.A., pela contribuição sobre a visão dos bancos de investimento quanto à recepção de planos de negócio.

A Lucas Gonzaga, pela atenção dispensada para a preparação das fotos, além das sugestões de capas.

De maneira alguma poderia faltar o agradecimento ao sem-número de profissionais e orientandos que, ao longo do tempo, contribuíram de forma inspiradora para a consecução deste livro, afinal, eles representam o motivo da obra.

Encerrando, queremos também expressar nosso profundo agradecimento à Editora Saraiva, em especial a Flávia Alves, Frederico Marchiori e Viviane Rodrigues Nepomuceno, pelo esforço para cumprir os prazos assumidos, e à equipe técnica, Paula Mendes, Marilu Tasseto e Daniel Rampazzo, da Casa de Idéias, pela atenção na revisão dos textos e o cuidado na busca de melhores expressões que entendemos terem contribuído sobremaneira para a qualidade do produto final.

Antonio Renato Cecconello e Alberto Ajzental

Prefácio

Enfim, chegou a quarta "onda"

O impacto da descoberta da estratégia de empresas aconteceu em "ondas". Dentre as principais, destacamos três ondas: a primeira foi para os **investidores** em ações negociadas na bolsa. A segunda foi para os **presidentes das empresas**. A terceira foi para os **administradores das empresas**. Este livro está trazendo a quarta "onda", provocada pela descoberta da estratégia, para os **empreendedores**.

A primeira "onda" veio sem alarde. Ela só foi entendida depois que mudou o índice do preço das ações negociadas (a cotação) sobre o valor contabilizado das mesmas ações. Este índice era, até 1980, tradicionalmente próximo de 2,0. Ou seja, as ações das empresas negociadas na bolsa tinham cotação próxima do dobro do valor que os contabilistas atribuíam à empresa e, portanto, o chamado valor do *goodwill* era igual ao valor contabilizado. Em 1985, a perplexidade surgida foi tal índice passar para 3,0. As ações valorizaram em média 50% em cinco anos, dobrando o *goodwill.* Atribuiu-se essa valorização à flutuação de preços no mercado, mas posteriormente essa valorização foi considerada conseqüência dos trabalhos de Michael Porter (*Estratégia competitiva,* 1980). Em 1990, o índice mencionado subiu para 5,0 e, em 2000, ficou ainda mais alto, mostrando que não era apenas o *goodwill.* Era o atestado de que havia sido descoberto o caminho à lucratividade dos investidores.

A segunda "onda", na década de 1990, foi o surgimento de grandes **presidentes de empresas**, que tiveram agilidade para aproveitar os conceitos recentes de estratégia e fazer grandes empresas de sucesso. O personagem típico dessa onda foi Jack Welch, da General Eletric.

A terceira "onda", a partir de 1994, marcada pelo livro *Competindo pelo futuro*, de Hamel e Prahalad, consagrado pelo sucesso editorial e dirigido aos **administradores**, mostrou a importância da agilidade e do foco na administração da estratégia da empresa.

Com essas três "ondas", dos investidores, do presidente, dos executivos, ficou faltando uma onda de renovação dos conceitos para os **empreendedores,** pois, até este momento, os livros ainda não haviam sido influenciados pelas três ondas mencionadas.

Enfim, a quarta "onda" chegou com este livro sobre **A construção do Plano de Negócio**. Chegou já testado na prática pelos autores, Antonio Renato Cecconello e Alberto Ajzental, cuidadosos, experientes, que se dispuseram a indicar o caminho moderno para a formação de novas empresas.

Sérgio Baptista Zaccarelli

Apresentação

Um comportamento observado com iniciantes na elaboração de Planos de Negócio e estudantes/orientandos de trabalhos de conclusão de curso, é a preocupação antecipada para provar a viabilidade do negócio escolhido.

Parece uma síndrome, caracterizada por uma sensação injustificada de que, caso o plano elaborado mostre-se inviável, isso significará incompetência profissional para mostrar a viabilidade do negócio analisado e, para estudantes, reprovação no curso.

No caso das empresas, uma das maneiras para se garantir sua continuidade é a busca por novas alternativas de ganhos. Assim sendo, é lógico analisarem-se continuamente novas perspectivas para negócios que pareçam ter chances de sucesso, descartando os insucessos.

No caso de um Trabalho de Conclusão de Curso, há que se entender que esse é apenas mais um exercício, só que mais complexo, por meio do qual se busca saber se o aluno consegue identificar uma oportunidade de negócio, reunir dados para a análise, interpretar as informações geradas e verificar sua viabilidade.

Viabilidade ou inviabilidade são alternativas perfeitamente normais e aceitáveis para qualquer trabalho, seja num trabalho de conclusão de curso, seja no desenvolvimento diário de uma atividade profissional.

Ao elaborar um Plano de Negócio, o responsável pela análise busca dimensionar os investimentos necessários, os riscos atrelados ao investimento e o retorno possível do negócio sob análise, de forma a possibilitar uma decisão pela empreitada por conta própria ou a utilizar o plano para obter empréstimo em alguma entidade de financiamento. Em síntese, o Plano de Negócio é um documento para apreciação e avaliação de partes interessadas, e suporte à tomada de decisão de investimento.

Enquanto os planos de negócio elaborados por profissionais têm como objetivo precípuo apresentar análises de alternativas de investimentos sobre potenciais oportunidades de negócios, o que se busca avaliar em um Trabalho de Conclusão de Curso é se o aluno aprendeu a: a) estruturar o percurso metodológico para a elaboração de um Plano de Negócio; b) observar os cuidados recomendados para elaboração de pesquisas; c) buscar premissas pertinentes à fundamentação do desenvolvimento do estudo; d) articular os argumentos para a fundamentação no desenvolvimento do raciocínio para a tomada de decisão; e) fazer uso das ferramentas adequadas para as recomendações propostas.

Em ambos os casos, que têm como objeto um plano de negócio, são demandados procedimentos análogos, e não poderia ser de outra forma, pois a única diferença está nas conseqüências dos pareceres.

Se, por um lado, a continuidade de uma empresa é garantida por meio da geração de lucros constantes, por outro, a ocorrência de prejuízo significa fracasso, insucesso. Fundamentar e indicar uma aparente alternativa de investimento é tão importante quanto alertar e não recomendar o investimento em uma empreitada que apresente inviabilidade ou alta chance de insucesso.

A decisão pelo NÃO é tão importante quanto a decisão pelo SIM.

Diariamente no mundo empresarial, aparecem as mais diversas oportunidades de negócio que demandam estudos de viabilidade. A experiência mostra que nem todos são aprovados. No período de 1975 a 1978, participou-se das atividades de um departamento de estudos técnicos econômicos de uma grande montadora no ABC paulista, responsável pela avaliação de sugestões de melhorias operacionais, feitas pelos funcionários. Já naquela época, a empresa contava com um programa interno de sugestões, que incentivava os funcionários a observarem processos e situações que poderiam ser melhorados. Cada funcionário interessado, que apresentasse sugestões viáveis, técnica e economicamente, era premiado com um percentual da economia gerada pela sugestão. Durante aqueles três anos, o departamento analisou inúmeras sugestões que mostravam viabilidade técnica, mas eram inviáveis economicamente.

Conhecimento não se transfere, se constrói.

PAULO FREIRE (1999, p. 52)

Este livro tem como objetivo principal mostrar um caminho para a elaboração de um Plano de Negócios, de tal forma que o resultado obtido seja um trabalho consistente, que atinja seus propósitos – comunicar a terceiros com clareza e precisão o objetivo, processo e conclusão da viabilidade ou não de uma intervenção estratégica de negócios – e que, por sua vez, podem ser entendidos como o início da operação de uma nova unidade de negócio ou empresa, ou como a busca por novas alternativas para as que já estão em operação.

Assim, destina-se a um público de empreendedores, executivos, iniciantes na elaboração de planos de negócio, estudantes de graduação e pós-graduação nas áreas de administração de empresas e pública, estratégia de negócios, empreendedorismo, economia, acadêmicos e formuladores de políticas públicas, dentre outros.

Quando de sua apresentação, um Plano de Negócio pode ser abordado sob diversos pontos de vista. Nesse sentido, a ordem dos assuntos a serem abordados depende do público-alvo. No caso de um investidor, pode ser que ele tenha interesse em começar a leitura pelos índices de retorno do investimento (*Payback*, Valor Presente Líquido e Taxa Interna de Retorno). Já no caso de um órgão público, é possível que o interesse esteja na quantidade da mão-de-obra que será empregada com o novo empreendimento ou no impacto ambiental que poderá trazer.

Na **apresentação** de um Plano de Negócio, o foco da redação é o leitor, mas a seqüência de capítulos apresentada neste livro busca privilegiar o desenvolvimento fundamentado e seqüencial para sua **construção**.

Assim, buscou-se trazer ao leitor uma forma de se desenvolver um Plano de Negócio por meio da associação de fatos iniciais e seus desdobramentos seqüenciais e fundamentados.

Terminologias utilizadas

No desenvolvimento do livro, foram utilizadas várias terminologias cujos significados podem ferir os mais puristas, entretanto, quando de seu uso, os autores buscaram conscientemente ater-se a elas por questões primordialmente didáticas. Dentre essas terminologias, estão as expressões posicionamento estratégico, hipótese, variável, metodologia e pensamento lógico.

A título de glossário, apresenta-se, na seqüência, o sentido restrito utilizado pelos autores para esses termos. que estão, convenientemente, fora da ordem alfabética.

Metodologia: conjunto de procedimentos para o desenvolvimento do plano de negócio. Preferencialmente, dentro do possível, buscou-se utilizar a expressão **percurso metodológico**.

Problema: oportunidade de negócio visualizada pelo empreendedor ou interessado, sobre a qual se quer verificar a viabilidade.

Posicionamento estratégico: escolha de alternativa perante dados conhecidos.

Hipótese: proposição que se admite, de forma a permitir a composição de um quadro para a análise de suas conseqüências. No caso de um plano de negócio, em um paralelo à metodologia de pesquisa, enquanto o problema seria a oportunidade de negócio que se quer investigar, as hipóteses seriam um conjunto de assunções macro, base para a verificação da viabilidade do negócio em análise.

Variável: também fazendo uso de terminologia utilizada na metodologia de pesquisa, significa suportar as hipóteses assumidas.

Seqüência lógica: encadeamento coerente de alguma coisa que obedece a certas convenções ou regras. (DICIONÁRIO HOUAISS – eletrônico)

Percurso metodológico: roteiro predeterminado. No caso do plano de negócio, os passos sugeridos para: a) caracterização da oportunidade de negócio (caracterização do problema); b) planejamento das atividades (Projeto conceptual – sumário descritivo, metodologia e cronograma); c) compreensão do contexto (quadro referencial); d) concepção do negócio (definição de hipóteses); e) dimensionamento das operações (definição de premissas); e f) projeção de resultados e análise de viabilidade (verificação das hipóteses).

Estrutura do Plano

Este livro foi organizado e estruturado com base nos procedimentos lógicos utilizados para a resolução de problemas. Nesse caso, o problema seria a visualização de uma oportunidade de negócio, para a qual busca-se compreender o contexto (macro e microambientes e ambiente interno da empresa) no qual está inserido, o posicionamento estratégico e a projeção de resultados, a análise de viabilidade e considerações pertinentes. A Figura "A" mostra a estrutura e o desenvolvimento com que o livro foi concebido.

Figura A: Percurso metodológico

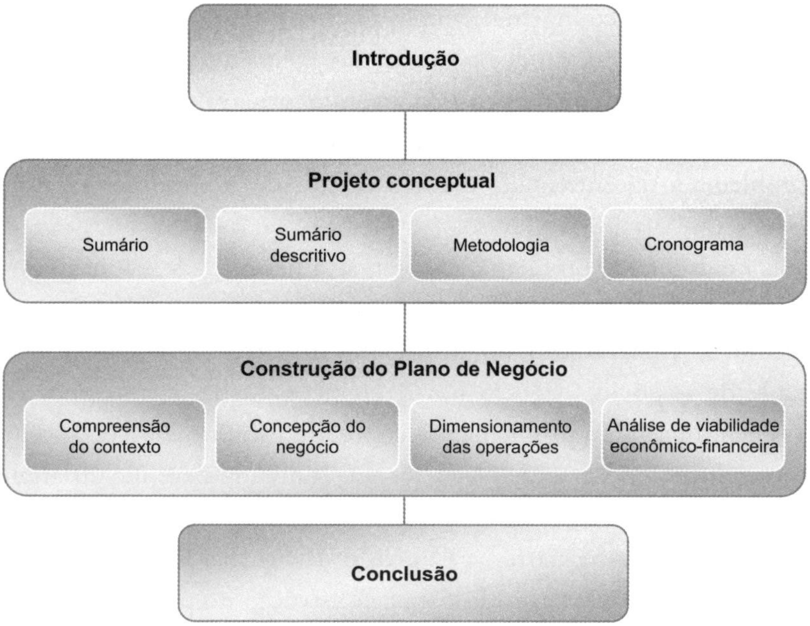

Parte I – Demandas preliminares ao Plano de Negócio (Capítulos 1, 2, 3 e 4)

Nos primeiros capítulos, busca-se apresentar ao leitor as características das diversas fases preliminares ao Plano de Negócio, desde o impulso inicial, fato motivador para a consideração de um novo negócio ou alteração de um negócio existente, passando pelo diagnóstico ingênuo, definido como julgamento sem fundamentações, à racionalização da intuição, que metodologicamente chamou-se de "Caracterização do problema"[1] para culminar na elaboração do "Plano Conceptual", identificado como planejamento para a construção do plano de negócio.

No **Capítulo 1**, **A necessidade do Plano de Negócio**, são apresentados os diversos aspectos que cercam a elaboração de planos de negócio. Empreendedores e empresários iniciam novos negócios ou modificam negócios existentes por diversas razões ou necessidades. Nesse sentido, procurou-se descrever o que vem a ser o primeiro impulso, o que leva alguém à decisão de iniciar um novo negócio ou a mo-

[1] Problema, dentro do ponto de vista metodológico, significa uma questão levantada sobre a qual se quer e se precisa saber mais. Conforme Laville e Dione, "Um problema de pesquisa é um problema que se pode 'resolver' com conhecimentos e dados já disponíveis ou com aqueles factíveis de serem produzidos".

dificar algo existente. O primeiro capítulo caracteriza o momento em que se tem somente o indício de algo, que pode ou não ser viável, e que pode ser traduzido ainda como um diagnóstico ingênuo, sem fundamentação.

Considerando que o mundo dos negócios não tolera amadorismo e é recomendável que o impulso inicial, ou diagnóstico ingênuo, seja avaliado de forma racional, o **Capítulo 2**, **Racionalizando a intuição**, traz considerações relativas à caracterização do problema a ser enfrentado e à necessidade de conhecimentos mínimos a respeito daquilo que suscitou interesse.

De forma a enfrentar o problema, expõem-se a necessidade e função do estudo exploratório para a elaboração do plano de negócio.

O **Capítulo 3**, **Delimitação do problema**, discorre sobre a identificação da **oportunidade de negócio** (negócio novo) ou necessidade de mudança (negócio existente). A delimitação do problema é o conteúdo mínimo e necessário que deve constar da introdução do Plano de Negócio. Seu conteúdo deve incluir argumentos suficientes para justificar a elaboração do plano.

Completando a primeira parte, o **Capítulo 4**, **Projeto conceptual**, aborda o conteúdo mínimo necessário sugerido para a construção do plano de negócio. Esse capítulo busca mostrar ao leitor a seqüência e os conteúdos que merecem ser planejados previamente à construção do Plano de Negócio, composto pelos seguintes tópicos: Introdução, Sumário descritivo, Metodologia e Cronograma. Tais tópicos prestam-se a discorrer sobre um planejamento mínimo para se ter uma visão ampla, necessária à execução de um plano.

A **Introdução** representa, basicamente, a caracterização do problema que se quer investigar. Por outro lado, enquanto o **Sumário descritivo** aborda a seqüência de conteúdos necessários à visão macro e os conteúdos mínimos necessários para tal, a parte relativa à **Metodologia** discorre sobre os métodos e tipos de pesquisa aplicáveis às diversas partes do Plano de Negócio. Terminando o capítulo, no tópico **Cronograma** são apresentados aspectos relevantes a serem considerados na programação de atividades para elaboração do plano.

Parte II – Construção do Plano de Negócio (Capítulos 5, 6, 7 e 8)

Enquanto a tarefa de apresentar um Plano de Negócio significa discorrer sobre as diversas características de algo já pronto, sua construção contempla o desafio do desenvolvimento estruturado e lógico sobre algo que ainda não existe.

Assim, no **Capítulo 5, Compreensão do contexto**,[2] o leitor será exposto à importância do conhecimento dos ambientes, micro e macro, em que a empresa se encontra. Nesse capítulo, busca-se, didaticamente, guiar o leitor à compreensão progressiva dos aspectos pertinentes à perspectiva de sucesso que envolve o negócio em análise. Metodologicamente, os autores entendem que a compreensão do contexto tem um significado semelhante à pesquisa exploratória, com a qual se procura conhecer melhor o que se quer estudar.

A análise do **microambiente** inicia-se discorrendo sobre a necessidade de se conhecer a **demanda** pelo produto, mercadoria ou serviço, objeto do estudo. Entende-se que essa é a oportunidade de se saber sobre volumes, preferências, usos, entre outras características que levam ao consumo. É o momento de se entrar em contato com aspectos relativos às preferências dos consumidores/compradores e razões definidas por eles, para a decisão ou não da compra, além de se poder conhecer outras necessidades e expectativas não atendidas.

Na seqüência, fala-se sobre a **oferta**, ou seja, sobre as características que devem ser observadas quanto ao que é disponibilizado pelos *players* aos compradores/consumidores – o que, como, quando, por quanto, em que condições é oferecido.

A confrontação entre o **esperado pela demanda** e o **disponibilizado pela oferta** visa permitir a identificação de expectativas não atendidas e/ou deficiências da concorrência que possam significar oportunidade de negócio, alternativa de posicionamento estratégico ou até vantagem competitiva.

Continuando a análise do microambiente, o ambiente que estuda a indústria ou o setor em que a empresa deseja se inserir ou já se encontra, são apresentados os modelos existentes que expõem a relação da empresa com seus fornecedores, clientes e concorrentes, portfólio de produtos, vantagens e desvantagens da empresa, pontos fortes e fracos dos *players*.

Dentro do **macroambiente**, aquele que influencia a empresa e por ela, em geral, é pouco influenciado, são abordados os aspectos que devem ser considerados na análise dos **ambientes** que podem ou não afetar o negócio em análise.

Concluindo o **Capítulo 5**, aborda-se o **Quadro referencial para a definição do negócio**, que é o produto final da análise do contexto, em que são comentados alguns indicadores quantitativos e qualitativos, base para a próxima etapa.

---

[2] No caso de plano de negócio para uma empresa existente, há a necessidade de uma análise do ambiente interno. Assunto abordado no Capítulo 3.

O **Capítulo 6**, **Concepção do negócio**, tem como objetivo primordial auxiliar o leitor na construção do posicionamento do negócio em análise, *vis-à-vis* o quadro referencial elaborado no capítulo anterior. Metodologicamente, pode-se associar esse capítulo à definição de **hipóteses** e **variáveis** pertinentes à oportunidade de negócio identificado.

Esse capítulo aborda os aspectos pertinentes à definição do negócio, seguido por considerações ligadas aos propósitos de uma organização e alternativas de estratégias disponíveis na definição de negócios. Na abordagem genérica, são focados os conceitos relativos às alternativas de posicionamento (diferenciação, custos e enfoque) e na abordagem mercadológica, os aspectos pertinentes ao *mix* de produtos, preços, canais e promoção.

O capítulo encerra-se com a revisão dos conceitos relativos à definição da cadeia de valores e aspectos referentes às estruturas legal e de capital escolhidas para o negócio.

O **Capítulo 7**, **Dimensionamento das operações**, busca auxiliar o leitor na definição das premissas necessárias à análise de viabilidade do negócio proposto.

Sob o ponto de vista metodológico, nesse capítulo, fala-se sobre as variáveis associadas às hipóteses construídas previamente, resgatando os conceitos necessários à definição das premissas – estruturais/organizacionais e operacionais – necessárias à quantificação de valores para a análise de viabilidade do negócio.

As premissas estruturais/organizacionais são consideradas aquelas variáveis relativas aos processos operacionais (comercialização, logística, produção e administração), à definição dos recursos necessários (tecnologia, infra-estrutura e gastos pré-operacionais) e à estrutura orgânica (cadeia de valor, estrutura organizacional e quadro de pessoal).

Como **premissas operacionais**, são apresentadas considerações sobre os valores necessários à projeção de resultados, isto é, projeção dos volumes de vendas, preços, impostos pertinentes à venda, gastos diretos/proporcionais das vendas e gastos fixos.

Adicionalmente, comentam-se também as políticas operacionais relativas à compra, venda e formação de estoques, necessárias ao cálculo do capital de giro líquido e as fontes próprias e de terceiros, recursos para financiamento das atividades do negócio em análise.

Terminando a Parte II, o **Capítulo 8**, **Análise de viabilidade econômico-financeira**, busca apresentar ao leitor a seqüência de passos a serem seguidos para a projeção dos valores, base para a tomada de decisão sobre o negócio em análise.

Metodologicamente, esse capítulo discorre sobre a verificação das hipóteses e variáveis definidas no capítulo anterior, a partir da oportunidade de negócio visualizada.

No desenvolvimento desse capítulo, buscou-se apresentar, de forma estruturada e consistente, os passos necessários à verificação, econômica e financeira, das conseqüências das hipóteses assumidas no capítulo referente ao posicionamento estratégico.

Nesse sentido, o capítulo pretende ajudar o interessado na projeção dos resultados econômico-financeiros, na verificação de sua consistência e na análise dos resultados projetados.

Textos complementares

Com o objetivo de reforçar os conceitos discutidos e ilustrar suas aplicações, no fim do livro são apresentadas considerações sobre a apresentação de um Plano de Negócio, em relação às formas escrita e oral. Adicionalmente, foram relacionados, na forma de textos complementares na Internet (www.saraivauni.com.br), exemplos ilustrativos com base em leituras observadas na imprensa.

Pretende-se que o leitor, ao final da leitura deste livro, aumente seu repositório teórico para a elaboração de estudos de viabilidade, mais especificamente por meio do **conhecimento** das diversas fases que compõem a construção de um plano de negócio, bem como da **compreensão** das técnicas aplicáveis em sua elaboração e na **aplicação**[3] dos conceitos e percurso metodológico apresentados.

A construção de um Plano de Negócio deve ser percebida como a conseqüência de um problema detectado, seu fato gerador, que necessita da apreciação e escolha da melhor solução possível.

O Plano de Negócio deve reunir elementos que guiarão o interessado à conclusão da decisão a ser tomada. Não se deve confundir o Plano de Negócio com um guia para a aplicação de qualquer solução.

O que pode ser considerado um Plano de Negócio consistente é um produto associado de um texto claro, limpo e objetivo, com idéias e conceitos encadeados, seguindo uma lógica, de tal forma que possa ser entendido pelo leitor, que é seu interlocutor, neste caso.

A solução deve ser resultado e não fato gerador.

Para tanto, ele deve ser construído sobre uma plataforma metodológica precisa e que, valendo-se de pesquisas para obtenção de dados e de análises para o melhor entendimento desses dados, possa levar os interessados nos resultados deste trabalho a uma conclusão

[3] Conhecimento, compreensão e aplicação são os passos iniciais para a aprendizagem, concebidos por Benjamin Bloon.

que proporcione uma tomada de decisão, a mais segura possível, dado o quadro proposto.

O objetivo deste livro não é apresentar procedimentos ou técnicas discutidos por outros autores, mas, dentro do possível, citar e indicar as aplicações dessas técnicas, de forma a orientar na construção de Planos de Negócio.

Boa leitura, boas construções, bons negócios!

Sumário

Introdução

O conteúdo deste livro está diretamente ligado a atividades empreendedoras, tanto aplicável a novos negócios quanto a negócios existentes. A palavra empreendedor significa aquele que empreende, entretanto numa leitura superficial pode dar a entender que seu significado restringe-se ao empresário que investe o próprio dinheiro em negócios, mas os autores preferem o significado amplo.

No contexto apresentado, considera-se que o termo empreendedor é aplicável a todos aqueles que têm postura empreendedora. Seja um dirigente de uma multinacional, um gerente de uma divisão, seja mesmo um recém-formado. Todos têm, dependendo da ocasião, o comportamento de um empreendedor. Chiavenato fala do espírito empreendedor.

> *O espírito empreendedor está também presente em todas as pessoas que – mesmo sem fundarem uma empresa ou iniciarem os próprios negócios – estão preocupadas e focalizadas em assumir riscos e inovar continuamente.*
>
> (CHIAVENATO, 2004, p. 3)

O **empreendedor** vive constantemente desafiado a realizar novos empreendimentos ou a renovar e melhorar negócios já existentes.

> *O empreendedor é aquele que destrói a ordem econômica existente pela introdução de novos produtos e serviços, pela criação de novas formas de organização ou pela exploração de novos recursos e materiais.*
>
> (SCHUMPETER *apud* DORNELAS, 2001, p. 37)

Diante dos desafios do dia-a-dia, todo empreendedor tem "faro" para bons negócios: diz-se que ele tem o sexto sentido para o sucesso. Ele consegue vislumbrar rapidamente aquilo que outros ainda demorarão para imaginar e, além de vislumbrar, articula recursos para a realização. Entretanto, todo empreendedor bem-sucedido também não gosta de arriscar seus recursos em vão.

É possível que você conheça empresários aparentemente precipitados nas decisões, mas de sucesso. Não se iluda, essas pessoas são exceções e, com certeza, este livro foi planejado para ajudar aquele que não é exceção.

O desafio para a tomada de decisão faz parte da rotina do empresário, gerente de negócios e outros responsáveis pela decisão sobre investimentos, sejam aplicáveis a um novo negócio, sejam utilizados na revisão de processos operacionais existentes, investimentos incrementais para a ampliação de capacidade produtiva ou outro motivo que justifique sua análise.

Questões básicas, como "Que oportunidades de negócio existem no momento? Onde investir? De que tipo de negócio se deseja verificar a viabilidade? Que indicadores sugerem a viabilidade para se iniciar um novo negócio? Que indícios denotam a necessidade de se elaborar um Plano Estratégico?", demandam estudos que fundamentem uma **tomada de decisão** conseqüente.

> *... é impossível planejar com segurança quando o resultado depende também da reação dos oponentes...*
>
> (ZACCARELLI, 2002, p. 18)

Nenhuma tomada de decisão é isenta de riscos. Assim, o desafio dos responsáveis pelas decisões sobre investimentos é elaborar **estudos consistentes** e **fundamentados**, que apresentem sua potencialidade de ganhos, bem como forneçam uma idéia quantificada dos riscos para o investimento proposto.

A idéia básica, que está por trás da elaboração de um Plano de Negócio, é oferecer ao tomador de decisão **indicadores consistentes** que apresentem o dimensionamento potencial dos ganhos, ou a minimização de perdas, frente aos riscos inerentes do negócio em análise.

A definição de indicadores consistentes pressupõe que eles sejam decorrentes de **análises fundamentadas**, ou seja, apoiadas em premissas sustentáveis. O esclarecimento da dúvida sobre um potencial investimento que tenha despertado o interesse do empreendedor só será obtido se a **construção** do Plano de Negócio for convincente quanto à sua apresentação em termos de **forma** e **conteúdo**. Entende-se como "forma" a estruturação lógica da apresentação do estudo, enquanto "conteúdo" refere-se à qualidade das premissas e seu desenvolvimento consistente.

Na leitura da bibliografia consultada sobre o tema Plano de Negócio, observa-se que diversos autores referem-se à **forma final como um plano de negócio deve ser apresentado**. De modo geral, todos os livros consultados apresentam, com uma ou outra variação em sua ordem, o conteúdo necessário ao interessado para a leitura e conhecimento da proposta, qualificação da oportunidade, dimensionamento dos investimentos e viabilidade.

O fato observado, tanto a profissionais com os quais se teve contato na atividade de consultoria, quanto a estudantes nas orientações de trabalho de conclusão de curso, é a dificuldade na elaboração e desenvolvimento do Plano de Negócio. Se o produto final a ser alcançado é de fácil compreensão, **a dificuldade está em saber como desenvolvê-lo**.

O objetivo deste livro é apresentar e discutir os diversos aspectos que cercam a elaboração de um Plano de Negócio para fundamentar tomadas de decisão. A experiência prática mostra que **uma tomada de decisão** nem sempre obedece lógicas de senso comum, ou apresenta indicações que darão certo. De certa forma, na administração de empresas não existe o que vai dar certo, apenas o que deu certo. Nesse sentido, procurou-se caracterizar cada passagem do livro de forma didática, para orientar o leitor na estruturação e desenvolvimento do raciocínio necessário à construção do Plano de Negócio. Nesse caso, não houve a pretensão de se propor derivações de pensamento quanto a estratégias de negócio, na acepção da palavra, mas unicamente apresentar um quadro amplo e minimamente necessário ao planejamento e construção fundamentada de um plano de negócio.

Isso posto, a partir de experiências práticas nas atividades de consultoria empresarial e orientações de estudantes, desenhou-se este livro, estruturado da seguinte forma:

Parte I – Demandas preliminares ao Plano de Negócio

1. A necessidade do Plano de Negócio
2. Racionalizando a intuição
3. Fundamentação para a proposição do Plano de Negócio (Delimitação do Problema)
4. Projeto conceptual

Parte II – Construção do Plano de Negócio

5. Compreensão do contexto (Quadro de referência)
6. Concepção do negócio (Hipóteses)
7. Dimensionamento das operações (Variáveis – quantificações)
8. Análise de viabilidade econômico-financeira (Verificação das hipóteses e variáveis)

O quadro a seguir, "Percurso metodológico" apresenta a visão macro dos assuntos que serão abordados nos capítulos, conforme indicados.

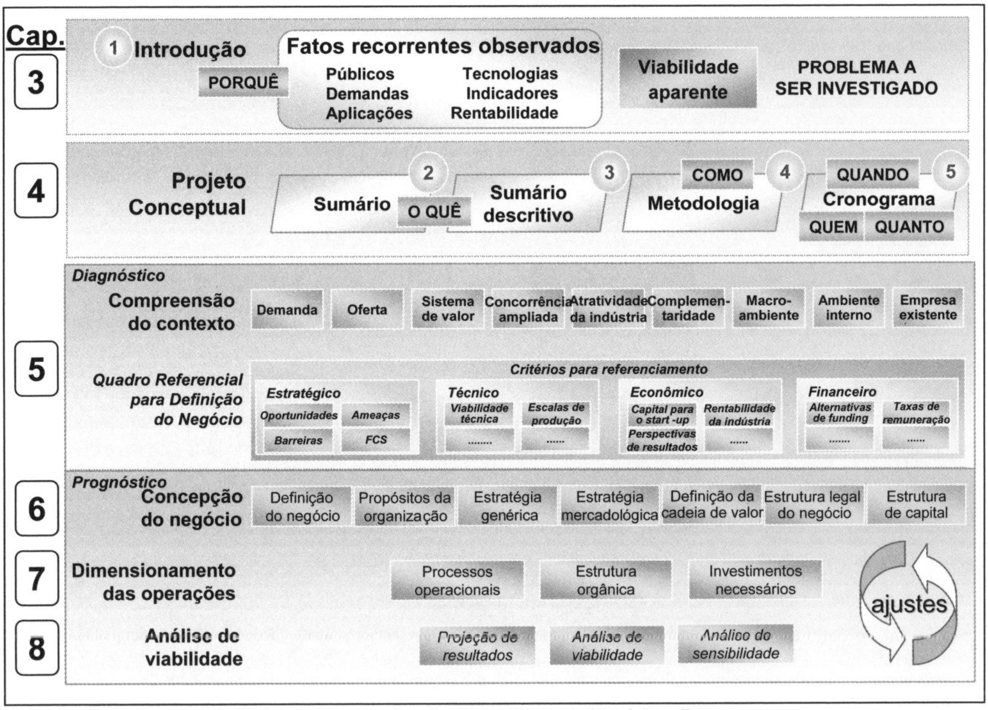

Quadro: Percurso metodológico para a construção de um Plano de Negócio – Resumo

Demandas preliminares ao Plano de Negócio

Parte I

A elaboração de um Plano de Negócio é um trabalho que exige **clareza quanto ao que vai ser avaliado**, além de cuidados específicos com relação à fundamentação e qualidade das premissas que venham a ser assumidas. Em vista de sua complexidade, procura-se descrever, a seguir, alguns aspectos que precedem a elaboração propriamente dita, citando algumas passagens, características do processo, que foram entendidas como pertinentes, para mostrar ao leitor que eventuais dúvidas surgidas, quando do desafio da elaboração de um Plano de Negócio, são perfeitamente normais e podem acontecer em menor ou maior escala.

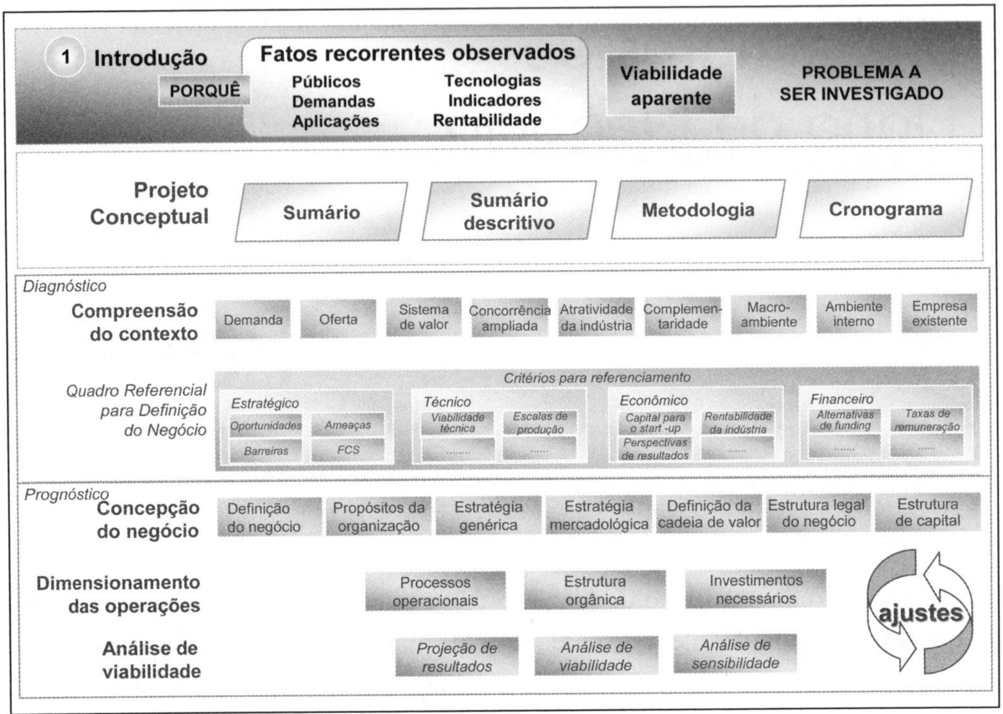

Quadro: Percurso metodológico para a construção de um Plano de Negócio – **Introdução**

1. A necessidade do Plano de Negócio

Planos de negócio são necessários nas mais diversas situações: seja para ampliar uma linha de montagem, verificar a viabilidade de se atender um novo mercado, seja para averiguar a viabilidade de um novo negócio, entre tantas outras exigências que o demandem.

A evolução da espécie humana tem a característica intrínseca da necessidade de aperfeiçoamentos constantes. Pedro Demo discorre com propriedade sobre a construção do conhecimento como desafio da humanidade.

> *... o manejo e a produção de conhecimento constituem a mais decisiva oportunidade de desenvolvimento.*
>
> (DEMO, 1994, p. 10)

Essa construção do conhecimento decorre da curiosidade da natureza humana, em razão da inquietação provocada por alguns fatos ou aspectos que parecem estar fora de lugar aos olhos daquele que os observa.

Tais inquietações podem surgir via disfunções aparentes de comportamentos observáveis. A elaboração da teoria da lei da gravidade surgiu da curiosidade de pessoas do século XVI sobre os fatos que regem a natureza e desafios lançados por elas a Newton. O que será que leva o empresário a se inquietar e buscar novas racionalidades que favoreçam ou mostrem viabilidade para seus negócios?

No caso de um empreendedor, de um empresário ou de um dirigente de empresa, oportunidades de negócio surgem muitas vezes por meio da dualidade "**comportamento previsto x práticas observadas**". Quando Akio Morita pensou em produzir o *walkman,* o comportamento normal "esperado" era ouvir-se rádio em casa, no carro ou em algum ambiente "próprio" para tal. Entretanto, era possível observar-se vários jovens carregando seu rádio portátil, colado ao ouvido, para satisfazer a necessidade de ouvir música. Da possível percepção de uma necessidade não convenientemente atendida ao desenvolvimento do novo produto, o desafio foi adequar o produto à necessidade, valendo-se dos recursos tecnológicos permitidos à época. Esse exemplo mostra como oportunidades de negócio nascem a partir de **necessidades compreendidas.**[1]

Outras necessidades de melhorias ou aperfeiçoamentos nascem por meio da observação de disfunções entre os fatos previstos e os ocorridos. Muitos produtos desenvolvidos tiveram suas funções originais, para as quais foram desenhados, alteradas em função do uso que o consumidor lhes deu. Alguns produtos agregaram novas funções à medida que a tecnologia foi permitindo.

Como exemplo, pode-se citar os telefones celulares, que agregam muito mais que simplesmente sua função básica de telefonia.

Mas se existe a idéia pronta para o que se quer, por que fazer um Plano de Negócio?

Ter uma idéia na cabeça não é garantia de sucesso. A resposta mais convincente, para não se deixar de fazer um Plano de Negócio, vem das estatísticas sobre as causas de fracasso das empresas.

Pesquisas realizadas ano a ano pelo Sebrae apontam que mais da metade das empresas não chegam ao terceiro ano de vida. A Tabela 1.1 apresenta a evolução da pesquisa no período de 1998 a 2004, na qual, por exemplo, pode-se observar que, em 2004, 53% das empresas não existiam no terceiro ano.

---

[1] A idéia inicial surgiu por necessidade própria de Morita, que queria um equipamento com o qual pudesse ouvir óperas em suas viagens intercontinentais.

Tabela 1.1: Taxa de mortalidade acumulada das empresas paulistas

Pesquisa Ano de vida	1998	2000	2002	2004
1º	35%	32%	31%	29%
2º	46%	44%	37%	42%
3º	56%	56%	49%	53%
4º	n/d	63%	53%	56%
5º	n/d	71%	60%	56%

Fonte: Sebrae/Fipe

Entre os motivos que contribuem para a mortalidade das empresas foram identificadas deficiências nos seguintes aspectos:

- Falta de experiência no ramo;
- Pouco tempo dedicado ao estudo da viabilidade do negócio;
- Falta de planejamento antes da abertura;
- Descuidos na administração do negócio, principalmente na gestão do fluxo de caixa;
- Dedicação parcial ao negócio;
- Falta de apoio externo na concepção e administração do negócio;
- Estrutura inadequada;
- Falta de clientes;
- Problemas legais;
- Impostos/encargos elevados.

As perguntas que podem, então, surgir são: como é que nascem os negócios? O que é necessário para minimizar o risco de a empresa falir, ou, então, que cuidados observar na elaboração de um plano de negócios? Como minimizar o processo de tentativa e erro?

Antes de se desenvolver tais assuntos, é interessante comentar alguns aspectos pertinentes ao surgimento da idéia de um novo negócio e sua evolução.

1.1 Indícios de problemas[2] ou fatos geradores de problemas sentidos

De modo geral, planos para novos negócios podem decorrer de iniciativas de novos empreendedores que buscam independência profissional, ou de empreendedores experientes ou responsáveis por grupos empresariais que pretendem diversificar a carteira de negócios. Nesse sentido, é fundamental ampliar o conhecimento sobre o que seja um novo negócio para dirimir dúvidas que possam surgir ao tomador de decisão. Entre esses questionamentos estão as dúvidas sobre a qualidade do ramo escolhido. Seria ele bom ou ruim?

Em negócios existentes, as necessidades por Planos de Negócios aparecem normalmente por meio de problemas associados às áreas financeira, mercadológica, operacional, tecnológica ou de relacionamentos.

Os tipos de **problemas** mais comuns para negócios existentes podem estar associados à ampliação de aplicações de produtos e serviços, observação de demandas não atendidas/não percebidas, oportunidades de melhorias de processos operacionais, pressões por melhores margens, maiores necessidades de caixa ou observação de ineficiências recorrentes.

A recorrência de problemas nessas áreas geram aos responsáveis indicações que sugerem a existência de disfunções ou problemas que necessitam ser solucionados. Entretanto, qualquer tentativa de solução pode falhar, caso as ações sejam resultantes de **diagnósticos ingênuos**.

1.2 O diagnóstico ingênuo

O diagnóstico ingênuo decorre de interpretações da realidade baseadas em julgamentos pessoais ou relações de causa e efeito fictícios. Isto é, não apresenta legitimidade ou fundamento para qualquer decisão conseqüente. No trabalho de assessoria a empresas relacionado à avaliação da viabilidade de negócios, encontraram-se vários estudos com premissas inconsistentes. De forma análoga, é comum encontrarem-se trabalhos acadêmicos de conclusão de curso com planos de negócio em que a localização da planta industrial e o volume de produção, entre outras descrições, não apresentam a consistência de dados necessários para sua validação ou aprovação.

---

2 Problema: assunto controverso, ainda não satisfatoriamente respondido, em qualquer campo do conhecimento, e que pode ser objeto de pesquisas científicas ou discussões acadêmicas (Dicionário HOUAISS – eletrônico).

Muitos desses trabalhos partem de premissas ingênuas, baseadas em teorizações subjetivas, que representam, muitas vezes, simples desejos de seus proprietários, no caso de empresas, ou estudantes, no caso de trabalhos universitários.

Uma outra disfunção, passível de ser encontrada em empresas, são comportamentos de responsáveis por decisões na forma de caprichos, dogmas ou qualquer outra manifestação que leve a empresa a empreitadas sem qualquer garantia de sucesso. Muitas dessas decisões partem de um ponto de vista parcial, baseadas em experiências passadas, realizadas sob demandas distintas e não necessariamente aplicáveis ao contexto referido. Algumas empresas tiveram seus futuros comprometidos por se basear em diretrizes equivocadas, fruto de diagnósticos ingênuos.

Zaccarelli advoga que deve-se estar insatisfeito pelo motivo certo. O desafio inicial de todo Plano de Negócio é identificar com mais precisão os **motivos** que sugerem sua elaboração. Esses motivos podem ser entendidos como **questionamentos** que surgem diante do administrador, na busca de alternativas para investimentos, sejam decorrentes de perspectivas do mercado, sejam de oportunidades de melhorias de diversas origens.

Dentro do contexto metodológico, utilizado na elaboração de monografias, esse questionamento pode ser entendido como a caracterização de um PROBLEMA, originado por **interrogações iniciais** sobre a viabilidade de um negócio, em que a análise econômico-financeira representa a verificação de hipóteses e variáveis atribuídas ao problema do estudo em questão.

> *Entende-se por interrogações iniciais as primeiras percepções a respeito de uma situação que causa problema, e que mereceria ser questionada, examinada de mais perto. É, com freqüência, um movimento pré-lógico do pensamento, da ordem da intuição.*
>
> (LAVILLE e DIONNE, 1999, p. 89)

De forma a evitar o diagnóstico ingênuo e suas conseqüências inconvenientes, o passo lógico é buscar a **racionalização** dessa **intuição** que serviu como sinal de alerta, buscando-se conhecer mais sobre os aspectos que fazem parte do que se quer analisar.

A intuição não deve ser desprezada, mas também não pode ser tomada como verdade absoluta. Há que ser verificada.

Não é difícil se acreditar na intuição quanto se tem a intenção. Não é fácil se aceitar a decisão quando não se vem da razão.

(RENATO TELLES, 1999)

1.3 A racionalização da intuição

Deixar o impulso de decisão, o qual parte da intuição, de lado e buscar a visão racional para esse impulso é o caminho mais sensato para o empreendedor que privilegia passos conscientes e a minimização de inseguranças no mundo dos negócios.

Conforme Laville e Dionne, as interrogações iniciais são passíveis de serem fundamentadas por meio de **pesquisas exploratórias** que demonstrem certa consistência em termos de tendências e correlações com fatos observados no ambiente de interesse da empresa-objeto.

Pelo levantamento de premissas pertinentes ao objeto da pesquisa é possível estruturar vários indicadores que justifiquem o desenvolvimento do estudo. Como exemplo seria possível ter o seguinte contexto:

- um empresário do setor de ensino fundamental, por meio da leitura do censo do IBGE,[3] poderia observar que a idade média da população em sua cidade está crescendo muito mais que a média brasileira e que a taxa de natalidade está diminuindo;
- a queda na taxa de natalidade foi ratificada nas várias unidades de ensino que ele tem, com a diminuição do número de matrículas;
- particularmente, esse empresário tem um problema familiar, relativo à internação de um parente em uma casa de repouso para idosos, mas não encontra organizações para tal.

Com esses dados pode surgir à mente do empresário as seguintes análises e dúvidas:

- Meus negócios apresentam perspectivas de demanda decrescente! Qual o futuro de meu negócio atual?
- Não estou encontrando lugar adequado para deixar meu parente! Será que existe viabilidade para a abertura de uma casa de repouso?

---

[3] Instituto Brasileiro de Geografia e Estatística – IBGE.

O exemplo citado pode servir tanto para a caracterização de um novo empreendimento, casa de repouso, quanto para um reposicionamento estratégico da atividade empresarial atual.

No caso de um **novo empreendimento**, o estudo visaria somente a análise da viabilidade de uma casa de repouso. Já no caso de **reposicionamento estratégico**, o estudo poderia contemplar a manutenção da atividade atual (ensino fundamental) e a entrada no novo setor, ou a desativação da atividade no ensino de forma progressiva e gradual e a entrada no novo setor

Enquanto a elaboração de um Plano de Negócio para um novo empreendimento pressupõe a identificação de **perspectivas de novos negócios**, um Plano que vise o **reposicionamento** pode ter origem em diversas razões sobre um **negócio existente**.

Um Plano de Negócio para um novo empreendimento pode ser necessário para esclarecer dúvidas que um empresário tenha sobre sua viabilidade técnica, econômica e financeira. Por outro lado, um Plano de Reposicionamento pode decorrer da percepção de segurança ou não que os responsáveis tenham sobre o negócio existente. As sensações de segurança ou insegurança podem ser percebidas pela observação de fatos externos e/ou internos à empresa.

Como fatos externos pode-se citar a entrada de novos concorrentes, restrições legais que venham afetar as atividades da empresa, queda de barreiras à importação de produtos similares, disponibilidade de novas matérias-primas que implicam a mudança de processos operacionais, mudança de tendências, entre outros.

Com relação aos fatores internos, podem ser decorrentes de políticas de compra e venda, processos produtivos, ineficiências operacionais identificadas por meio do conhecimento de indicadores recorrentes, que estejam comprometendo ou venham a comprometer a saúde econômico-financeira da empresa.

Como exemplo, pode-se citar o resultado de uma análise horizontal e vertical de uma Demonstração de Resultados do Exercício – DRE, na qual são identificáveis: o volume de devoluções e abatimentos com que a empresa tem se defrontado nos últimos tempos; o aumento do consumo de matérias primas; as variações acima da média de crescimento para os gastos relativos à mão-de-obra; os gastos com manutenção; as despesas comerciais inconsistentes com a curva de crescimento das vendas, entre outras.

No caso do volume de devoluções e abatimentos com que a empresa tem se defrontado nos últimos tempos, podem ser de origem comercial, logística, de produção ou mesmo decorrente da área de faturamento.

Caracterizando o exemplo, nesse caso, as variáveis podem ser:

- Comercial: equipe nova de vendedores emitindo pedidos diferentes dos solicitados pelos clientes;
- Logística: responsáveis pelo despacho dos produtos enviando produtos com atraso superior ao tolerável pelo cliente;
- Produção: maquinário produzindo bens com defeitos de acabamento;
- Faturamento: geração de notas fiscais e fatura com prazos de pagamento diferentes do acordado entre clientes e a área comercial.

No caso do aumento do custo da matéria-prima, as variáveis poderiam ser:

- mudança de fornecedor;
- perda de poder de negociação frente aos fornecedores;
- necessidade de importação;
- variação cambial sobre matérias-primas importadas;
- ineficiência operacional com perda no processo.

Os fatores apontados servem para ilustrar os fatos geradores para as interrogações iniciais que fundamentam a necessidade da elaboração de um Plano de Negócio.

Planos de negócios consistentes levam a decisões mais bem fundamentadas.

---

2. Racionalizando a intuição

Para percorrer um caminho longo e árduo o importante é começar bem...

(ZACCARELLI, 2002, p. 131)

Enquanto intuição significa a faculdade de perceber, discernir ou pressentir coisas, independentemente de raciocínio ou de análise, racionalizar significa tornar algo mais inteligível por meio da busca da compreensão ou explicação de algo de maneira racional, lógica e coerente. Partindo da intuição, chamada de problemática sentida por Laville e Dionne, o passo seguinte para a resolução de um problema é justamente transformar a intuição na problemática racional. Metodologicamente, o que se precisa, nesse ponto, é **caracterizar o problema a ser verificado**. Isto é, definir de forma mais explícita o que se quer investigar. Enquanto isso não estiver compreensível, pouco se poderá avançar na busca de soluções.

Planos de negócio, basicamente, buscam verificar a viabilidade econômico-financeira para alternativas de negócio, seja novos empreendimentos, seja mudança do *status* de um empreendimento existente.

No entanto, a viabilidade econômico-financeira é somente um dos aspectos pontuais de um plano de negócio. Muitas vezes, a decisão, diante dos dados observados, é mais importante, em detrimento da representatividade que o resultado econômico-financeiro possa representar.

Por exemplo, perante a entrada no mercado de uma concorrente internacional com grande integração nas cadeias de valor de insumos e produto final, uma empresa que processe alimentos pode decidir investir em uma fazenda para produzir um mínimo de insumos necessários à sua atividade fim, de forma a garantir, estrategicamente, a continuidade da organização.

Investir em negócios, novos ou já existentes, pode significar grandes somas de dinheiro, o que implica minimizar os riscos e planejar **passo a passo** as atividades necessárias para isso. Esse exercício tem como conseqüência tomadas de decisões mais conscientes e fundamentadas. A cada passo, um novo conhecimento pode apresentar três alternativas distintas – **inviável**, **viável** ou **não conclusiva** – para o negócio em análise, que podem requerer tomadas de decisões intermediárias levando à paralisação ou à continuidade do estudo.

2.1 Conhecimento mínimo sobre a viabilidade

A intuição sobre a existência de oportunidades de negócio gera idéias de soluções para essas oportunidades, entretanto, via de regra, isso se mostra insuficiente para a **tomada de decisão** definitiva.

Tomadas de decisões requerem informações fundamentadas. Assim sendo, é importante, inicialmente, **estruturar o raciocínio** sobre o que se quer analisar. A esse raciocínio estruturado inicial dá-se o nome de **Estudo Exploratório** e, como diz o próprio nome, sua função é explorar o que existe sobre o tema, de forma a conseguir mais informações para **compreender** melhor o que se quer analisar. Metodologicamente, isso significa identificar o problema a ser investigado.

Não raramente, planos de negócio falham em sua elaboração assim que apresentam as projeções de vendas. O leitor pode argumentar que não há como ter certeza de que o consumidor irá comprar aquilo que se pretende vender, e tem toda razão. A voz corrente diz que o comércio é uma das atividades humanas mais antigas e que a **lei da oferta e da procura** é sua companheira desde então. Todavia, a mesma voz corrente afirma que os mais competentes sobreviverão nas crises e concorrências acirradas. De qualquer forma, o empreendedor que busca garantir a vida de seu negócio não está interessado no equilíbrio da oferta e da procura, mas sim em diferenciar seu produto da concorrência, de forma a criar uma vantagem competitiva que garanta seu sucesso.

Em uma economia livre, a oportunidade para antigos e novos empreendedores está sempre aberta e é sempre bem-vinda. A competição induz **desenvolvimento, novos conhecimentos**, **novas aplicações** e **benefícios** à economia como um todo.

Em um ambiente competitivo, a tarefa de produzir e oferecer produtos e serviços que atendam às necessidades do mercado consumidor faz com que a mente empreendedora busque satisfazer, cada vez melhor, seu público-alvo, para se manter competitiva.

Aquele que pretende vender seus produtos ou serviços deve considerar que o comércio é uma via de mão dupla, uns vendem e outros compram. No entanto, observar o comportamento do consumidor é fundamental para entender as tendências.

> *... disputamos o sucesso com outras empresas – nossos competidores – que ofertam os mesmos produtos/serviços que nós ofertamos. Podemos identificá-los pela coleta de opiniões, porém é mais seguro perguntar diretamente aos nossos clientes quais são os nossos competidores.*
>
> (ZACCARELLI, 2002, p. 131)

Em princípio é ele, o consumidor, que emite informações sobre suas necessidades, expectativas ou intenções de compra.

Um bom empreendedor é, primordialmente, um bom navegador. Ele não despreza suas **intuições**, contudo tem **consciência da existência** de ventos que podem fazê-lo navegar mais seguro e de forma mais eficaz, assim como também reconhece a existência de calmarias no mercado, que precisam ser evitadas.

> **"Uma empresa nasce de fora para dentro."**
>
> **Cláudio Tordino**

Intuição sobre uma oportunidade de negócio e consciência sobre a existência de condições para sua operacionalização não garantem sucesso a nenhum empreendedor. Há que se saber mais sobre o assunto a ser abordado. Saber mais, num primeiro momento, significa **configurar** melhor o que se quer analisar.

2.2 Estudo exploratório

Esse estudo tem o objetivo de explorar algo, ou seja, é uma abordagem preliminar, menos profunda, com a função de trazer mais conhecimentos sobre o tema a ser estudado.

O objetivo de uma pesquisa exploratória é trazer mais subsídios para a decisão de continuar ou não a análise do primeiro *insight.*

> *A realização de pesquisa exploratória permitirá ao pesquisador reunir elementos capazes de subsidiar a escolha do objeto e a construção contextuada em termos teóricos e empíricos do tema que será alvo da investigação.*
>
> (LIMA, 2004, p. 19)

Fachin traz uma definição eloqüente sobre pesquisa.

> *Pesquisa é um procedimento intelectual para adquirir conhecimentos, através da investigação da realidade e busca de novas verdades sobre um fato (objeto, problema).*
>
> (FACHIN, 1993, p. 101)

Transportando a definição de Fachin para a abordagem preliminar em planos de negócios, o objetivo de uma pesquisa exploratória, como suporte a um plano de negócio, é encontrar outros aspectos pertinentes ao foco de interesse, que permitam uma compreensão mais ampla sobre o tema a ser analisado.

Empreender negócios pode envolver o dispêndio elevado de recursos. Assim sendo, a experiência acumulada pelo mundo dos negócios recomenda gastar com parcimônia, apoiando-se em **passos firmes e riscos minimizados**. Muitas vezes, não se conhece o caminho a ser trilhado ou os riscos existentes, sendo necessários procedimentos sistematizados que revelem passo a passo a viabilidade e mostrem a segurança do intento. Usando esse **procedimento**, evitam-se gastos inúteis e frustrações maiores.

A vida empresarial, de um bom empreendedor, não é uma aventura.

Os procedimentos, para fugir da aventura empresarial, na elaboração do estudo exploratório, aplicável a novos negócios ou negócios existentes, visam produzir informações preliminares para configurar melhor o objeto da análise da viabilidade. Metodologicamente, pode-se dizer que o estudo exploratório representa a clarificação da **problemática**, significa passar da **problemática sentida** para a **problemática racional**.

No caso específico de planos de negócio, devem ser avaliadas a viabilidade técnica, econômica e financeira para o negócio em análise. Esse é o problema a ser resolvido.

O estudo exploratório tem a função de trazer mais subsídios à caracterização da problemática, ou seja, trazer mais conhecimentos sobre o contexto em que está inserido o problema.

O que considerar na estruturação de um estudo exploratório?

Tome como referência uma oportunidade de negócio que, no sentido empresarial, ainda não seja familiar. Suponha que um empreendedor esteja mudando para uma certa região da cidade e precise comprar uma cadeira para o escritório de sua casa, mas percebe que não existe nenhuma loja de móveis para escritório nas imediações.

Num primeiro momento, seria possível que esse empreendedor pensasse o seguinte: "Nesta região faz falta uma loja de móveis para escritório".

No momento seguinte, observando o bairro, ele poderia constatar a existência de vários prédios com escritórios comerciais, agências bancárias, consultórios médicos, entre outras atividades que necessitam desse tipo de móvel.

O pensamento seguinte seria, então: "Qual a viabilidade da abertura de uma loja para vender mesas, cadeira e armários, nesta região?"

Até esse momento, tem-se a chamada problemática sentida. Para passar à problemática racional é mister se colher mais dados, para dimensionar o contexto. O estudo exploratório precisaria buscar mais informações para fundamentar a demanda por móveis de escritório.

Como primeiro passo, por exemplo, se poderia buscar identificar: a) a quantidade de escritórios existentes na região e a quantidade potencial de móveis, cadeiras e armários instalada; b) tipos de atividades profissionais; e c) modelos de móveis demandados por essas atividades.

Cada estudo exploratório é único, isto é, não há um modelo padrão com conteúdo predefinido a ser verificado, entretanto, dois pontos básicos sempre fazem parte desses estudos: a) quantidade potencial de venda; e b) aplicação/uso do produto objeto da análise.

Dependendo da disponibilidade e acesso às informações, num primeiro momento, essa investigação poderia trazer mais detalhes que, de início, talvez indicassem inviabilidade para a empreitada. Suponha-se que, conversando com um corretor de imóveis, aquele empreendedor ficasse sabendo que um novo centro comercial estava em construção num outro bairro e que a prefeitura, a título de zoneamento urbano, estava incentivando os atuais locatários da área a mudarem-se para a nova área destinada ao comércio em geral.

Nessa situação, pode-se pensar que caso esses profissionais se mudem, isso pode inviabilizar o projeto inicial da loja de móveis. Todavia, olhando por outro lado, isso pode significar oportunidade para volumes interessantes de vendas, uma vez que parte das pessoas gostam de trocar de móveis quando se mudam. Mas, se tudo isso se concretizasse, então a abertura da loja, no local originalmente pensado, já estaria inviabilizada por barreiras legais, em razão do novo zoneamento proposto pela prefeitura. Nesse caso, será que haveria possibilidade no novo local?

Estimar preliminarmente a demanda não é um trabalho tão intenso, mas analisar todas as dificuldades demanda mais tempo. De posse do volume de vendas, preços e margens estimados já é possível ter idéia do tamanho de negócio de que se está falando.

Exemplo do produto de um estudo exploratório pode ser observado no Trabalho de Conclusão de Curso, (TCC) de Aquino et alli. O trabalho refere-se a um estudo de viabilidade para a abertura de uma empresa recicladora de plásticos.

O impulso para analisar a viabilidade para esse tipo de empresa surgiu de leituras diversas e da observação de indicadores do volume de geração de resíduos sólidos urbanos, *per capita*, em diversos países, do volume representativo gerado nas cidades de São Paulo e Rio de Janeiro e da comparação dos percentuais de reciclagem dos diversos resíduos (orgânico, papel/papelão, plásticos, metais e vidros).

Na primeira parte, introdução, pode ser observada a série histórica (1998 a 2004) da evolução da geração de resíduos sólidos domiciliares no estado de São Paulo e demais aspectos pertinentes ao sistema de valores (indústria, catadores de rua, sucateiros etc.), além da identificação preliminar das dificuldades relativas à reciclagem.

Para permitir melhor compreensão nesse estágio, o trabalho apresenta o crescimento das empresas do setor de transformação de material plástico, no período de 2000 a 2003, e o panorama quantitativo da terceira geração do setor plástico brasileiro (1998 a 2004).

Após as considerações sobre as diversas características do setor e oportunidades, os autores puderam qualificar com mais propriedade o estudo proposto, qual seja: a análise da viabilidade da implantação de uma recicladora de plásticos.

Nesse caso, antes de definir o tipo de empresa de reciclagem de plástico, o grupo buscou conhecer mais sobre suas aplicações, volumes e outros dados para delimitar o que queria analisar.

Um estudo exploratório pressupõe planejamento.

O **planejamento** de um estudo exploratório visa estruturar a seqüência de atividades a serem desenvolvidas de forma a obter as informações para o que se deseja investigar em maior profundidade.

O planejamento tem como pano de fundo os **aspectos** que suscitaram a perspectiva do negócio. Como, onde e quando surgiu a idéia? Que aplicações se visualiza para o produto ou serviço em questão? Que públicos-alvo seriam potenciais consumidores?

Enquanto a elaboração de um Plano de Negócios para um negócio existente, ao empreendedor ou responsáveis, pode significar maior conforto e segurança na tomada de decisão, em virtude de experiência acumulada, um negócio novo pode apresentar um sem-número de questionamentos.

Seja para negócios em marcha, seja para novos negócios, a razão principal para se elaborar planos é a existência de oportunidades traduzidas não só em ganhos financeiros, mas, principalmente, em oportunidades de garantia da continuidade e do aumento da segurança nos negócios existentes, via minimização de riscos.

Uma vez que essas questões básicas estejam conscientes, outras questões merecem atenção. Entre elas: o que procurar como dados ou informações relativas ao tema a ser analisado? Onde procurar esses dados e informações? Que quantidade de amostras serão necessárias para essa pesquisa exploratória?

Falar em plano de negócio pressupõe, primordialmente, de forma otimista, encontrar ao final do estudo respostas favoráveis à sua viabilidade, caso contrário não haveria justificativa para ele. O impulso inicial é otimista, no entanto, trata-se somente do primeiro impulso, após a centelha inicial; o **desenvolvimento, a análise e decisão devem obedecer a procedimentos isentos de emoções.** Conforme comentado, resultados contrários são possíveis e as decisões pressupõem fundamentação.

O desenvolvimento de uma pesquisa exploratória deve ser estruturado e consistente.

A qualidade de uma pesquisa exploratória resulta da adequada coleta de dados, de sua ordenação, análise e correlação de eventos, diagnóstico preliminar consistente, compreensão e delimitação do problema e estruturação do pensamento.

"A razão orienta a emoção, a emoção desorienta a razão."
Renato Telles

O estudo exploratório visa, *grosso modo*, permitir o delineamento de uma perspectiva inicial para a decisão de se investir ou não em um estudo mais detalhado sobre o tema. O produto do estudo exploratório deve apresentar um quadro referencial sobre os **indicadores** preliminares **da atratividade do negócio**.

Quando se fala em indicadores preliminares de atratividade do negócio, o que se busca são aspectos macros que sugiram a viabilidade do objeto em análise. Dentre esses indicadores, alguns são percebíveis, analisando-se a demanda crescente por esse ou aquele produto, o que pode derivar para negócios complementares.

Por exemplo, o surgimento de um conjunto de prédios residenciais, em uma certa região da cidade, traz novas oportunidades de negócios, para atender à demanda dos novos moradores. É o caso de estabelecimentos comerciais – supermercados, restaurantes, institutos de beleza, bancos, entre outros.

Um outro indicador pode ser observado nos demonstrativos de resultados de um determinado setor. Lucros constantes, volumes de vendas crescentes podem seduzir inicialmente os investidores, mas não são garantias de sucesso. Após a identificação e ordenação dos diversos indicadores, é possível chegar a três conclusões preliminares: viabilidade, inviabilidade ou não conclusiva.

Se o quadro de indicadores sugerir viabilidade ou inviabilidade, as decisões são imediatas. Entretanto, quando o resultado é não conclusivo, pode haver aspectos favoráveis e desfavoráveis, ainda insuficientes para a tomada de decisão, o que sugere a busca por outros indicadores que justifiquem a decisão para o próximo passo.

3. Fundamentação para a proposição do Plano de Negócio

O conhecimento é a navegação em um oceano de incertezas, entre arquipélagos de certezas.

(EDGAR MORIN, 2002)

No mundo dos negócios, qualquer impulso para investir implica a necessidade de justificativas fundamentadas. Nenhum investidor desembolsará qualquer quantia representativa sem argumentos que o convençam. A fundamentação para a proposição de um plano de negócio deve fazer parte de sua introdução. É nessa parte que se apresentam os **fatos** e **indicadores** que podem trazer credibilidade à proposta.

Vale lembrar que esses fatos e indicadores por si só não garantem qualquer sucesso. Na verdade, é a interpretação que se faz deles, associada ao senso empreendedor, que pode fazer sentido e justificar a elaboração do Plano de Negócio. Metodologicamente falando, a redação a ser apresentada na introdução visa delimitar o **problema** que se quer resolver. Nesse sentido, a função da pesquisa exploratória, previamente necessária, é dar subsídios à delimitação do problema. No caso de planos de negócio, a delimitação do problema pode ser definida como a identificação da **oportunidade de negócio** (negócio novo) ou **necessidade de mudança** (negócio existente).

3.1 Caracterização de oportunidades de negócios ou necessidades de mudanças

Oportunidades de negócio são observáveis por meio dos sinais emitidos pelo mercado ou "visualizadas" pelo empreendedor (*necessidades, expectativas ou intenções por parte de compradores/consumidores*). Essas oportunidades podem ser caracterizadas de diversas formas. Quando se pensa em uma indústria, uma empresa comercial ou mesmo uma empresa de serviços, diversas são as oportunidades que podem surgir, entretanto, sua caracterização invariavelmente está ligada a:

- novas funções para produtos ou serviços existentes;
- variações da demanda aparente, positivas ou negativas;
- indicadores de atratividade (evolução da demanda, desempenho da indústria – rentabilidade);
- perspectivas de demanda futura;
- outras formas de oportunidades identificadas.

Detectar e dar sentido à interpretação dos fatos disponíveis é o desafio para a fundamentação da proposta de um plano de negócio.

Não há uma receita pronta para tal, todavia a redação da introdução deve apresentar ao leitor os aspectos observados, muitas vezes isoladamente, que justificam a verificação do que se propõe.

3.2 Diagnóstico de empresa em operação – estudo exploratório interno

A elaboração de plano de negócio não contempla somente empresas novas, pois empresas existentes também precisam desse cuidado. Seja para expansões, seja para revisões no seu posicionamento estratégico, os planos de negócio visam, primordialmente, assumir uma postura diante das tendências do mercado, seja buscando novas alternativas, seja defendendo posições já alcançadas.

Enquanto o plano de negócio para uma empresa nova busca praticamente construir conhecimentos para o estudo de viabilidade, para uma empresa existente, ele parte da grande parcela de conhecimentos consolidados e disponíveis nela.

No primeiro caso, há um todo para se construir. No segundo, há um todo para se manter, modificar ou destruir.

Em termos práticos, a elaboração de um plano de negócio para uma empresa existente em pouco difere, metodologicamente falando, da elaboração de um plano para uma empresa nova. O fato relevante é o referencial de partida.

3.2.1 Compreensão de um negócio existente

Compreender uma situação já existente, em termos exploratórios, é o primeiro passo para evitar o diagnóstico ingênuo.

Uma vantagem para o analista, nesse caso, é que a maioria dos dados é factual, o negócio existe, há produtos, mercados, entre outros aspectos palpáveis, que auxiliam na identificação do problema. Independentemente de quem vai desenvolver o Plano de Negócio, analistas internos da empresa ou consultores externos, há que se fazer um diagnóstico mais próximo possível da realidade. Por essa razão, a redação empregada, nesta seção, pressupõe o desconhecimento preliminar da pessoa que vai fazer a análise da empresa-objeto, e, mesmo no caso de a pessoa já conhecer a empresa, recomenda-se uma postura crítica, desprezando/questionando conhecimentos existentes. Há que se buscar novas oportunidades ou fragilidades ainda não observadas.

Basicamente, objetiva-se, nesse primeiro momento, obter uma fotografia mais próxima da realidade da empresa, isto é, seu *status quo*.

Objetivos do negócio atual

Uma vez que a imagem da empresa precisa ser compreendida, merecem atenção os seguintes aspectos: objetivos gerais, produtos, mercados, clientes, orçamentos operacionais, práticas comerciais, entre outros que se mostrem relevantes.

a) Objetivos gerais

> *Nenhuma empresa é maior que a cabeça do próprio dono.*
>
> (TORDINO)

Dentro dos objetivos gerais, sugere-se tomar conhecimento ou analisar a redação dos objetivos propostos para o negócio atual, formais ou contidos nas verbalizações de seus representantes. O que pensam seus responsáveis? Que objetivos pretendem alcançar com a atividade em desenvolvimento?

É fundamental compreender o idioma daquele que pede por mudança, que quer mudança, que precisa de mudança. Assim, há que se conhecer as terminologias e aspectos culturais pertinentes à organização em análise.

É comum ver na recepção de muitas empresas textos enquadrados para leitura pública, contendo aspectos relativos à cultura empresarial, com redações sobre visão, missão, valores, objetivos ou padrões de comportamento e orientações a serem buscados. Entretanto, em outras empresas, a cultura precisa ser observada ou identificada por meio de entrevistas com os responsáveis, em virtude da inexistência de documentos formais. Conhecer os objetivos atuais da empresa em análise é o primeiro passo para a compreensão do contexto em que ela está inserida para a identificação de possíveis disfunções ou necessidades de mudança, numa análise "previsto *versus* praticado" ou "previsto *versus* atingido".

b) Produtos, insumos críticos ao produto e práticas comerciais

Produto é o resultado dos recursos alocados e empregados por uma empresa para ser oferecido a um público escolhido.

Dentro de um princípio lógico, um produto é oferecido a um público com base em indícios de perspectivas de sucesso de vendas. Não tem sentido produzir algo que não apresente interesse para ser comprado. Entretanto, reconhecendo-se a existência do diagnóstico ingênuo, recomenda-se conhecer as verdades a respeito do produto que a empresa oferece ao mercado, partindo do ponto de vista do responsável por sua produção.

É importante começar a construir um modelo mental das razões para o produto existir. Não se pode esquecer de que essa é uma fase de coleta de informações para a construção de um modelo que leve à compreensão da demanda. Assim, tal coleta deve se limitar a um nível macro, não se perdendo em detalhes que se mostrem desnecessários no momento. Nesse sentido, algumas questões permitem melhor compreensão da lógica empregada no processo de elaboração do produto, utilizado pela empresa.

Um caminho é tentar responder às seguintes questões: o que se vende? Para quem se vende? Como se vende? Onde se vende? Do que é feito o produto? Como é produzido? Onde é produzido? Para quais mercados se vende? Para quais aplicações o mercado compra o produto? O cliente é uma empresa que utiliza os produtos comprados em seu processo? O cliente é um consumidor final? Como esse produto é vendido? Quais as condições comerciais de venda? É vendido à vista ou a prazo? Como é entregue? O cliente retira o produto ou a empresa entrega?

As questões apresentadas não precisam ser respondidas na seqüência mostrada nem pretendem esgotar as dúvidas que venham a surgir. Seu objetivo é propiciar uma idéia do processo operacional. Cada caso merece ser analisado para a elaboração dos conteúdos e seqüência das questões.

Enquanto a leitura de documentos e de relatórios da empresa trazem luzes sobre as razões de a empresa apresentar o quadro em análise, uma visita às instalações pode agregar conhecimentos importantes à compreensão dos resultados decorrentes de seu *modus operandi*. Em uma visita, é possível ver materialmente a seqüência de atividades manuais ou automatizadas, bem como os recursos físicos necessários à elaboração do produto final.

Conhecer os principais componentes dos produtos oferecidos tem o objetivo de subsidiar a compreensão do sistema de valores no qual a empresa em análise está inserida, discutidos mais adiante.

c) Orçamentos operacionais

> *Em qualquer empresa, sempre existe um modelo de gestão, formal ou informal, e ele sempre está permeado de aspectos culturais dos gestores.*
>
> (MOSIMANN e FISCH)

Desse modo, é importante tomar contato com documentos ou saber as intenções dos responsáveis quanto a planos operacionais existentes para a empresa.

Pressupõe-se que planos devam mostrar de forma quantificada os objetivos a serem atingidos. Assim sendo, de posse deles é possível verificar, por meio de indicadores gerenciais, o grau de assertividade que a empresa está atingindo.

Espera-se que um orçamento operacional apóie-se em premissas básicas e consistentes para a elaboração dos principais relatórios financeiros necessários ao gerenciamento.

Sistema de valores

Saber mais sobre a empresa em questão envolve conhecer mais que o tripé recursos, processos e produtos.

Enquanto o tripé citado atem-se basicamente à parte interna da empresa, por meio da identificação do sistema de valores é possível conhecer quem é quem, antes e depois da empresa em questão (*stakeholders*).

Nesse sentido, compreender o sistema de valores permite uma visão mais abrangente sobre o posicionamento da empresa dentro da progressão de acumulação de valores econômicos.

Quem são os fornecedores? Há outros concorrentes na venda de produtos? Há outros concorrentes pelos insumos críticos aos produtos da empresa? Em que estágio do sistema de valores a empresa está posicionada?

Modelo de Gestão e Estrutura de Negócio

> *Modelo de gestão representa a configuração assumida para gestão dos processos, recursos e funções, assim como suas interações adotadas por uma organização.*
>
> (ARANTES *apud* TELLES, 2003, p. 258)

O organograma de uma empresa pode revelar aspectos sobre sua cultura, bem como a forma estruturada de seus processos operacionais, além de disfunções organizacionais decorrentes, seja em função da evolução de atividades operacionais sem as devidas readequações, seja por acomodações de interesses pessoais, discutíveis quanto ao que seria melhor para a empresa. Ainda segundo Telles, a opção por um modelo influencia a postura e a atitude organizacional, mostrando-se mais ou menos adequado à operação e ao contexto de atuação.

Segundo Rummler e Brache, o organograma permite apenas uma visão horizontal sobre o que é a empresa. Para complementar a informação obtida via leitura de um organograma, esses autores sugerem a visão sistêmica[1] (veja a Figura 3.1). Seu objetivo é conhecer melhor os processos operacionais e o relacionamento com clientes e fornecedores, permitindo assim compreender melhor as fronteiras funcionais da operação da empresa. Detalhando um pouco mais a visão sistêmica comentada, a Figura 3.2 apresenta os componentes básicos da visão sistêmica.

---

[1] A visão sistêmica permite a verificação de como o trabalho é feito por processos que cortam as fronteiras funcionais e mostra o relacionamento interno entre clientes e fornecedores por meio dos quais são produzidos produtos e serviços (RUMMLER e BRACHE, 1994).

Figura 3.1: Visão sistêmica: componentes básicos

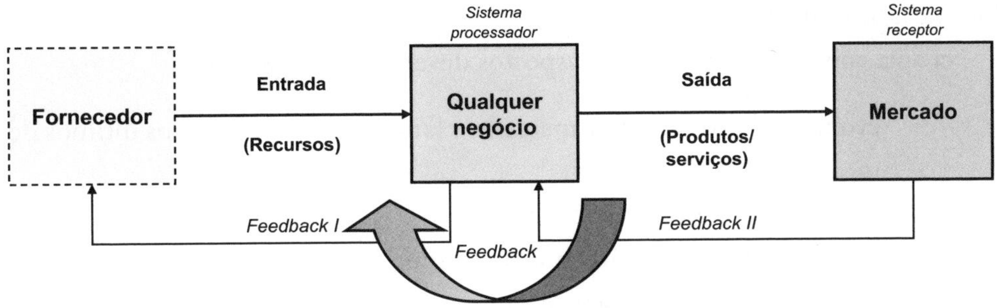

Fonte: Rummler e Brache, 1994, p. 14 (adaptado).

Figura 3.2: Visão sistêmica: contexto

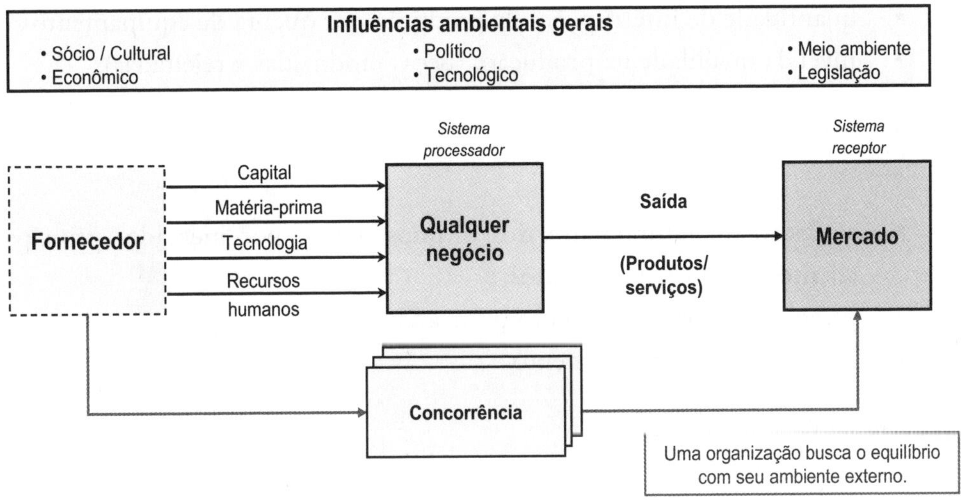

Fonte: Rummler e Brache, 1994, p. 14 (adaptado).

Sistemas de informações gerenciais

Um sistema de informações gerenciais tem a finalidade de apresentar aos responsáveis indicações sobre as atividades operacionais da empresa, permitindo assim a avaliação de sua performance. Seja esse sistema manual, seja informatizado, toda empresa tem meios, formais ou informais, para tentar compreender sua capacidade de realizações operacionais.

Para fornecer subsídios à pesquisa exploratória, sugere-se uma leitura macro sobre as três principais áreas operacionais da empresa em análise, a saber: comercial, produção e administrativa.

Na área comercial, os seguintes aspectos devem estar disponíveis:

- evolução das vendas por mercado e famílias de produto, nos últimos doze meses;
- principais clientes e mercados;
- prazo médio de recebimento praticado;
- nível de devoluções e seus motivos;
- nível de abatimento de preços praticado.

Para a área de produção, sugere-se observar os seguintes aspectos:

- capacidades instaladas (máquinas e quadro de pessoal);
- ocupação média nos últimos doze meses;
- quantidade de interrupções de produção por quebra de equipamentos;
- nível da qualidade na produção. (peças produzidas x rejeitadas).

Para a área administrativa, sugere-se:
Finanças

- evolução do faturamento dos últimos meses, por mercado, principais clientes, famílias de produtos;
- prazo médio de recebimento praticado;
- atraso médio de recebimento.

Suprimentos

- evolução das compras por insumos nos últimos doze meses;
- principais fornecedores;
- prazo médio de pagamento acordado com os fornecedores;
- atraso médio no pagamento.

Recursos humanos

- rotatividade do pessoal nas diversas áreas;
- observação de indicadores sobre o clima organizacional e moral dos trabalhadores.

A relação acima não esgota a quantidade de itens que podem ser verificados. Seu objetivo é somente apresentar uma forma estruturada que auxilie a montagem da pesquisa exploratória, mas sem se esquecer de sua objetividade e caráter de levantamento preliminar e de indicadores de nível macro informativo. Nesse estágio, buscam-se os sintomas e não suas causas.

Resultados operacionais

A análise de relatórios gerenciais pode trazer informações que venham a corroborar fatos observados no item anterior. A leitura da evolução das demonstrações de resultados dos últimos doze meses e a apreciação da demonstração do fluxo de caixa também ajudam a entender os números apresentados no balanço patrimonial.

Estrutura do capital

Além de tentar conhecer as fontes operacionais para a sustentação da atividade da empresa, é importante também conhecer suas propostas de desenvolvimento, via investimentos em ativos imobilizado e diferido, bem como a forma de financiamento desses investimentos. Nesse sentido, a identificação de fontes de financiamento, própria e de terceiros, com seus respectivos custos visam esclarecer eventuais despesas financeiras identificadas dentro das despesas operacionais.

3.2.2 Diagnóstico preliminar

Analogamente à medicina, que busca causas para alteração patológica do corpo humano, a administração vale-se do termo diagnóstico para expressar a busca de causas para os **sintomas** identificados na pesquisa exploratória em uma empresa. Entretanto, enquanto na medicina a palavra sintoma é preocupante, pois indica enfermidade, em administração seu sentido é mais amplo. É comum ouvir expressões do tipo: *o sucesso da empresa já era **sintomático**, a partir da aquisição da terras necessárias para suprir insumos-chave ao seu negócio*. Nesse caso, a palavra *sintomático* assume o caráter de previsibilidade.

Ou seja, uma pesquisa exploratória não necessariamente trará somente aspectos negativos. Em muitos casos, ela pode revelar práticas positivas e fundamentar a continuidade de suas adoções. No entanto, a busca, também na administração, é pela melhoria constante.

A razão da expressão "preliminar", completando a palavra diagnóstico, justifica-se pelo fato de que, nesse caso, sua função basicamente é trazer mais informações à formação do quadro de referência para a preparação das fases seguintes.

A função do **diagnóstico preliminar** é contrapor os dados identificados na **compreensão da situação existente** e apresentar um resumo dos pontos que chamaram atenção.

Uma sugestão para conteúdo seria uma breve apresentação, levando em conta os seguintes tópicos:

a) Aspectos organizacionais

Nesse tópico, podem constar aspectos relativos às disfunções organizacionais identificadas. Nesse sentido, os subsídios podem provir das seguintes confrontações:

- objetivos do negócio atual e o *modus operandi* observado;
- estrutura organizacional (organograma) *versus* mapa de relacionamentos;[2]
- rotatividade de pessoal em relação aos padrões aceitáveis;
- clima organizacional turbulento;
- análise do sistema de valores e riscos estratégicos.

A título de exemplo, a Figura 3.3, traz um modelo de mapa de relacionamento, segundo Rummler e Brache.

Figura 3.3: Mapa de relacionamentos

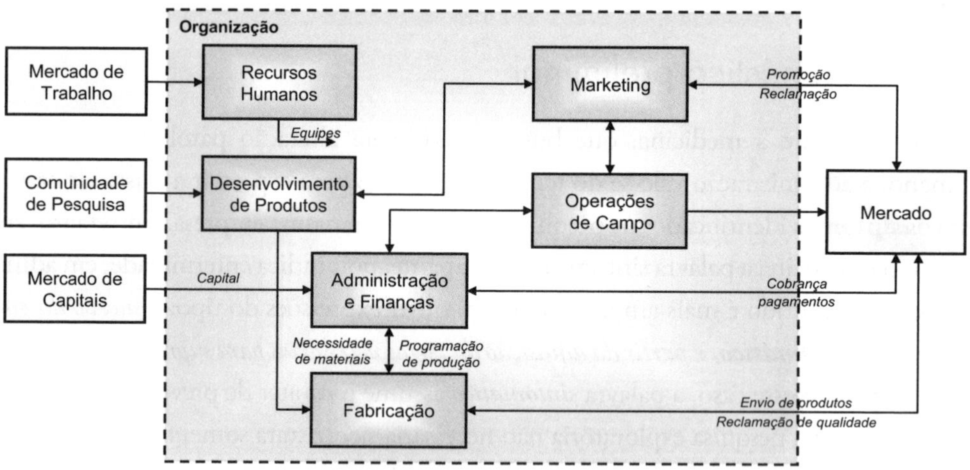

Fonte: Rummler e Brache, 1994, p. 48 (adaptado).

[2] Rummler e Brache defendem o mapa de relacionamento como instrumento facilitador para compreender como o trabalho é feito, identificar procedimentos desnecessários, confusos ou mal direcionados (fios desligados), otimizar relacionamentos existentes e avaliar alternativas organizacionais.

b) Indicadores operacionais

A título de sugestão, esse item pode conter valores evolutivos que reflitam os seguintes pontos:

Comercial

- variação percentual das vendas;
- percentual de devoluções por motivo;
- percentual praticado de descontos comerciais.

Produção

- variação percentual da produção;
- tempos médios de produção *versus* tempos padrões;
- nível de ociosidade das máquinas;
- nível de estoques;
- percentual médio de quebra;
- tempos utilizados na manutenção.

Finanças

- prazo médio de atraso nos recebimentos e pagamentos;
- nível de inadimplência;
- despesas financeiras;
- volume de empréstimos;
- atrasos médios nas entregas.

Suprimentos

- atraso médio nos recebimentos;
- devolução de insumos por qualidade.

Pessoal

- acidentes com pessoal;
- pontualidade/assiduidade dos funcionários;
- clima organizacional.

Deve-se lembrar que a caracterização de um problema decorre de toda uma contextualização feita no capítulo de introdução, isto é, ela é o **produto final** de uma apresentação inicial sobre os fatos que sugeriram a proposta de estudo, pesquisa exploratória, análise e proposta fundamentada.

Um erro comum, observado no desenvolvimento de trabalhos de conclusão de curso, é a definição do que vai ser feito sem ao menos apresentar ao leitor os impulsos e o contexto que propiciou chegar a esta ou àquela conclusão.

Num percurso metodológico, no desenvolvimento de um plano de negócio, **a definição do problema é o produto final da introdução**.

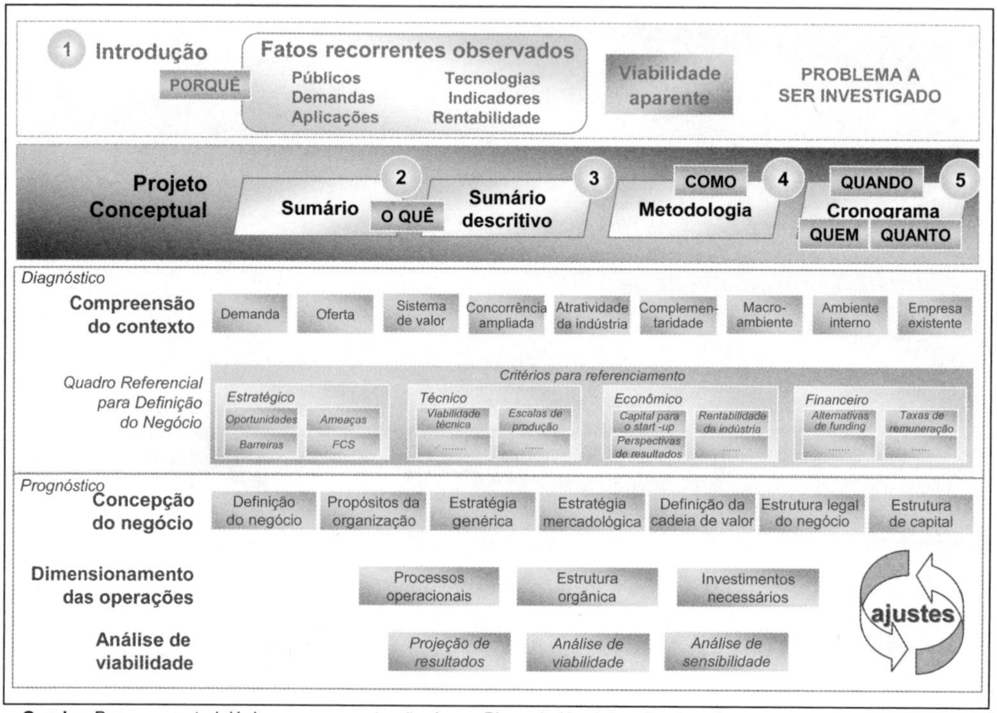

Quadro: Percurso metodológico para a construção de um Plano de Negócio – **Projeto Conceptual**

4. Projeto Conceptual

If you don't know where you are going, every road will get you nowhere.[1]

(HENRY KISSINGER)

O primeiro desafio ao não iniciado na construção de planos de negócio é saber por onde começar. A seqüência de capítulos da Parte II apresenta os conteúdos ordenados de forma a facilitar a compreensão e construção do Plano de Negócio, oferecendo basicamente a estrutura do sumário para sua redação, a saber: introdução; compreensão do contexto; concepção do negócio; dimensionamento das operações e análise da viabilidade.

---

[1] Se você não sabe para onde está indo, todas as estradas o levarão a lugar nenhum.

Figura 4.1: Projeto Conceptual

A introdução do Plano de Negócio é o **ponto de partida**, espaço dedicado aos aspectos que apresentam características indicativas de oportunidade de negócio ou alternativas para melhorias em negócios existentes. O ponto de chegada é a parte destinada à conclusão, na qual, a partir de dados coletados e análises consistidas, fundamentam-se as recomendações para a tomada de decisão.

Conforme sabido, investidores e departamentos de planejamento das empresas demandam, constantemente, análises de planos de negócio. Responder aos diversos desafios desse público interessado traz a necessidade de **procedimentos estruturados** a fim de se obter eficácia e eficiência na produção de documentos pertinentes à atividade de análise de viabilidade de investimentos.

O percurso entre os **pontos de partida e chegada**, requer as definições de: a) **etapas a serem percorridas**; b) **conteúdos a serem obtidos**; c) formas de **obtê-los**; d) estimativas de **tempo** e de **recursos** necessários à realização do estudo.

Para atender a essa demanda, recomenda-se que a elaboração do planejamento de atividades apóie-se na seguinte seqüência: **introdução**, **sumário descritivo**, **metodologia** e **cronograma**.

A Figura 4.1, Projeto Conceptual, mostra, de forma sintética, a seqüência recomendada e seus conteúdos.

Na introdução do plano conceptual é esperada a apresentação da caracterização dos motivos que justificam o desenvolvimento de um estudo mais aprofundado, isto é, a proposta sobre **o que** se quer verificar. O sumário descritivo tem a função de apresentar, de forma macro, os **conteúdos** que devem fazer parte de cada item do plano de negócio. A metodologia busca descrever a **forma** como esses conteúdos serão obtidos e o cronograma serve para trazer a estimativa de **tempo** e **recursos** monetários necessários à construção do Plano de Negócio, detalhados a seguir.

4.1 Introdução

Pelo fato de a introdução ter a função de caracterizar a oportunidade de negócio ou necessidade de mudanças que se quer analisar, é importante que aborde esses aspectos com clareza para apresentá-los ao leitor. A caracterização de oportunidades, ou indicações preliminares de oportunidade de negócio, requer uma pesquisa exploratória que ratifique, preliminarmente, a viabilidade aparente e justifique o investimento num estudo mais profundo, no qual as pesquisas exploratórias tenham a função de coligir dados que confirmem os fatos observados pelo empreendedor.

De forma a caracterizar um cenário gerador da necessidade de um plano de negócio, suponha que um gerente geral de uma empresa química, cuja formação é engenharia química, tome conhecimento da seguinte notícia:

> Um grupo de pessoas, de um prédio comercial, precisou ser internado por causa da alergia causada pelo produto utilizado na limpeza do piso.

Horas mais tarde, ele recebe a notícia de que a capacidade produtiva da empresa estava com 40% de ociosidade devido às implementações de novos processos produtivos e melhorias operacionais decorrentes de treinamento do pessoal.

Com base nesses dois fatores, esse gerente poderia se interessar em buscar novos produtos para ocupar a capacidade ociosa, direcionando seu foco para o mercado de produtos de limpeza de pisos. Por meio de indicadores disponíveis na associação da qual a empresa faz parte, sobre informações relativas à alergia da população a produtos químicos, observações do dia-a-dia de instituições e a tendência ao cuidado com o meio ambiente, ele poderia compor o seguinte texto para encaminhar uma revisão no Plano de Negócio.

Observa-se nos prédios comerciais a existência de variados tipos de material no piso.

Em função do trânsito de pessoas das mais diversas camadas sociais, nas mais diversas condições de tempo e também do processo natural da geração de sujeira, esses pisos precisam ser limpos periodicamente, requerendo produto específico para tal.

As estatísticas apontam que, nos últimos dez anos, o número de prédios comerciais cresceu à razão de 8% e que a indústria de produtos de limpeza apresentou um crescimento superior a este índice, justificado pela diversidade de produtos desenvolvidos para finalidades mais específicas (limpa-vidros, detergentes, limpa-piso etc.).

Em decorrência de novas implementações ocorridas na linha de produção, contempladas no orçamento deste ano, vários processos operacionais foram melhorados, gerando, por outro lado, uma ociosidade de 40% no volume de produção atual.

Se o mercado que a empresa atende no momento não apresentar perspectivas para a ocupação da capacidade excedente disponível e do nível de rentabilidade oferecida pela indústria de produtos de limpeza, entende-se como oportuno verificar-se a viabilidade para o desenvolvimento de novos produtos de limpeza, focados nas necessidades de clientes institucionais.

4.2 Sumário descritivo

Observando o desenvolvimento deste livro, de forma resumida e estruturada, quatro conteúdos básicos devem compor o sumário para o desenvolvimento do percurso entre a introdução e a conclusão, a saber: **compreensão do contexto**, **concepção do negócio**, **dimensionamento das operações** e **análise da viabilidade**.

A elaboração do sumário descritivo requer e pressupõe uma visão macro das necessidades mínimas que cada parte deve conter. Nesse sentido, em vista das particularidades de cada conteúdo, sugerem-se alguns cuidados na elaboração do sumário descritivo, devendo-se levar em conta o produto a ser obtido com o item em análise, as fontes de informações confiáveis para tal e o tempo necessário para sua obtenção.

A função principal do sumário descritivo é antecipar conteúdos necessários às partes da construção, de forma a facilitar o planejamento dos métodos de pesquisa e seus instrumentos de coleta.

O sumário descritivo não é um documento que precisa ser formalmente apresentado a qualquer entidade que tenha solicitado o estudo sobre o plano de negócio. Na verdade, ele é um instrumento de gerenciamento do "construtor" do plano de negócio. Sua função básica é permitir visualizar, de forma macro, o percurso a ser percorrido, bem como antecipar os principais marcos a serem observados. Vale ressaltar a importância de uma pesquisa exploratória, na fundamentação.

4.2.1 Compreensão do contexto

Compreender o contexto significa saber sobre o que se está falando. Isto é, perceber os fatos e conseguir, com certo grau de segurança, inferir suas causas, conseqüências e seus agentes. Entretanto, toda obtenção de informação, assim como seu entendimento, tem suas limitações. Independentemente desse fato, o objetivo dessa parte é buscar argumentos e indicadores que permitam minimizar as chances de fracasso na construção de um plano de negócio.

O detalhamento da compreensão do contexto contempla os seguintes aspectos: a) análise da demanda; b) análise da oferta; c) análise da concorrência ampliada; d) análise da atratividade da indústria; e) sistema de valor; f) condicionantes do macroambiente; e g) Quadro referencial para a definição do negócio (QRDN).

O sumário descritivo situa-se dentro da etapa de planejamento, isto é, na identificação das atividades a serem feitas. Assim, o principal desafio ao responsável é imaginar os pontos necessários a serem considerados quando de sua execução. Para o texto, pressupõe-se uma redação de forma mais genérica. Essa fase não é para descrever como será feito, mas **o que deverá conter** e indicar **possíveis fontes** para a obtenção dos dados e informações.

Análise da demanda

Nesse item, cabe identificar os aspectos relevantes, **a serem observados na execução da análise da demanda**, que justificam ou venham a justificar o interesse do público-alvo.

Demanda está associada à necessidade de um certo público, por um certo produto ou função do produto, em uma fase temporal. Assim sendo, na redação dessa parte do sumário descritivo, procure detalhar que dados ou observações precisam ser consideradas e, principalmente, sua relevância diante das necessidades de compreensão das razões da demanda.

Uma forma de buscar argumentos para a elaboração do sumário descritivo é montar o mapa de relacionamentos mostrando os aspectos que fazem parte dos processos de: a) definição de produto e fornecedor; b) compra; c) uso do produto; e d) critérios utilizados etc. Um exemplo desse mapa de relacionamento é apresentado na Figura 4.2.

Tome como referência o fabricante de material de limpeza que esteja querendo desenvolver um **produto para limpar o piso de ambientes internos de prédios comerciais** e vender para clientes institucionais.

A função do mapa de relacionamentos é facilitar o planejamento da pesquisa de demanda para a compreensão do contexto. Sua acurácia permite a definição dos aspectos relevantes a serem verificados no mercado. Conforme apontado no mapa de relacionamentos, as questões sugeridas teriam como foco dois aspectos importantes para o conhecimento da demanda: **características da compra** e **decisões preliminares à compra**.

Figura 4.2: Mapa de relacionamentos – Análise de demanda

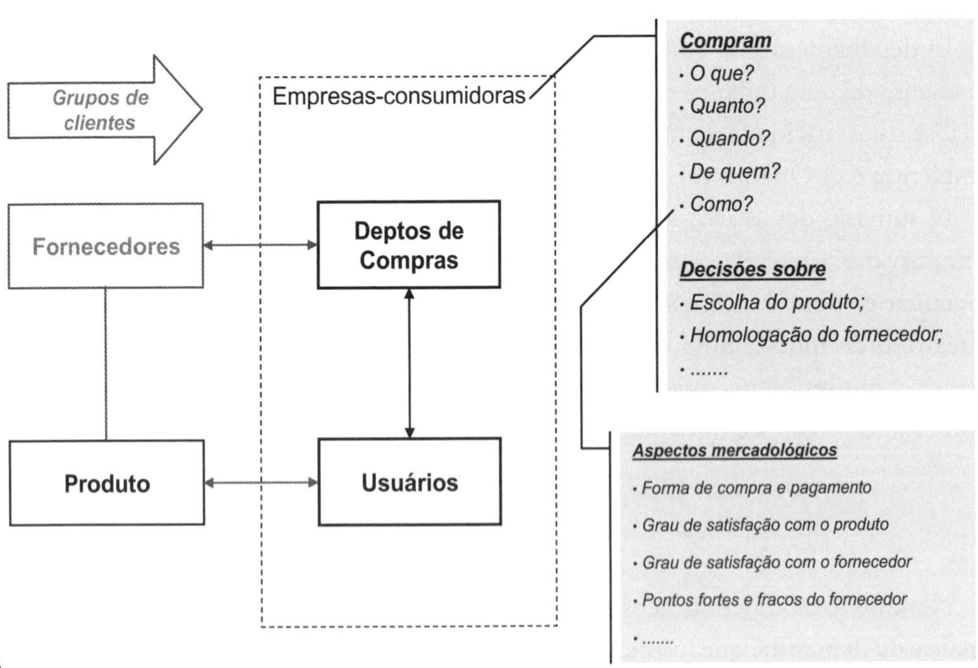

Sob o título "características da compra", as seguintes questões seriam contempladas: o que compram? Quanto compram? Quando compram? De quem compram? Como compram? Com relação às decisões preliminares à compra, é relevante saber como é feita a escolha do produto a ser utilizado e dos critérios para a homologação do fornecedor.

Uma pesquisa de demanda representa também a oportunidade para se saber mais sobre a concorrência. Assim, os aspectos mercadológicos, sob o ponto de vista daquele que compra, não podem ser desprezados. Esse canal é a fonte de informação sobre a forma de compra e pagamento; grau de satisfação com o produto e fornecedor; pontos fortes e fracos do(s) fornecedor(es).

Partindo dos conceitos de Abell (Grupos de Clientes, Funções de clientes, Tecnologia), no caso do engenheiro químico apresentado no início, em princípio, tanto os aspectos relativos às Funções de clientes quanto à Tecnologia estão definidos, isto é, higiene e produto químico. Nesse caso, o texto do sumário descritivo poderia ter a seguinte redação:

> Na análise da demanda se buscará identificar os diversos públicos (grupos de clientes) que utilizam material de limpeza, procurando saber aspectos relativos à compra, abordando questões relativas aos produtos utilizados, quantidades compradas, periodicidade das compras, fornecedores homologados e tipos de embalagens.
>
> Visualiza-se, para essa etapa, o dimensionamento da quantidade de prédios comerciais existentes na cidade-alvo e a identificação dos aspectos mercadológicos que definem as decisões de compra.
>
> Adicionalmente, se tentará identificar aspectos relativos aos fornecedores atuais, buscando informações no tocante às formas de pagamento, o grau de satisfação com o produto e fornecedores atuais, bem como fragilidades e destaques positivos desses fornecedores.
>
> Como produto dessa análise se objetivará dimensionar o consumo potencial do mercado e a participação dos diversos fornecedores com representatividade.

Análise da oferta

Analogamente à análise da demanda, na análise da oferta, há que se relacionar os aspectos relevantes sobre como a demanda existente é atendida. Enquanto na primeira objetiva-se identificar aspectos que mereçam ser verificados, quanto às razões da compra, neste item o objetivo é buscar especificar aspectos que mereçam ser observados quanto à forma como o público demandante é atendido ou como o produto é oferecido, condições de venda etc. Um mapa de relacionamentos, associado à análise da oferta, poderia ser apresentado como mostra a Figura 4.3

Figura 4.3: Mapa de relacionamentos – Análise da oferta

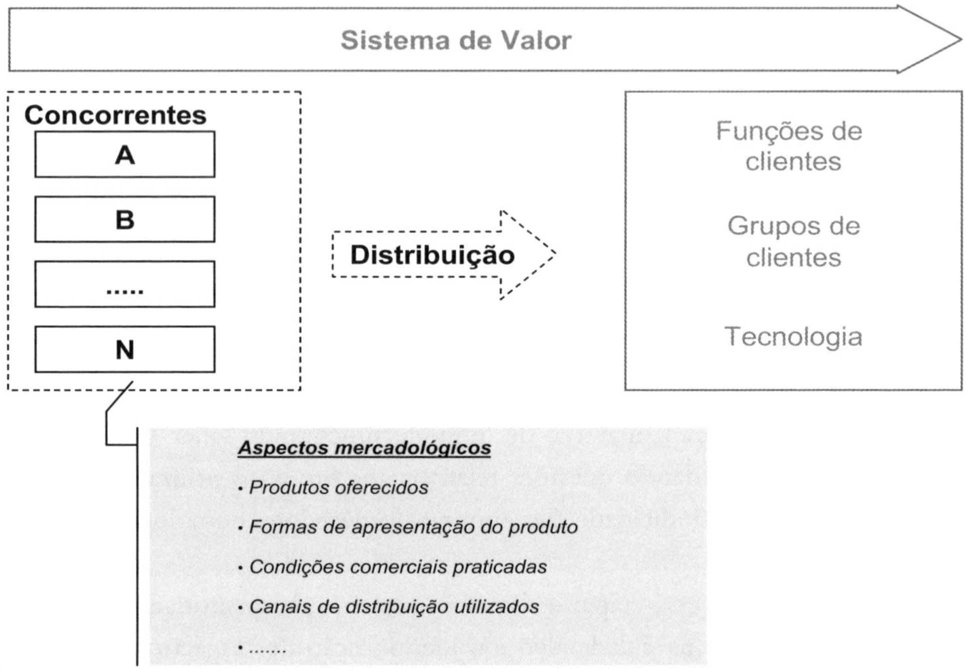

O objetivo, nesse momento, é compreender o mercado pelo ponto de vista de quem o abastece. Dessa forma, o sumário descritivo poderia ser composto assim, ainda tomando-se por base o caso do engenheiro químico:

Por meio da análise da oferta se buscará conhecer quem são e quantos são os fornecedores de produtos para limpeza de piso de ambientes internos de prédios comerciais, os produtos oferecidos, as formas de apresentação (embalagens e tamanhos), as práticas comerciais comuns do mercado e os canais de distribuição utilizados.

Também se procurará definir os fornecedores mais representativos, de forma a se aprofundar a busca por conhecimentos sobre eles, tentando dimensionar a capacidade instalada na indústria.

Sistema de valor

A análise do sistema de valor tem o objetivo de propiciar conhecimentos sobre outras cadeias de valor participantes dos dois pólos industriais complementares, isto é, indústrias-clientes e indústrias-fornecedoras (veja a Figura 4.4).

Na redação do sumário descritivo dessa parte, é recomendável identificar os tipos de indústria que merecem ser analisadas, de forma a se obter uma melhor compreensão sobre as margens de lucro de cada indústria imediatamente próxima ao tipo de cadeia de valor escolhida.

Figura 4.4: Sistema de valor

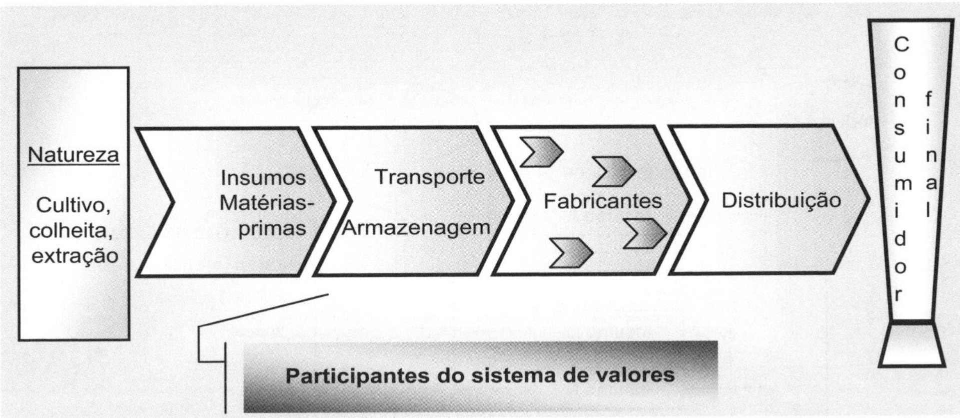

Dando seqüência ao exemplo desenvolvido, o sistema de valor daquela indústria química poderia ser esboçado da seguinte forma.

A análise do sistema de valor terá o objetivo de fornecer subsídios para se conhecer as cadeias de valor que fazem parte dos setores químico e de embalagens.

Dentro desse escopo, se procurará obter informações relativas aos participantes do sistema de valores, com o objetivo de identificar empresas com potencialidades e interesses em integrações para a frente ou para trás.

Análise da concorrência ampliada

Essa análise é entendida como a identificação das empresas que competem pelos mesmos insumos básicos, necessários à manutenção da produção da organização objeto do estudo.

Conhecido o produto cuja viabilidade se pretende analisar, essa parte do sumário descritivo deve tratar dos tipos de indústrias e setores que podem apresentar indicativos para concorrer pelos mesmos insumos básicos.

Com base no conhecimento dos insumos do produto referência, o mapa de relacionamentos tem a função de dar uma visão resumida sobre quais indústrias concorrem pelos insumos básicos, necessários ao produto objeto da análise. A Figura 4.5, Mapa de relacionamentos – Avaliação da concorrência ampliada, apresenta uma visão sintética de aspectos a serem observados no planejamento da análise da oferta.

Figura 4.5: Mapa de relacionamentos - Análise da concorrência ampliada

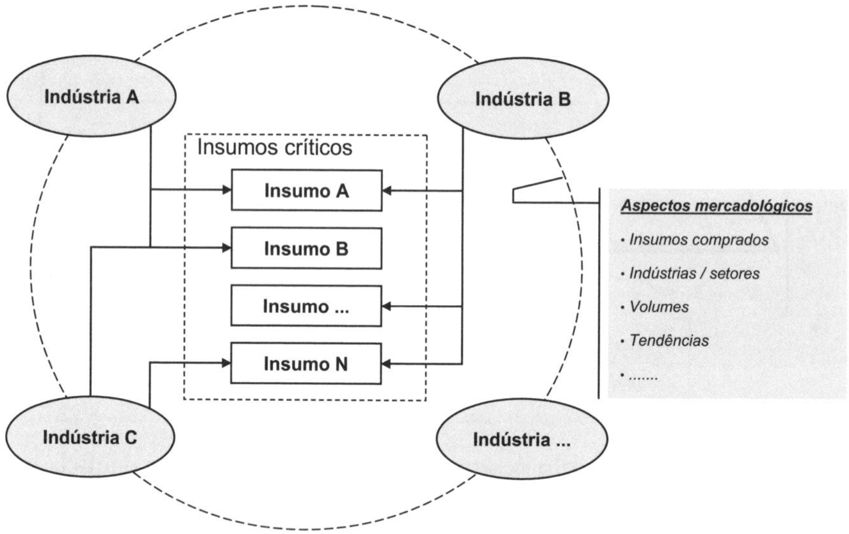

Como exemplo, levando em consideração o caso da indústria química, o sumário descritivo para essa parte poderia conter a seguinte redação:

A análise da concorrência ampliada tem o objetivo de identificar as principais indústrias que concorrem pelos insumos básicos (componentes químicos) necessários na formulação do produto. Também se buscará dimensionar o volume que essas indústrias consomem atualmente e a tendência de sua demanda.

O objetivo dessa fase é ter elementos para dimensionar potenciais riscos de falta de insumos-chave no processo de produção, para produtos de limpeza de piso.

Análise da atratividade da indústria

Analisar a atratividade de uma indústria é buscar indicadores sobre o interesse que ela desperta na coletividade empresarial (veja a Figura 4.6). Por essa ótica, um grande número de empresas dentro de uma indústria pode indicar que ela oferece boas remunerações em tempos de grandes demandas. Entretanto, em tempos "magros", isso implica risco de sobrevivência dos participantes nesse tipo de atividade.

Figura 4.6: Atratividade da indústria

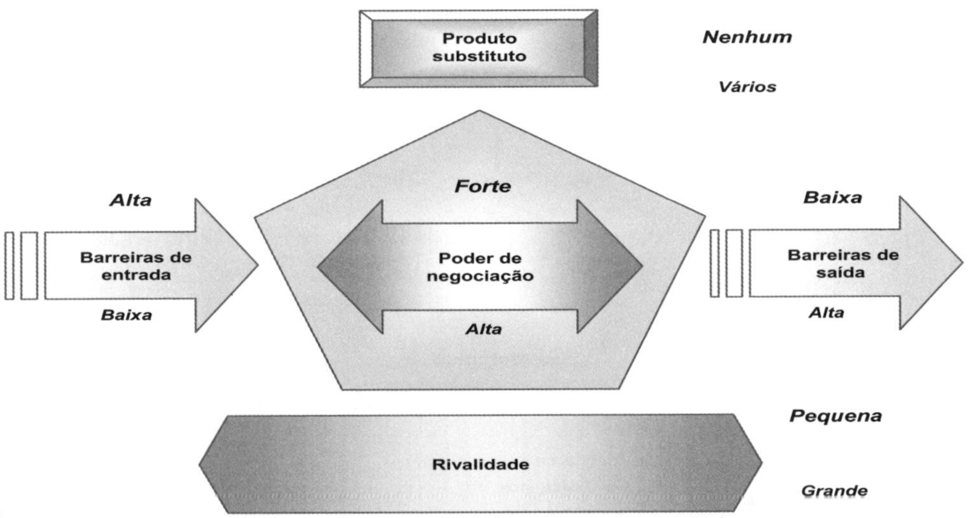

O sumário descritivo para o exemplo em desenvolvimento, poderia conter a seguinte redação:

Nesse bloco, se buscará identificar o estágio em que se encontra a indústria e os indicadores operacionais relativos a seu nível de atividade e evolução da demanda, rentabilidade, lucratividade e retornos potenciais, assim como aspectos relativos às barreiras de entrada / saída e mortalidade de empresas nessa indústria, rivalidade entre os concorrentes, existência de produtos substitutos e poder de negociação de fornecedores e clientes.

Condicionantes do macroambiente

Aspectos relativos ao macroambiente também são chamados de variáveis exógenas, as quais estão fora do controle da empresa, mas a afetam. Dentro dessa categoria estão as variáveis relativas aos ambientes sociocultural, demográfico, econômico, tecnológico, político-legal e natural, conforme mostra a Figura 4.7.

Figura 4.7: Condicionantes do macroambiente

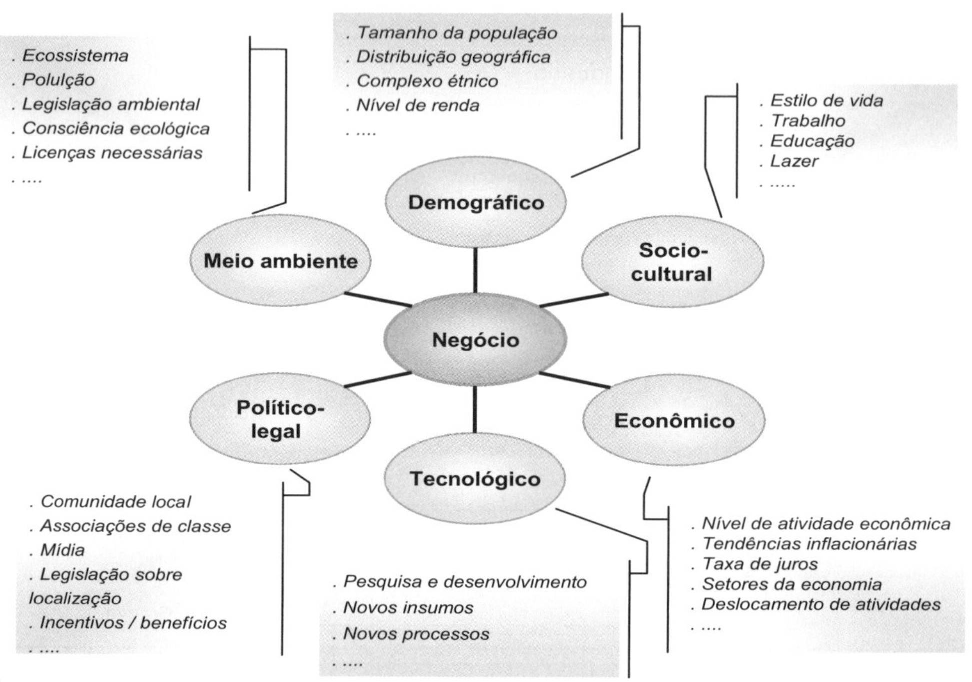

Nessa parte, o objetivo do sumário descritivo é listar os aspectos que precisam ser observados quando forem analisados. A Figura 4.8 apresenta os três ambientes onde uma empresa pode estar inserida, a saber, ambientes operacional, setorial e macroambiente.

No macroambiente encontram-se variáveis relevantes à análise e outras que devem ser desprezadas, por não terem qualquer representatividade. Atente para os aspectos que, de fato, podem vir a interferir no negócio em análise, isto é, aquilo que é **relevante**. Não faz sentido propor a análise do comportamento evolutivo da taxa cambial do dólar, pertencente à variável econômica, se o objeto de estudo não tem em seu bojo nem insumo, nem clientela ou qualquer outro fator que vincule a moeda ao negócio em análise.

Figura 4.8: Ambientes que cercam a empresa

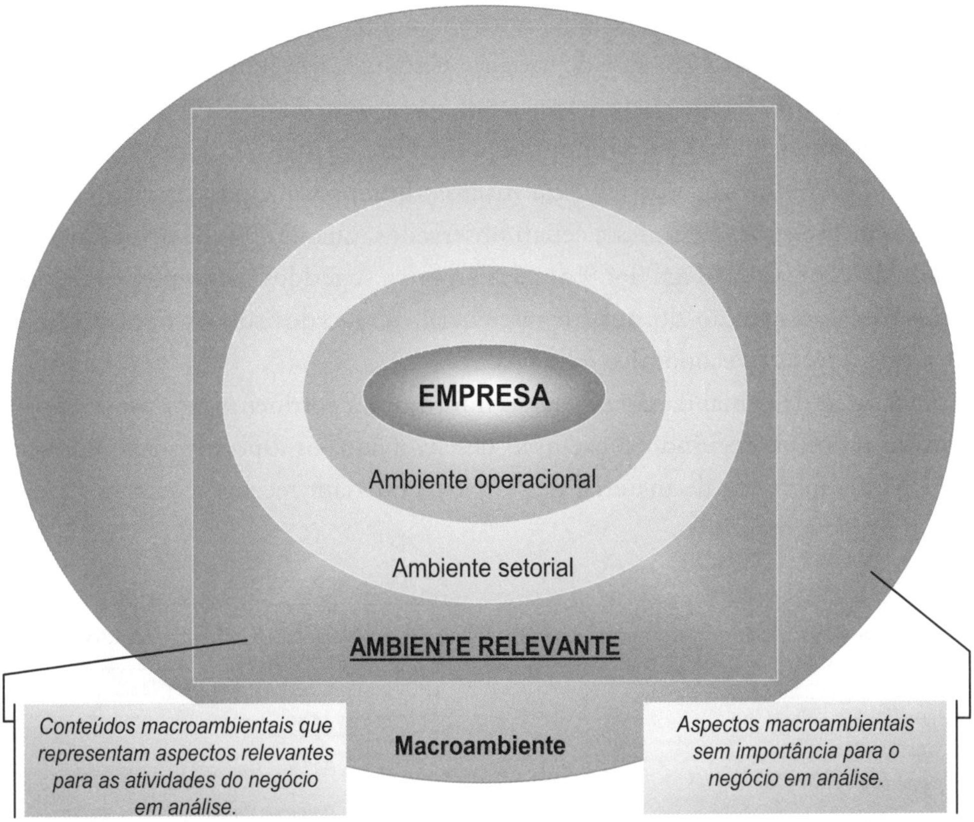

Desenvolvido com base em Fahey e Randall.

Observando a empresa do exemplo anterior, o sumário descritivo, relativo aos ambientes relevantes para ela, poderia ter a seguinte redação.

Na análise do macroambiente se buscará verificar as tendências dos diversos ambientes e os impactos que poderão causar ao negócio em questão.

Dentro do que é possível se visualizar no momento, merecerão atenção os ambientes econômico (construção de novos prédios comerciais, evolução do preço do petróleo), meio ambiente (cuidados com a poluição ambiental), tecnológico (desenvolvimento de novos compostos químicos menos poluentes) e político-legal (aspectos legais para a instalação da fábrica).

Com relação aos ambientes sociocultural e demográfico, se procurará verificar tendências migratórias que indiquem a abertura de novos pólos comerciais.

Quadro referencial para a definição do negócio

Na construção do plano de negócio, o objetivo desse quadro é apresentar um resumo de parâmetros, identificados como relevantes e fundamentais para a definição do negócio. No entanto, na fase do sumário descritivo, sua função é buscar antecipar os aspectos que merecem e devem constar da construção do plano de negócio.

O quadro referencial é o produto final da parte relativa à compreensão do contexto. Um caminho sugerido é buscar macroindicadores que possam auxiliar na elaboração de aspectos relevantes a serem observados, quando do desenvolvimento da análise do contexto. A Figura 4.9 destaca aspectos sugeridos como pontos de observação para a confecção do quadro referencial, destacados sob os pontos de vista: estratégico, técnico, econômico e financeiro.

Da análise da demanda são esperadas informações pertinentes aos usos e expectativas do produto. Seguindo o exemplo desenvolvido, os aspectos mais representativos para a indústria de material de limpeza poderiam receber a seguinte redação para o sumário descritivo:

Figura 4.9: Quadro Referencial para a Definição do Negócio (QRDN) – Macroaspectos

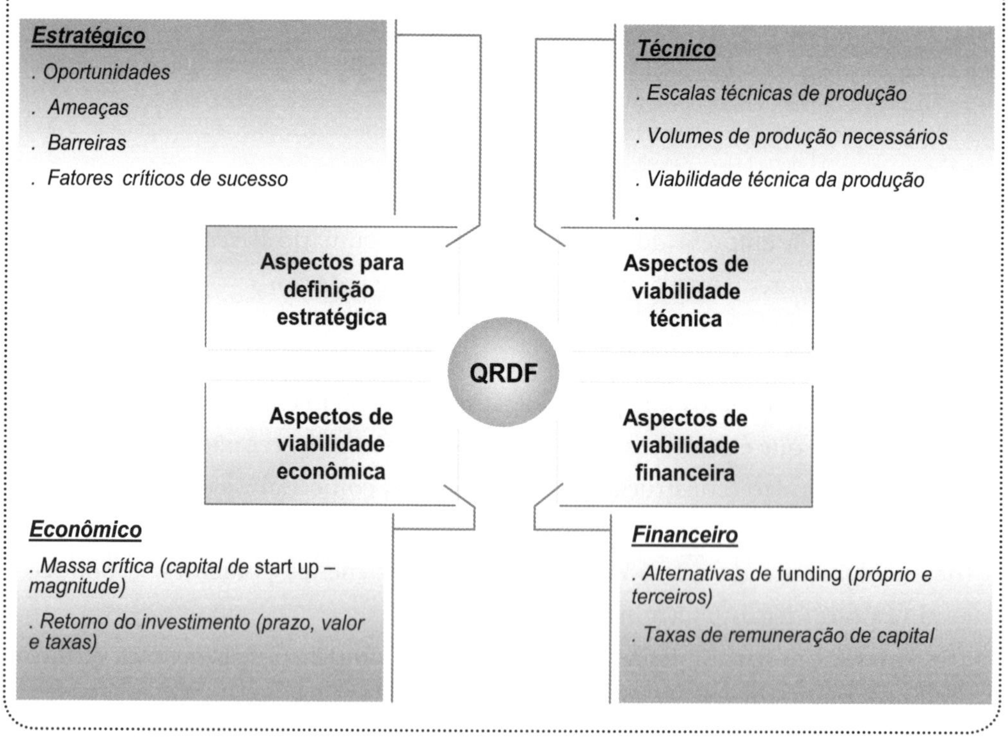

De forma a compreender o contexto de atuação em que se pretende verificar a viabilidade de negócio, será elaborado um quadro sinóptico, o qual deverá apresentar aspectos relativos às oportunidades identificadas para o negócio, ou seja, quantidades de produtos consumidos e tendências; níveis de faturamento e tendências de preços; expectativas não atendidas pelos fornecedores atuais e usos de novas tecnologias e insumos alternativos. Em termos de ameaças, se procurará avaliar os riscos pertinentes às legislações: ambientais, para sua produção, e transporte de produtos químicos; possibilidades de integrações para trás ou para a frente dos fornecedores atuais; aspectos relativos aos riscos de desabastecimento de insumos-chave, especificamente os ligados ao petróleo.

4.2.2 Concepção do negócio

Enquanto o sumário descritivo discutido até aqui teve o objetivo de apresentar um resumo sobre os conteúdos necessários para a compreensão do contexto, esta parte destina-se a apresentar a visão daquilo que deverá constar no relatório a ser construído.

Conceber um negócio, dentro do escopo proposto, significa definir os aspectos pertinentes à forma como a empresa deverá atuar. Para isso, sugere-se o desenvolvimento dos seguintes conteúdos: a) definição do negócio; b) propósitos do negócio; c) estratégia genérica; c) estratégia mercadológica; d) definição da cadeia de valores; e) estrutura legal do negócio; e f) estrutura de capital.

Para dar mais funcionalidade ao documento, procure antecipar, sinteticamente, o conteúdo que cada parte deverá conter.

Tudo se inicia com a **definição do negócio**. Essa parte destina-se, basicamente, às definições de grupo de clientes, funções de cliente e tecnologia. A título de exemplo, em continuidade ao caso anterior da indústria química, a redação para o sumário descritivo poderia ser:

A partir da análise da demanda, serão definidos o grupo de clientes corporativos e usuários de produtos de limpeza, as funções de cliente escolhidas com base em critérios-chave ou diferenciais valorizados por eles e a tecnologia adequada às restrições macroambientais, destacando-se os aspectos relativos ao meio ambiente, tecnológico e econômico.

Além desses aspectos, cabe ainda definir os **propósitos do negócio**, antecipando aspectos relativos à visão, missão, valores e objetivos, que deverão nortear as atividades da empresa.

Definidos os propósitos, explicita-se o tipo de **estratégia genérica** que a empresa poderá assumir. Nesse sentido, procure apresentar considerações sobre as diversas alternativas disponíveis e os aspectos que serão levados em conta para sua definição.

Depois, adiantam-se os aspectos que deverão ser contemplados na elaboração do plano de negócio. Para isso, é preciso estabelecer uma **estratégia mercadológica**, baseada em critérios relevantes, à luz de autores que fundamentam as afirmações feitas. Nesse sentido, aborde, ainda de forma macro, aspectos relacionados ao plano de marketing, *mix* de mercado, canais de marketing, entre outros.

O passo seguinte é a **definição da cadeia de valores**, abordando aspectos pertinentes às atividades que agregam valor a uma empresa. Nessa parte, indique os aspectos fundamentais a serem observados para o estabelecimento das atividades primárias e atividades de apoio.

Cumprida a etapa anterior, chega a vez da **estrutura legal do negócio**, que deve procurar antecipar os aspectos legais e societários que precisam ser contemplados quando da definição do contrato social da empresa. Relacione os detalhes necessários para a constituição jurídica, o regime fiscal e outros aspectos correlatos.

Finalmente, aborda-se a **estrutura de capital**. A função desse item é identificar aspectos relativos à composição das fontes de financiamento para a viabilização do negócio. Para isso, relacione os aspectos relevantes que deverão compor esse conteúdo, contemplando taxas de juros, prazos de carência, aportes de capital, política de dividendos e outros fatores financeiros atinentes ao negócio.

4.2.3 Dimensionamento das operações

Até aqui, no sumário descritivo, anteviu-se de forma macro os conteúdos necessários, ligados às definições de: **produtos/serviços** (**o que** se quer vender), **volumes** (**quanto** se pretende vender) e público-alvo (**para quem** se quer vender). A partir desses conhecimentos básicos, esta parte do projeto destina-se à redação do sumário descritivo relativo a **como** fazer, **com o que** fazer e com **quem** fazer.

A função desse item é apresentar a visão que se tem, preliminarmente, sobre as premissas necessárias que deverão suportar os conteúdos assumidos sob o tópico "Concepção do negócio". Seu desenvolvimento contempla os seguintes conteúdos: a) premissas organizacionais/estruturais e b) premissas operacionais.

Premissas organizacionais/estruturais

Esse item destina-se a apresentar aspectos importantes, *a priori*, para a definição dos processos operacionais. Para isso, procure apresentar conteúdos que mais se aproximem daquilo que deverá ser contemplado em sua redação final. Não se trata de relacionar detalhadamente os processos e as operações necessários, pois ainda não há elementos para tal, mas destacar pontos que precisam ser observados ao longo do processo de compreensão do contexto. Assim, é o momento de pensar em modelos de gestão e processos operacionais que podem ser alternativas para o negócio em análise, aspectos críticos que merecem cuidados, *vis-à-vis* o mercado, concorrência, logística, capacitação de mão-de-obra, tamanho do negócio, entre outros.

Um aspecto importante é ter a noção sobre os investimentos que podem ser necessários à atividade. Nesta categoria, além dos investimentos em ativos imobilizados, estão também os gastos pré-operacionais.

Premissas operacionais

No sumário descritivo, essa parte destina-se à exposição dos itens relevantes, nesse momento, que compõem a base para a projeção dos resultados financeiros. De forma análoga ao parágrafo anterior, busque contemplar os principais fatores para tal, que normalmente são: volume e preços unitários de vendas, impostos incidentes sobre as vendas, principais insumos necessários aos produtos, gastos com pessoal, manutenção de imobilizados, entre outros.

4.2.4 Análise de viabilidade econômico-financeira

Para o desenvolvimento desse item, devem-se abranger os seguintes conteúdos: a) projeção de resultados operacionais; b) análise de viabilidade econômica; e c) análise de sensibilidade.

Projeção de resultados operacionais

Nessa parte, são esperados os resultados decorrentes das operações de vendas confrontados com os gastos que lhes são pertinentes. A estrutura contábil utilizada para isso baseia-se no modelo do relatório das demonstrações de resultado. Entretanto, aqui não se trata de dizer o óbvio, mas pensar nos aspectos que podem facilitar a intelecção desse relatório, quando de sua elaboração. Pensar antecipadamente nos detalhes facilita sobremaneira o trabalho e evita gastos inúteis.

A título de exemplo, caso o plano de negócio esteja sendo elaborado para um investidor internacional, é obrigatório saber a forma como os relatórios terão de ser apresentados. Muitos países apresentam formas distintas das utilizadas no Brasil. Além da forma, devem-se observar as terminologias e, principalmente, a moeda que será utilizada para a conversão dos valores, além dos princípios contábeis aceitos no país em questão.

As noções de tempo e espaço são fundamentais, tanto para a definição da metodologia de pesquisa que será utilizada, como para a confecção de um cronograma que permita uma administração mais eficaz de atividades e equipes de trabalho.

Dependendo das projeções, é importante conhecer a definição de seu horizonte. Enquanto um projeto para uma pequena indústria pode exigir cinco anos para sua maturação, um eventual projeto de uma concessão pública pode exigir trinta anos, com detalhamentos regulares de investimento ao longo do período.

Análise de viabilidade econômica

A função desse item é apresentar indicadores necessários e suficientes para auxiliar o interessado na tomada de decisão.

Seu papel, no sumário descritivo, é antecipar a relação de parâmetros que deverão ser coletados na fase de compreensão contextual. Entre eles estão o custo de empréstimos e as alternativas de financiamento existentes no mercado, taxas de atratividade e expectativas dos investidores, rentabilidade média da indústria e prazos médios de retorno de investimentos correlatos, entre outros.

Análise de sensibilidade

A análise de sensibilidade visa trazer informações adicionais ao investidor, para permitir compreensão mais profunda das variáveis operacionais mais frágeis a que o investimento possa estar sujeito. Dessa forma, quando do levantamento de premissas operacionais, recomenda-se observar sua qualidade e identificar aquelas que, apesar de necessárias e obtidas, mereçam atenção na elaboração da análise de sensibilidade.

Supondo que, no levantamento das premissas e das projeções de resultados, a componente cambial tenha se revelado uma fonte de risco potencial, visto que o insumo principal é importado, a recomendação para simulação de resultados explorando esta variável é altamente indicativa.

Nesse caso, na redação do sumário descritivo, poderiam estar presentes as análises de sensibilidade relativas às variações de preços, aos descontos, insumos diretos, investimentos, entre outros.

A elaboração do sumário descritivo é o rito de passagem entre o diagnóstico ingênuo e a racionalização da intuição.

Todo esse conteúdo sumarizado é o ponto de partida para a definição dos recursos metodológicos a serem utilizados, isto é, métodos, tipos e técnicas de pesquisas, que vêm a seguir.

4.3 Metodologia

O objetivo desse tópico não é discorrer sobre qual tipo de metodologia utilizar, nem detalhar os métodos e tipos de pesquisa existentes, mas mostrar sua inter-relação com o sumário descritivo. Enquanto a redação do sumário descritivo busca relacionar os aspectos que devem ser considerados na construção do plano de negócio, a metodologia tem a função de apresentar as formas como as análises necessárias serão feitas, *vis-à-vis* os aspectos abordados no sumário descritivo.

> *A metodologia se constitui numa estrutura de abordagem qualificada, metódica, encaminhada de maneira planejada, sabendo o que buscar, de natureza experimental e fundada em conhecimento anterior e suposições a serem confirmadas.*
>
> (TELLES, 2001, p. 83-93)

Na elaboração de um plano de negócio, vários instrumentos podem ser necessários para sua consecução. Por exemplo, uma análise de demanda, conforme sua complexidade e interesses, pode necessitar ou sugerir abordagens qualitativa, quantitativa ou mista. Ainda, conforme a abordagem escolhida pode haver a necessidade de uso de métodos específicos de pesquisa, variando desde a análise de estudos de caso, pesquisa-ação, pesquisa *survey*, entre outros disponíveis.

Conforme visto, os seguintes aspectos são objeto de detalhamento no projeto conceptual: compreensão do contexto, concepção do negócio, dimensionamento das operações e análise da viabilidade.

A definição da metodologia a ser adotada está diretamente ligada aos dados e às informações apresentados nos sumários descritivos. Por exemplo, uma análise da oferta pode sugerir, além de uma pesquisa bibliográfica, uma pesquisa de campo com o uso de formulários e/ou questionários, acompanhada de entrevistas com formadores de opinião ou especialistas.

Para cada fase do trabalho, há que se adequar a metodologia que será utilizada. Ela deve mostrar como sua construção se dará e só pode ser elaborada a partir de um sumário descritivo consistente, no qual se sabe o que deve conter.

Como exemplo, o Quadro 4.1 traz os tipos de técnicas de pesquisas, associados às aplicações nas diversas fases da construção do Plano de Negócio.

A elaboração desse tipo de quadro permite uma visão macro e também verificar eventuais inconsistências na metodologia, além de auxiliar na determinação do cronograma de atividades, objeto do tópico seguinte.

A elaboração da metodologia depende da visão que se tem da direção a seguir e dos dados e informações que orientam a pesquisa.

Sem conhecimento não há evolução. A produção de conhecimento demanda estudos e pesquisas!

4.4 Cronograma físico-financeiro

O que fazer, quando fazer, com quanto fazer, onde fazer e quem será o responsável pela execução resumem as informações esperadas com esse instrumento.

Enquanto seu conteúdo obedece à seqüência proposta na redação do sumário descritivo, os tempos, responsáveis e recursos necessários estão diretamente ligados ao conteúdo decorrente da metodologia. Assim, a apresentação do cronograma, à luz do sumário sugerido, abrange a descrição das atividades pertinentes às metodologias associadas. De forma macro, o cronograma pode ser representado conforme o Quadro 4.2, a seguir.

Em função da quantidade de dados, o conteúdo do cronograma representa apenas um exemplo e seu detalhamento deve ser adequado às atividades e tarefas pertinentes a cada etapa do trabalho.

No caso do cronograma financeiro, os itens a serem contemplados dependem da natureza da pesquisa que se vai executar. Os grupos de despesas mais comuns em

Quadro 4.1: Tipos e técnicas de pesquisa x aplicações

Aplicação Tipo/Técnica de pesquisa	Bibliográfica	Documental	Campo
Compreensão do contexto			
Diagnóstico de empresa em operação	Modelos organizacionais; tipos de liderança	Documentos e estatísticas das diversas áreas operacionais	Entrevistas com responsáveis; visita às instalações
Análise da demanda	Análise de comportamento; necessidades;	Estatísticas do setor	Entrevistas com públicos-alvo (consumidor final, formadores de opinião etc.)
Análise da oferta		Estatísticas do setor	Entrevistas com fornecedores dos concorrentes, formadores de opinião etc.
Atratividade	Livros sobre métodos de avaliação de negócios	Estatísticas sobre a indústria; rentabilidade etc	
Sistema de valores		Identificação e informações sobre as diversas empresas à montante e à juntante	
Macroambiente		Pesquisa de fatores exógenos que podem afetar o negócio	
Concepção do negócio			
Definição do negócio			
Abordagem genérica			
Posicion. mercadológico			
Estrutura legal do negócio	Legislação e leis que regulamentam a atividade		
Dimensionamento das operações			
Premissas organizacionais	Literatura sobre estruturas gerenciais		
Premissas operacionais			
Análise da viabilidade econômico-financeira			
Projeção de resultados			
Necessidade de recursos			
Viabilidade econ.-financeira	Modelos de análise de investimentos		
Análise de sensibilidade			

Obs.: Exemplos ilustrativos. Não esgotam o universo de alternativas.

um cronograma são: comunicação, transporte, hospedagem, alimentação, gráfica, serviços de terceiros, outros.

A título de exemplo, no caso do grupo de Transporte, o detalhamento pode ser realizado como sugere a Tabela 4.1.

Tabela 4.1: Pesquisa sobre transporte

#	Etapa/Atividade	Resp.	Número de dias	Transporte			
				Avião	Táxi	Outros	Total
1.1	Análise da demanda						
1.1.1	Pesquisa bibliográfica	Tatiana	2,0		160	40	200
.....	......						
1.1.6	Entrevistas de campo	Tatiana	5,0	700	200	100	1.000
....	......						

Quadro 4.2: Cronograma físico-financeiro – Projeto: Fábrica de desentortar bananas

#	Etapa/Atividade	Resp.	Nº. dias	PERÍODO									RECURSOS					
				Jan Sem. 1	Sem. 2	Sem. 3	Sem. 4						Trans-porte	Hospeda-gem	Comuni-cação	Gráfica	....	Outros
1	Compreensão do contexto																	
1.1	Análise da demanda																	
1.1.1	Pesquisa bibliográfica	Tatiana	2,0	X									200					
1.1.2	Definição de público-alvo	Tatiana	0,5		X													
1.1.3	Elaboração de questionário e formulário	Tatiana	2,0		X											150		
1.1.4	Aplicação de piloto e correções	Tatiana	1,0			X									50			
1.1.5	Envio e recebimento de questionário	Tatiana	1,0				X								500			
1.1.6	Entrevistas de campo	Tatiana	5,0				X						1.000	320				
1.1.7	Tabulação de dados	Martins	2,0													100		
1.1.8	Análise de resultados	Martins	1,0															
1.2	Análise da oferta																	
1.2.1	Pesquisa bibliográfica	Judith	2,0		X								250					
1.2.2	Definição de público-alvo	Judith	0,5		X													

#	Etapa/Atividade	Resp.	Nº. dias	PERÍODO									RECURSOS					
				Jan Sem. 1	Sem. 2	Sem. 3	Sem. 4						Trans-porte	Hospeda-gem	Comuni-cação	Gráfica	....	Outros
1.2.3	Elaboração de formulário	Judith	1,0			X										300		
1.2.4	Aplicação de piloto e correções	Judith	1,0				X								30	50		
1.2.5	Entrevistas de campo	Judith	3,0															
1.2.6	Tabulação de dados	Martins	2,0					X										
1.2.7	Análise de resultados	Martins	1,0					X										
1.3	Análise da concorrência ampliada																	
1.4	Análise da atratividade da indústria																	
1.5	Sistema de valor																	
1.6	Condicionantes do macroambiente																	
1.7	Quadro referencial para a definição do negócio																	
2	Concepção do negócio																	

#	Etapa/Atividade	Resp.	Nº. dias	PERÍODO				RECURSOS					
				Jan Sem. 1	Sem. 2	Sem. 3	Sem. 4	Trans-porte	Hospeda-gem	Comuni-cação	Gráfica	....	Outros
3	Dimensionamento das operações												
4	Análise de viabilidade												

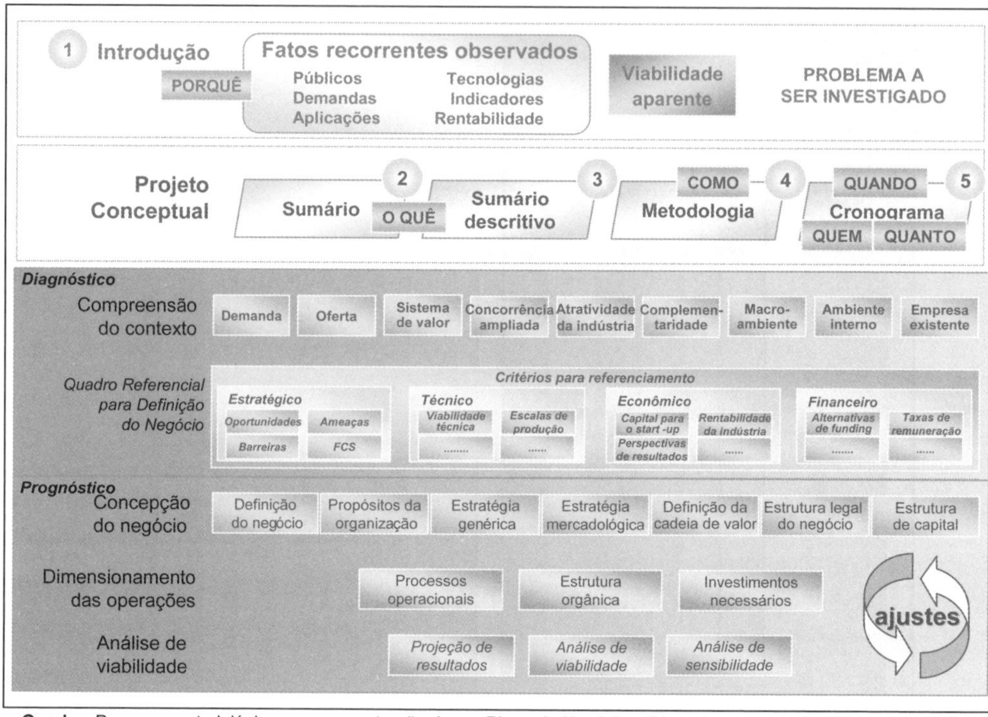

Quadro: Percurso metodológico para a construção de um Plano de Negócio – **Diagnóstico e prognóstico**

Construção do Plano de Negócio

Parte II

Construir um Plano de Negócio deve ser entendido como o desenvolvimento estruturado e fundamentado da proposta a ser apresentada aos interessados.

A seqüência de conteúdos apresentada neste livro visa auxiliar tanto o estudante que decida produzir um trabalho de conclusão de curso quanto profissionais que atuem na elaboração de estudos de viabilidade técnica, econômica e financeira, e na estruturação e definição do percurso metodológico a ser seguido para a elaboração de planos de negócio.

Nesta segunda parte, o objetivo é **desenvolver argumentos consistentes** que fundamentem as análises para as recomendações sobre o plano de negócio analisado.

Desenvolver argumentos consistentes significa dispor de informações isentas de decisão emocional, em que o desenvolvimento da análise, base para a decisão de investir ou não, fique apoiado em **fatos constatáveis** sobre os riscos inerentes ao negócio que se quer investigar.

O principal desafio de qualquer análise de investimento repousa na qualidade das **premissas** e nos **instrumentos de análise** usados para tal.

Quando se fala em viabilidade de negócio, deve-se levar em conta aspectos pertinentes à atratividade do setor, vantagem competitiva que se obtenha, competitividade. Por outro lado, quando se fala em viabilidade financeira, os principais aspectos inerentes à sua decisão referem-se ao volume de **investimentos necessários**, **lucratividade** e **retorno dos investimentos**.

Numa definição resumida, os investimentos necessários decorrem do montante previsto para produzir[1] e atender, de forma eficiente, às demandas dos mercados-alvo.

A lucratividade é um parâmetro definido pelos investidores, *vis-à-vis* suas expectativas e disposições de risco, base para a definição do retorno dos investimentos em termos de prazo e percentual.

Com relação aos instrumentos de análise, vários são os disponíveis para tal. Não se pode esquecer de que um negócio é composto de atividades integradas e interdependentes, isto é, ações comerciais interferem nas atividades logísticas, de produção e administrativas e vice-versa, e o desenvolvimento do conhecimento na arte de dirigir empresas apresenta recursos teóricos para se analisar os diferentes aspectos que envolvem as diversas áreas pertinentes ao negócio a ser analisado.

Esta parte do livro visa apresentar, de forma estruturada, o percurso metodológico necessário para o desenvolvimento da construção do plano de negócio. Os capítulos apresentados são: 5. Compreensão do contexto; 6. Concepção do negócio; 7. Dimensionamento das operações; e 8. Análise de viabilidade econômico-financeira.

---

[1] Produzir é utilizado num sentido amplo, mais adequado à indústria. No caso de uma empresa comercial ou de serviços, seu sentido é o de produzir vendas.

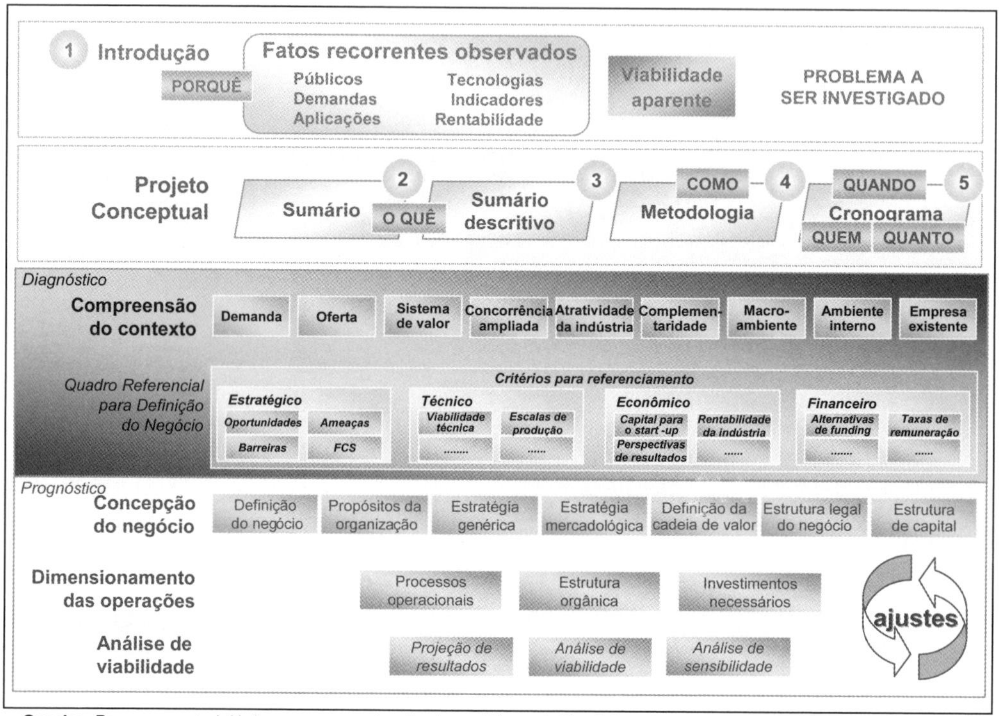

Quadro: Percurso metodológico para a construção de um Plano de Negócio – **Compreensão do contexto**

5. Compreensão do contexto

Empreendimento não é nem ciência nem arte. É uma prática. Naturalmente, isso demanda uma base de conhecimento (...) como em todas as práticas, a Medicina ou Engenharia, por exemplo, o conhecimento, na execução do empreendimento, é um meio para um fim.

(PETER DRUCKER)

... o estudo do ambiente externo permite que a empresa identifique aquilo que **poderia** *escolher fazer ... o estudo do ambiente interno permite que a empresa identifique o que* **pode** *fazer.*

(HITT, IRELAND e HOSKISSON) [grifos do autor]

A dinamicidade do mundo dos negócios, bem como a incapacidade de se ter todos os detalhes necessários à solução dos problemas que possam surgir, pede que o interessado colha o máximo de dados possíveis, de forma a maximizar a quantidade de informações relevantes para resolver os problemas de caráter lógico e minimizar aqueles que necessitem de decisões.

A **compreensão do contexto** em que uma empresa se encontra ou de um novo empreendimento em que se queira investir é fator decisivo para minimizar os riscos inerentes a qualquer **tomada de decisão** de investimento.

Este capítulo tem o objetivo primordial de aprofundar a pesquisa exploratória, discutida na primeira parte do livro, de forma a trazer maior compreensão sobre os aspectos gerais que envolvem o negócio, objeto da análise. Os assuntos tratados neste capítulo são: análise da demanda, análise da oferta, análise da concorrência e da concorrência ampliada, análise da atratividade da indústria dentro do sistema de valores em que está inserida e análise das condicionantes do macroambiente.

O produto final esperado dessa fase é um **Quadro referencial para a tomada de decisão**, chamado, na metodologia de pesquisa, de **Quadro de Referência.**

A Figura 5.1 apresenta uma visão sintética dos tópicos que serão abordados neste capítulo.

Figura 5.1: Compreensão do contexto

O conhecimento sobre o ambiente em que a empresa se insere é a base para a formulação da estratégia da organização.

5.1 Ambientes

A correta compreensão do contexto ambiental é o primeiro e o mais importante passo para a definição da estratégia.

Para os propósitos deste livro, os ambientes são divididos em duas áreas principais: ambiente externo e ambiente interno.

No ambiente externo existem o microambiente externo (ou o ambiente do setor) e o macroambiente (ambiente geral). Já o ambiente interno restringe-se à empresa em si. Os ambientes podem ser definidos da seguinte maneira:

- Microambiente externo é representado por um conjunto de fatores, como a ameaça de novos entrantes, fornecedores e poder de barganha de compradores, produtos substitutos e o grau de intensidade da rivalidade entre concorrentes, que exercem influência direta sobre a empresa, suas ações e reações competitivas.
- Macroambiente é constituído dos elementos de alcance mais amplo na sociedade que influenciam o setor e as empresas nele inseridas e relacionadas.
- Microambiente interno, representado pelos recursos, capacidades, competências e competências essenciais, pertencentes ao ambiente interno da empresa.

5.1.1 Microambiente externo

O microambiente externo refere-se à busca do entendimento do entorno mais próximo e imediato da empresa – de seu setor ou indústria[1] – em que ela atua ou atuará.

Os dados estudados nesse ambiente não são tão agregados e distantes da empresa como aqueles do macroambiente. Agora, apresentam uma ligação mais direta com a empresa em si.

Independentemente da realização de um PN de novo negócio ou de empresa existente, o leitor deve ter o máximo de conhecimento possível da indústria em que deseja atuar ou na qual já se encontra.

---

[1] Daqui em diante será utilizado apenas o termo *indústria* – em vez de setor – em respeito à abordagem realizada pela Economia da Organização Industrial – OI, que estuda esse tema.

No microambiente externo, entre as análises mais importantes que serão estudadas, encontram-se as análises da oferta e da demanda, ressaltando-se a importância da **análise da demanda** que propicia o conhecimento de um dos fatores mais importantes na implantação de uma estratégia, que é conhecer quem, onde, quando e como se dá o consumo (dados qualitativos), que servirão de parâmetros para a obtenção dos dados quantitativos. Primeiro, precisa-se saber o que se quer contar ou medir, para, então, realizá-lo.

Os dados quantitativos, geralmente, apresentam dificuldade para serem obtidos e servem como subsídio direto para a estimativa da Receita prevista e, de forma indireta, para a estimativa de parte das Despesas, que, por sua vez, depende da avaliação de quanto se produzirá, ou seja, do cálculo dos investimentos necessários para que a produção seja possível.

No entanto, não se pode esquecer de que a demanda está relacionada à oferta. Assim, a **análise da oferta** permitirá conhecer as ofertas atuais dos concorrentes.

Na seqüência, será visto o modelo da **Atratividade da Indústria** de Porter, que, tendo sua base na Economia da Organização Industrial, aborda a ameaça de novos entrantes, fornecedores e o poder de barganha de compradores, os produtos substitutos e o grau de intensidade da rivalidade entre concorrentes – fatores que exercem influência direta sobre a empresa, suas ações e reações competitivas, mantendo seu olhar de fora para dentro da indústria em estudo.

Assim, será visto que a indústria é formada principalmente por:

- empresas competidoras e a empresa sob estudo;
- fornecedores;
- clientes;
- canais de distribuição; e
- instituições, sendo o poder público o mais evidente.

Em seguida, em **Complementaridade**, será ampliada a visão estritamente competitiva do Modelo de Atratividade da Indústria, complementando com o entendimento da possibilidade de cooperação entre as empresas.

Em **Ambiente Competitivo** será visto que, primeiro, deve-se conhecer a base em que se dá a concorrência para daí determiná-la. Conhecer e avaliar a concorrência é conhecido como Análise da Concorrência, na qual são estudados os conceitos de concorrência direta e indireta (ou ampliada), a oferta ou produto (bem ou serviço) – do ponto de vista de grupo de clientes, da necessidade que atende os clientes e da tecnologia empregada.

5.1.2 Macroambiente

Em macroambiente, procura-se conhecer um ambiente mais amplo, que influencia a empresa e por ela é pouco influenciado, consistindo de dados agregados passados, estudo de tendências incorporadas de flutuações sazonais, projeções futuras com suas margens de erros.

Na análise do contexto ambiental, para uma empresa, há necessidade de entender quais variações ambientais podem estar correlacionadas aos resultados obtidos pela indústria, como têm evoluído, como afetam os resultados da empresa e sua projeção. O objetivo dessa etapa é procurar estimar o ambiente futuro em que a empresa se encontrará, antecipando cenários para o tomador de decisões.

Para facilitar a compreensão do macroambiente, sugere-se organizá-lo por meio da seguinte sub-divisão:

- ambiente sociocultural;
- ambiente demográfico;
- ambiente econômico;
- ambiente tecnológico;
- ambiente político-legal e
- ambiente natural.

5.1.3 Microambiente interno

Em microambiente interno, será visto como o estudo da empresa, realizado a partir de seu interior, quando serão estudados recursos, capacidades, competências e competências essenciais, que podem pode auxiliar no entendimento das condições e potencialidades internas de realização e implementação das estratégias estabelecidas.

Também se estudará o que é a política de governança e as estratégias de parcerias das empresas da indústria, conhecimento que auxiliará na concepção da empresa.

Com relação à empresa existente, adicionalmente, ainda neste capítulo serão abordados modelos que servem de ferramentas para a avaliação de empresas existentes, ou seja:

- Modelo BCG; e
- Análise SWOT.

O modelo BCG analisa os vários produtos ou unidades de negócio de uma empresa em operação (o portfólio), sob o ponto de vista das taxas de crescimento em que se encontram, *vis-à-vis* suas respectivas participações de mercado. Pode tanto ser considerado uma visão do ambiente interno da empresa, quando utilizado para a organização sob estudo, como de seu ambiente externo, quando estudadas as matrizes das empresas rivais.

A aplicação da análise SWOT permite o entendimento da relação entre a empresa em operação com o ambiente em que atua. Avalia aspectos internos (forças e fraquezas) e externos (oportunidades e ameaças), positivos e negativos respectivamente, relacionando características favoráveis e desfavoráveis dos ambientes interno e externo da empresa.

5.1.4 Fatores críticos de sucesso

O conhecimento da indústria e dos concorrentes permitirá determinar os fatores críticos de sucesso – FCS, que são os quesitos mínimos necessários para que uma empresa possa competir com chances de sucesso na indústria em foco.

5.2 Análise da demanda

Um dos pontos principais na análise do ambiente é a compreensão da demanda, que é de fundamental importância para a obtenção de um dos fatores mais relevantes no desenvolvimento do Plano, a estimativa ou projeção da **Receita**.

Para tais propósitos, considera-se a receita obtida pela empresa como o resultado de dois fatores: quantidade de **unidades vendidas** a um determinado **preço**.

Deve-se lembrar de que há uma relação direta entre a demanda do produto e seu preço. Em geral, quanto mais baixo o preço de um produto,[2] maior sua demanda.[3]

Se, por um lado, conhecer os custos envolvidos pode ser obtido por meio de uma previsão apurada de todas as atividades e investimentos necessários para a realização do empreendimento, mesmo que de forma trabalhosa, por outro, a quantificação da demanda, necessária para o cálculo da receita prevista e também para auxiliar no

---

[2] Para "evitar repetição desnecessária" como escreveu Porter (1980), neste livro, por Produto entende-se um Bem ou Serviço, a menos que seja necessário denotá-lo especificamente um ou outro.

[3] Na Economia, são os chamados produtos "normais", para os quais quanto menor o preço, maior a demanda, diferentemente dos produtos conhecidos como *snob*, que se caracterizam pelo oposto, o que ocorre, em geral, com produtos de luxo.

dimensionamento dos investimentos necessários futuros de produção, como mencionado anteriormente, é bem mais complexa. Ver a Figura 5.2, a seguir.

Estudada em profundidade pelo Marketing (KOTLER, 2000), a análise da demanda deve auxiliar na determinação da medida do tamanho, crescimento e potencial de receita das oportunidades de mercado.

As pesquisas podem ser realizadas com recursos de pessoal interno da empresa ou pela compra de pesquisas no mercado. Dentre elas, pode-se citar as pesquisas de intenções dos compradores, a composição de opiniões da força de vendas, opinião de especialistas, análise de vendas passadas e o método de teste de mercado.

Figura 5.2: Fluxograma da análise da demanda

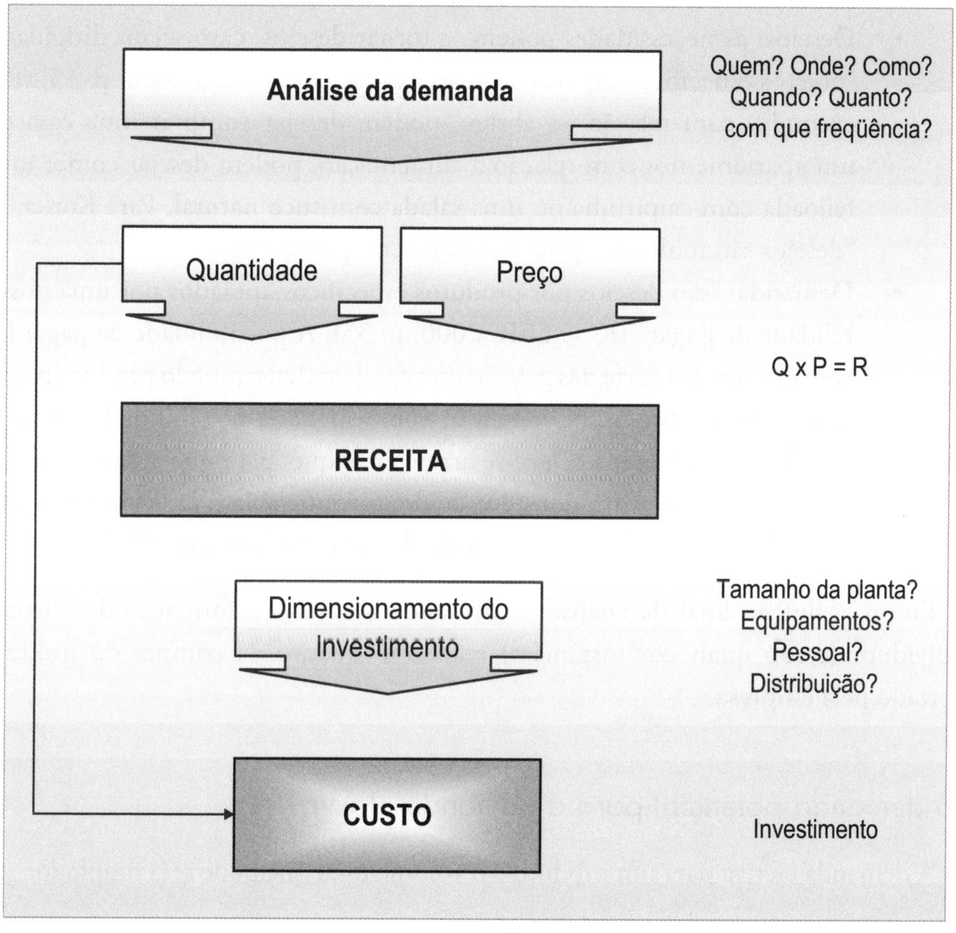

5.2.1 Compreendendo a terminologia – necessidades, desejos, demanda e mercado

Antes de se entender a demanda no sentido macro, é preciso entender o indivíduo, aquele cujas ações compõem essa demanda. Para tanto, precisa-se compreender com maior precisão o significado dos conceitos: necessidades, desejos, demanda e mercado, com suas especificidades.

Terminologia e definições

- Necessidades: "descrevem exigências humanas básicas". As pessoas necessitam de abrigo, alimentação, segurança e lazer para manutenção da sobrevivência, dentre outras (KOTLER, 2000, p. 33).
- Desejos: as necessidades podem se tornar desejos, caso sejam dirigidas a "objetos específicos capazes de satisfazê-las" (KOTLER, 2000, p. 33). Por exemplo, com relação ao abrigo, podem desejar comprar uma casa ou um apartamento; com relação à alimentação, podem desejar comer uma feijoada com caipirinha ou uma salada com suco natural. Para Kotler, os "desejos são moldados pela sociedade em que se vive".
- Demanda: "são desejos por produtos específicos apoiados por uma possibilidade de pagar" (KOTLER, 2000, p. 33). A possibilidade de pagar faz com que apenas parte das pessoas que desejam determinado produto possa, na realidade, obtê-lo. No entanto, não é apenas a possibilidade de pagar que deve ser estudada. Deve-se acrescentar que, para que a demanda seja qualificada, o consumidor deve também conhecê-la e ter acesso à oferta. Esses fatores remetem à necessidade da comunicação e da distribuição.

Enfim, a função final da análise de demanda é obter a informação de quantos indivíduos (e sob quais circunstâncias) realizarão quanto da compra do produto ofertado pela empresa.

Da demanda potencial para a demanda efetiva

A demanda efetiva para um produto é o volume total que pode ser comprado:

- por um dado grupo de clientes;

- em uma determinada área geográfica;
- por um certo período;
- em um específico ambiente de marketing;
- sob um determinado programa de marketing.

Esses são os critérios utilizados para a realização dos cortes necessários para ir da demanda potencial à demanda efetiva.

a) Demanda da empresa

A demanda da empresa é sua participação estimada na demanda de mercado em níveis alternativos de esforço de marketing em um determinado período.

Para facilitar sua análise, a demanda pode ser medida por meio de três dimensões distintas:

- nível de produto: que pode ser subdividido em vendas totais, vendas setoriais, vendas da empresa, vendas de linhas de produto, vendas de formas de produto e vendas de itens de produtos;
- nível espacial: pode ser dividido em cliente, território, região, país ou mundo;
- nível temporal: pode ser dividido em curto, médio e longo prazos.

A combinação dessas três características com seus subitens permite até noventa tipos de estimativas de demanda, conforme ilustrado na Figura 5.3.

Assim, a análise da demanda deverá compreender o que é comprado, onde está o cliente que compra essa oferta, quando, por quanto tempo e com que freqüência se dará essa compra.

b) Mercado

A palavra mercado apresenta significados distintos quando utilizada em Economia ou Marketing.

Para a Economia:

- Mercado é a arena onde ocorrem as trocas entre fornecedores e clientes e, por decorrência, o ambiente onde ocorrem as disputas, a concorrência.

Para o Marketing:

- Mercado é "...o conjunto de todos os compradores, efetivos e potenciais, de uma oferta ao mercado. O tamanho de um mercado depende do número de compradores que possa existir para uma determinada oferta ao mercado.

Figura 5.3: Tipos de medição de demanda

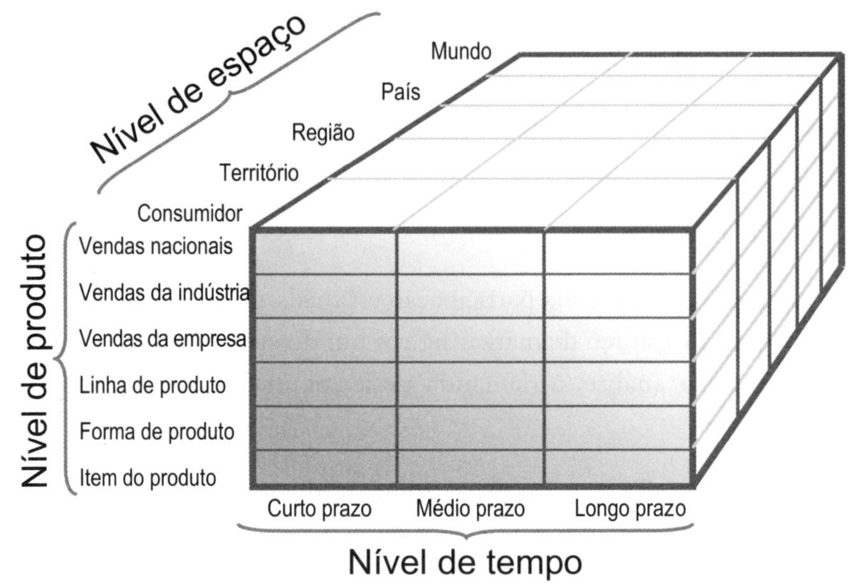

Fonte: Kotler, 1993, p. 295 (adaptado).

O mercado potencial é o conjunto de clientes que demonstram um nível de interesse suficiente por uma oferta ao mercado. O interesse dos clientes não basta para definir um mercado. Os clientes potenciais devem possuir renda suficiente e devem ter acesso à oferta. O mercado disponível é o conjunto de clientes que possuem renda, interesse e acesso a uma determinada oferta." (KOTLER, 2000, p. 191)

Mercado é o conjunto de todos os compradores, efetivos e potenciais, de uma oferta ao mercado. (KOTLER, 2000, p. 140)

Cortes podem ser utilizados para que a demanda de forma agregada seja definida de forma mais específica com relação ao consumidor, podendo-se citar dentre eles: seu interesse, renda, acesso, qualificação e sua disponibilidade. Assim podem ser obtidas, sucessivamente, definições desde mercado potencial até o mercado penetrado, como visto a seguir:

- Mercado potencial: é o conjunto de consumidores que demonstram um nível de interesse suficiente por uma oferta, mas esse interesse não basta para definir um mercado.
- Mercado disponível: é o conjunto de consumidores que possuem interesse, acesso e renda, a uma determinada oferta.

- Mercado disponível qualificado: é o conjunto de consumidores que possuem interesse, acesso, renda e qualificações para a oferta ao mercado.
- Mercado-alvo ou mercado servido: é a parte do mercado disponível que a empresa decide buscar.
- Mercado penetrado: é o conjunto de consumidores que, efetivamente, compram o produto da empresa.

A Figura 5.4, exemplifica o afunilamento de mercado que ocorre na medida que são incorporados mais critérios, ou cortes, aumentando a profundidade do estudo da análise de mercado.

c) Potencial de Mercado

Enquanto as definições de Mercado fazem referência ao conjunto de consumidores, Potencial de Mercado diz respeito à capacidade de absorção por parte da demanda, da oferta conjunta das empresas de um setor.

- Potencial de mercado: é o limite máximo do qual se aproxima a demanda de mercado dados investimentos máximos realizados por determinado setor em marketing.
- Potencial total do mercado: é o volume máximo de vendas somadas de todas as empresas de um setor, por um determinado período, com um

Figura 5.4: Diagrama de mercados

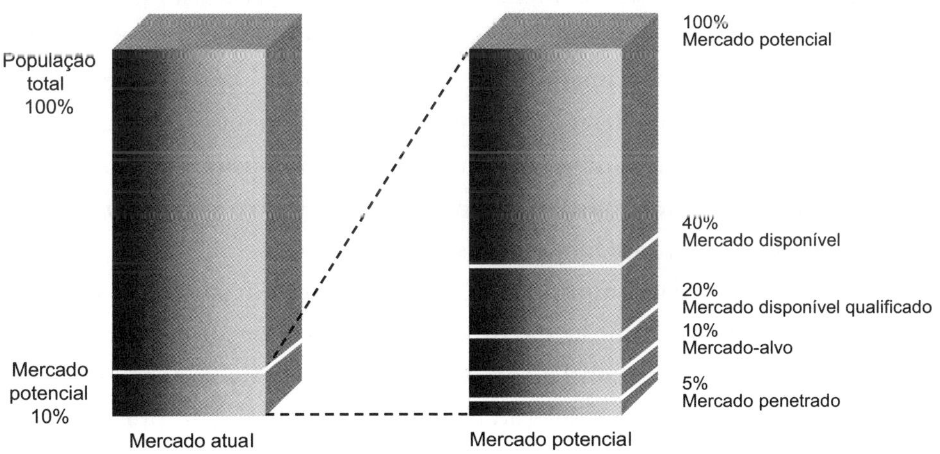

Fonte: Kotler, 2000 (adaptado pelos autores).

determinado nível de esforço de marketing dessas empresas, sob determinadas condições ambientais.

- Potencial de mercado da área: caso as empresas decidam selecionar territórios específicos para operar, devem ter a possibilidade de estimar o potencial de mercado das diferentes áreas.

5.2.2 Compreensão do comportamento do consumidor

Um dos pontos relevantes para se compreender a demanda é entender o comportamento do consumidor. Quais são seus motivadores de compra? Como o consumidor se comporta? Quais são os fatores culturais, sociais, pessoais e psicológicos associados à compra e o que isso representa?

Com relação ao comportamento do consumidor, vale a pena lembrar que os consumidores são diferentes, seus processos de decisão de escolha também o são, assim como o contexto em que as compras são realizadas.

Lilien, Kotler e Moorthy (1992), estudando a possibilidade da modelagem desses aspectos, comentam:

- Os consumidores diferem – "os consumidores variam de acordo com suas personalidades, valores, preferências e uma gama de outros fatores. Estas diferenças significam que um modelo apropriado para descrever o comportamento de um determinado consumidor pode ser inadequado para explicar o comportamento de outro."
- As decisões de escolha diferem – "não somente os consumidores diferem uns dos outros, mas, até para o mesmo consumidor, um modelo que descreve seu comportamento para uma decisão de compra específica pode não funcionar na descrição de outra. Há uma grande variedade de razões para isso. O nível de envolvimento que um consumidor apresenta em uma decisão determinará a quantidade de esforço cognitivo e pesquisa que ele está preparado ou disposto para investir."
- O contexto da compra difere – "os consumidores variam suas regras de decisão em função da situação de utilização, do usuário do bem ou serviço (para família, presente, próprio) e da situação da compra (venda por catálogo, seleção da prateleira na loja, compra com auxílio de vendedor). Cada um dos contextos pode invocar uma estratégia diferente de processo de decisão."

Modelo de tipologias do consumidor

Para melhor conhecer o consumidor, de modo a obter sua quantificação, pode-se utilizar o **Modelo de tipologias do consumidor**.

Tradicionalmente utilizada pelas ciências naturais, pela física e pela química, a tipologia diz respeito à taxonomia ou a classificações em categorias, grupos e classes. Estas, porém, quando aplicadas a fenômenos humanos, entretanto, podem apresentar alguns problemas.

A base conceitual da classificação reside no fato de as "ciências positivas preconizarem a necessidade de se encontrar as similaridades em um grande número de eventos (...) o ponto de apoio está na afirmativa de que as pessoas criam rotinas e de que grupos parecem ter rotinas semelhantes, o que propiciaria as condições para a criação de previsões de comportamento (...) não se negam as diferenças e particularidades, mas se busca o estatisticamente prevalecente na maioria" (GIGLIO, 2005).

Nesse método, o número de classificações possíveis é infinito, dado que uma classificação é realizada a partir do aspecto abordado. Seguem-se as classificações mais utilizadas:

a) Critérios demográficos

A demografia diz respeito à divisão em grupos de humanos por meio de critérios mensuráveis como idade, gênero, estado civil, ocupação, renda, local de moradia ou trabalho, entre outros. "Os critérios demográficos são muito utilizados nas pesquisas de mercado, mas deve-se atentar ao se criar previsões de comportamento a partir destas variáveis, pois ainda não há resultados suficientes que sustentem essa ligação. É claro que quanto mais variáveis demográficas utilizadas em uma amostra, mais específica ela vai se tornando e maior a probabilidade de acerto nas previsões" (GIGLIO, 2005, p. 78).

b) Características de personalidade

Dada a limitação da demografia em fornecer características do grupo, pode-se recorrer a aspectos de personalidade ou psicográficos, que podem ser subdivididos em cognitivos, emocionais e de atitudes.

Os traços cognitivos "são os responsáveis pelos processos típicos de raciocínio, de lógica e de padrão de solução de problemas. Para alguns negócios, como o de brinquedos educativos, o tipo cognitivo do consumidor é muito importante..." (GIGLIO, 2005, p. 82).

Os traços emocionais remontam aos estudos de Jung, pioneiro nessa construção, nos quais os opostos Extroversão x Introversão, Pensamento x Sentimento, Sensação x Intuição e Julgamento x Percepção podem ser utilizados para caracterizar uma pessoa.

A atitude pode ser entendida como um julgamento e uma disposição afetiva em relação aos fatos, às pessoas e aos objetos, como a utilizada pela abordagem VALS™.[4]

c) Estilo de vida

A categoria estilo de vida une as variáveis psicográficas com as rotinas de vida das pessoas. Um estilo de vida é "de maneira simples, a forma como cada um vive seu dia-a-dia (sua rotina) e como aproveita seu tempo livre (quebras de rotina)" (GIGLIO, 2005, p. 86).

d) Ciclo de vida do produto

Nessa classificação, o consumidor pode se enquadrar em quatro tipos: os *inovadores*, que são aqueles que compram o produto no lançamento; os *adotantes*, que desejam produtos e serviços novos, mas racionalmente não querem se arriscar imediatamente; os *seguidores*, que só adquirem o produto quando já houve experimentação suficiente; e os *acomodados* ou *compradores tardios*, que só adquirem produtos em declínio.

e) Modo de compra

Dado um fenômeno caracterizado por várias situações nas quais o ponto crítico se situa no momento que a compra é efetivamente realizada, criam-se "algumas tipologias do consumidor no momento da compra, sendo a divisão mais explorada aquela que diz respeito às variáveis compra racional e compra por impulso" (GIGLIO, 2005, p. 89).

Críticas aos modelos

Há críticas a respeito da utilização de tipologias do consumidor, que devem ser observadas. Com relação à tipologia por traços, "os tipos de personalidade se espalham por muitas divisões, o que torna impossível acompanhar todas, também não há correlações estatísticas entre traços de personalidade e variáveis de marketing, assim como há indícios de que as crenças e os valores mudam com freqüência"; com relação ao

---

[4] VALS™, do inglês *values and life style* (valores e estilo de vida), é uma ferramenta de marketing e consultoria que auxilia no desenvolvimento e execução de estratégias. Este sistema identifica oportunidades correntes e futuras através da segmentação do mercado consumidor com base no comportamento do consumidor.

estilo de vida "as críticas (...) afirmam que ela é tão volátil, tão ao sabor dos criadores que praticamente não se trata de uma classificação (...) algumas pesquisas científicas que tentaram validar o modelo de estilos de vida não obtiveram êxito"; com relação ao ciclo de vida do produto não há evidência de que o comportamento do consumidor com relação a uma indústria se repita em relação à outra, pois o consumidor pode ser inovador em relação a automóveis e acomodado para vestuário e, finalmente, com relação ao modo de compra, "os críticos destes modelos comentam que não há evidencias científicas das relações entre as características de personalidade, medidas pelos testes, e a previsão de modos de compra" (GIGLIO, 2005, p. 78-89).

B2B[5] ou B2C[6]

Outro fator importante a ser estudado com relação ao cliente, relevante para a forma de trato comercial e atendimento das necessidades, é definir se ele é privado ou industrial, ou seja, se trata-se de uma relação B2B (*business to business*) ou B2C (*business to consumer*)?

- Em B2C, o relacionamento comercial é voltado para os chamados bens de consumo – aqueles dirigidos às famílias e aos indivíduos para consumo próprio (consumidores finais).

- Em B2B, o relacionamento é direcionado a clientes constituídos por indústrias, empresas ou instituições, que utilizariam os bens e serviços em seu processo produtivo, transformando-os (como matérias-primas e componentes), usufruindo-os (como equipamentos e instalações) e/ou consumindo-os (como suprimentos operacionais, materiais auxiliares, serviços e utilidades), com o objetivo de constituir a oferta de seus produtos ao cliente final ou ao próximo elo da cadeia produtiva (adaptado de TELLES, 2003, p. 4).

As principais diferenças do B2C para o B2B, são:

"A compra organizacional, com sua racionalidade e dentro de sua lógica, objetiva assegurar o menor custo, com qualidade adequada a seu uso e prazo compatível com as necessidades da organização (...) algumas conseqüências de maior relevância têm

---

[5] B to B ou B2B (*business to business*), significa empresa para empresa, relacionamento entre empresas.

[6] B to C ou B2C (*business to consumer*) significa empresa para consumidor final.

de ser consideradas no processo da compra empresarial (...) (i) atraso na entrega, que pode comprometer o ritmo e/ou a continuidade da produção/prestação de serviço; (ii) aumento do custo de qualidade, em termos de inspeção, nível de reclamação e devolução; (iii) comprometimento da qualidade do produto final, devido a problemas gerados na cadeia produtiva ou distributiva; e (iv) aumento de despesas envolvidas na relação cliente-fornecedor, podendo incluir o consumidor final (por exemplo, *um recall*)." (TELLES, 2003, p. 73.)

Devem ainda ser consideradas as diferenças com relação à estratégia de marketing: "Marketing BtoB, originalmente denominado Marketing Industrial, trata dos processos que criam, planejam e executam as trocas entre organizações privadas e governamentais, garantindo a consecução dos objetivos propostos para tais entidades (...) sua constituição, como um ramo específico do Marketing, deveu-se à natureza única das transações entre as organizações" (MOREIRA, 2006).

Assim, esses aspectos específicos devem ser considerados quando do estudo do comportamento do consumidor.

5.2.3 Evolução do consumo

Quando se coloca a questão da evolução do consumo, procura-se entender que não se deve ater somente ao recolhimento de dados instantâneos de uma situação, obtendo-se assim o chamado *corte transversal dos fatos*.

Em muitos casos, é importante conhecer o passado de um fenômeno. Chamadas também de séries históricas ou cortes longitudinais, essas séries de dados, aplicadas à questão do consumo, podem ampliar a possibilidade de compreensão das relações, ou correlações, entre determinados eventos e aquilo que se está observando.

A maioria dos processos de previsão é efetivamente baseada em fatos passados. Conseguir entender os fatores relevantes e estipular sua relação na tentativa da previsão de tendências ou de projeções são necessários no processo de realização da estratégia.

Dentre os fatores, deve-se prestar atenção à sazonalidade, que diz respeito a ciclos que se repetem devido às estações do ano e outros fatores, como férias escolares, festividades, dentre outros.

5.2.4 Dimensionamento da demanda

A demanda deve ser conhecida do ponto de vista qualitativo e quantitativo. Quantos são os clientes, quanto comprarão, em qual intervalo de tempo, com que freqüência e a qual preço são informações que ajudam a compor a estimativa da demanda. A seguir, são apresentados alguns métodos de estimativa de demanda que podem ser utilizados de acordo com Kotler (2000).

Método de desenvolvimento de mercado: requer a identificação de todos os compradores potenciais em cada mercado e uma boa estimativa de suas compras. Com isso, consegue-se uma relação de todos os compradores potenciais e uma estimativa daquilo que cada um comprará. Trata-se de um modelo interessante de ser utilizado, entretanto, as informações necessárias nem sempre estão disponíveis, não são facilmente obtidas ou consideradas confiáveis.

Método de indexação multifatorial: mais utilizado em mercados de consumidores, é um simples cálculo de proporção. A indexação multifatorial atribui pesos específicos a cada fator, podendo ser utilizados mais de um fator. Os pesos utilizados para o índice de poder de compra são arbitrários, empregando-se outros, caso seja apropriado. Exemplo:

Para se determinar o consumo de calçado feminino na cidade de Franca:

Dados 400 mil habitantes da cidade, se destes

1° corte – gênero

50% são mulheres, obtém-se 200 mil pessoas, se destas;

2° corte – renda

30% estão na faixa de renda-alvo, obtém-se 60 mil pessoas, se destas;

3° corte – idade

80% estão na faixa de idade-alvo, obtém-se 48 mil clientes de mercado-alvo.

Se esse produto apresenta um valor médio de R$ 120, e cada cliente-alvo consome em média dois pares de sapatos por ano, estamos falando de um mercado anual de 48.000 x 2 x R$ 120,00, o que representa um consumo de R$ 11.520.000, por ano.

Vendas setoriais e participações de mercado: "além de estimar o potencial total e potencial da área, uma empresa precisa conhecer as vendas setoriais efetivas" que ocorrem em sua indústria, "precisa identificar os concorrentes e estimar suas vendas". Esses dados também podem ser obtidos por associações daquela indústria ou associações setoriais. Por meio de informações das associações setoriais uma empresa pode comparar seu desempenho à indústria como um todo.

Compra de relatórios: podem-se estimar vendas por intermédio da compra de relatórios de institutos de pesquisas, que fazem levantamentos de vendas totais e vendas de marcas. A empresa pode comparar seu desempenho com relação ao setor como um todo e/ou a qualquer concorrente específico para verificar se está ganhando ou perdendo participação. Empresas que atendem ao mercado empresarial, normalmente, têm um trabalho maior para estimar vendas e participações de mercados setoriais que fabricantes de produtos de consumo.

Estimativa da demanda futura: são poucos os produtos cuja demanda permite previsões simples. A previsão é mais fácil para os produtos cujo nível absoluto ou cuja tendência de demanda é razoavelmente constante ao longo do tempo e para os quais a concorrência é inexistente, em mercados menos dinâmicos, como nos serviços públicos, por exemplo.

5.2.5 Produto da análise

O produto da análise da demanda deve ser a informação de quanto se venderá de determinado produto, a que preço, em que região, para qual perfil de cliente, com qual freqüência e de acordo com quais tendências – sazonalidades e padrões de crescimento.

A análise estará mais completa se puder indicar não só uma imagem estática da demanda – corte transversal do mercado –, mas também uma imagem dinâmica – corte longitudinal do mercado – tais como tendências, sazonalidades e projeções futuras.

Assim, a empresa poderá prever seu faturamento com mais eficiência e projetar a utilização dos recursos necessários à realização da entrega, ou seja, o dimensionamento de seus investimentos na construção de instalações, reformas, aquisição de maquinário, admissão de pessoal, levantamento de capital, dentre outros.

Ao final, deve-se construir um quadro referencial da demanda que reúna os principais aspectos aprendidos das diversas dimensões, não se limitando aos apresentados no exemplo do Quadro 5.1.

Quadro 5.1: Quadro referencial da demanda

Dimensão	Aspectos abordados	Observações
Grupo de clientes	Adultos solteiros Recém-casados Pescadores Estudantes secundaristas	
Área geográfica	Todo o país Município de São Paulo Campos do Jordão	

Dimensão	Aspectos abordados	Observações
Período	Curto prazo Médio prazo Próximo verão Férias de inverno	
B2C		
Corte de renda	Renda familiar acima de R$ 1.200/mês Classe B1 e B2 (critério Brasil)	
Corte de acesso à oferta	Distribuição regional Lojas/clube de compras Shopping centers	
Tipologia do consumidor	Critérios demográficos Personalidade Estilo de vida	
Método utilizado para dimensionamento da demanda	Vendas setoriais e participação na indústria Compra de relatórios	
B2B		
Região de atuação	Região Sul Região do ABC paulista	
Faturamento das empresas	Pequenas e médias empresas Conglomerados	
Indústria a que pertence	Automobilística Construção pesada Ensino	

Fonte: Sebrae/Fipe.

5.3 Análise da oferta

Nesse item, procura-se compreender quais são os produtos disponíveis no mercado que atendam às necessidades dos clientes, atualmente e no futuro.

Entretanto, não basta apenas estudar o produto ofertado em si, de forma isolada do contexto. Deve-se entender como se dá a realização dessa oferta. Quem são seus produtores? Qual é seu poder de mercado? Qual é o grau de rivalidade entre as empresas concorrentes? E a relação dessas empresas rivais com seus fornecedores? Há ameaças de bens substitutos? Enfim, quais as características dessa indústria em que já se opera ou se deseja iniciar operação?

Também, com relação à oferta, deve-se analisar o portfólio da empresa e de seus rivais, o estágio do ciclo de vida de seus produtos e do mercado.

5.3.1 Compreendendo a terminologia

Veja-se, a seguir, a terminologia empregada.

- Sistema de Valor: consiste no fluxo mais amplo de atividades, incluindo as cadeias de valor desde os primeiros fornecedores de matéria-prima até o cliente final. O modelo de sistema de valores evidencia a formação em cadeia que surge entre as empresas, ou das diversas cadeias de valor, unidas como elos de uma corrente, na qual cada uma das empresas relaciona-se com seus fornecedores e clientes. Mostra, assim, todos os participantes desse processo. Esse sistema permite um entendimento mais amplo da indústria sob análise.
- Estrutura da indústria: consiste em analisar um fragmento do sistema de valor, de relacionamento mais próximo à empresa em questão, ou seja, seus fornecedores, rivais e clientes diretos, acrescido das análises de ameaça de bens substitutos e ameaça de novos entrantes, objeto de análise do modelo de Atratividade da Indústria de Porter, como será visto adiante.
- Dinâmica competitiva de uma determinada indústria: diz respeito aos movimentos estratégicos possíveis das empresas envolvidas sujeitas às características de seus recursos internos, à interdependência e influência recíproca entre as empresas envolvidas, todas elas influenciadas pelo meio em que se encontram.
- Substitutos da oferta realizada ou pretendida: servem de base para se conhecer e determinar os concorrentes. Em geral, quando se pensa em concorrência considera-se a disputa pelo cliente final, porém, os concorrentes podem ser tanto os rivais na obtenção de insumos como na preferência por determinado canal de distribuição, com o objetivo final pela preferência dos clientes.

Não é possível analisar a concorrência sem antes identificá-la. Para isso, devem ser conhecida a base em que a concorrência ocorre.

5.3.2 Compreendendo o comportamento dos competidores da indústria

Como visto anteriormente, deve-se compreender mais profundamente a oferta realizada ou pretendida.

O ponto importante a ser frisado aqui é que o concorrente de uma empresa **nem sempre** é apenas outra empresa idêntica àquela sob estudo e que produz **exatamente** o mesmo produto.

Abell (1991) define que um produto pode atender a um determinado *grupo de clientes*, a uma determinada *necessidade* dos clientes ou exercer uma certa *função* para eles, como se verá posteriormente.

Levando-se em consideração esses três aspectos, pode-se descobrir que os concorrentes podem pertencer a indústrias totalmente diferentes daquela em que a empresa em foco se encontra ou pretende entrar.

As empresas podem competir por produtos oferecidos aos clientes na tentativa de satisfazer suas necessidades. Com relação aos produtos, devem ser estudados os volumes oferecidos pelos concorrentes, as participações de mercado dos rivais, as regiões atendidas e as devidas participações, o porte das empresas envolvidas, sua rentabilidade, os dados que podem revelar um diferencial estratégico ou estrutural.

Para a obtenção desse conhecimento deverão ser realizadas pesquisas primárias e secundárias. As pesquisas primárias, diretamente com as empresas concorrentes, em geral são muito difíceis de serem realizadas. A forma indireta, a pesquisa secundária, se dá por meio dos órgãos de classe, associações e sindicatos, mas, principalmente, pelas empresas fornecedoras e pelos clientes.

Os fornecedores sabem quanto fornecem para os clientes da concorrência, e seus clientes podem opinar a respeito dos produtos que recebem de seu concorrente.

5.3.3 Dimensionamento da oferta atual

Quando são estudadas as vendas passadas de uma determinada indústria, como já citado em análise da demanda, vê-se efetivamente aquilo que foi comercializado, aquilo que foi comprado.

Essa análise não permite enxergar como se situa a indústria do ponto de vista da oferta, porém, o cruzamento dos conhecimentos da oferta e da demanda possibilita antever o que se passará no mercado.

A situação das empresas com relação à sua capacidade de produção *versus* ociosidade pode fornecer um indicador da necessidade ou não de investimentos na produção de determinada indústria, o que pode apontar uma oportunidade para um novo entrante, ampliação da atual capacidade de produção das empresas dessa indústria, **ou não**, pode ocorrer exatamente o inverso.

Se, porventura, for constatado excesso de capacidade de produção associado a uma tendência de demanda decrescente, tal cenário pode representar uma péssima fase a frente para essa indústria.

5.3.4 Evolução da oferta

Conhecidas a capacidade de oferta realizada e a capacidade de produção, passa-se à obtenção de informações sobre a evolução desses dados. Um corte longitudinal: como tem se dado o crescimento ou diminuição da capacidade de produção? De forma linear, em uma indústria com oferta mais pulverizada, ou em perceptíveis patamares, quando essa indústria não é pulverizada ou necessita de alta economia de escala?

Houve algum *boom* de produção? Será que está ocorrendo uma corrida de implantação de capacidade de produção? E se estiver ocorrendo, haverá mercado para todos?

Se em indústrias com mercados deprimidos ocorre um grande crescimento na oferta, a capacidade ociosa suscitará, provavelmente, queda das margens para a maioria, prejuízos para muitos e fechamento da empresa para outros.

5.3.5 Produto da análise

O produto da análise é a obtenção de conhecimento sobre as bases em que se dá a concorrência, o que auxilia na determinação de quem, quantos, onde, por que e como são os concorrentes.

A determinação das empresas e dos grupos empresariais com quem se concorre permite entender os fatores críticos de sucesso – fatores mínimos necessários para se estar no jogo. Procurar conhecer seu estilo gerencial, suas práticas comerciais, sua história, sua estratégia, seus fornecedores e clientes é essencial para se entender sua dinâmica. Também podem ser pesquisadas as práticas mercadológicas, a tecnologia operacional, tipo de mão-de-obra etc.

Enfim, o conhecimento dos concorrentes, clientes e fornecedores – quem é quem no mercado, representa a principal parte do conhecimento da indústria em que se atua ou pretende atuar.

5.4 Sistema de valor

Não é possível abordar sistema de valor sem, pelo menos, mencionar cadeia de valor. A cadeia de valor é o que "a empresa utiliza para entender a sua posição em custos e identificar os diversos meios que poderão ser empregados para facilitar a implementação de sua estratégia comercial" (HITT *et al.*, 2005, p. 120).

Contextualizando no ambiente, "a cadeia de valores de uma empresa, em um setor específico, está inserida num fluxo mais amplo de atividades, que denominamos 'sistema de valores'. Esse sistema de valores inclui a cadeia de valores dos fornecedores, que fornece insumos (...) à cadeia de valores da empresa. O produto da empresa geralmente passa pelas cadeias de valores dos canais de distribuição (...) finalmente, o produto se transforma em insumo adquirido para as cadeias de valores dos compradores..." (PORTER, 1999, p. 86).

Assim, o sistema de valores evidencia a formação interdependente que existe entre as empresas, ou entre suas diversas cadeias de valor, ligadas entre si de tal forma que cada uma delas relaciona-se com seus fornecedores e seus clientes.

Nesse sistema, ocorre a movimentação dos produtos desde a matéria-prima até sua utilização pelo usuário final.

O sistema de valor indica assim todos os participantes do processo, permitindo o entendimento mais amplo da indústria sob análise.

5.4.1 Identificação dos participantes

Montante e *jusante* são termos próprios para indicar uma determinada localização tratando-se de um rio, que apresenta um fluxo e um sentido. No caso de uma barragem, o reservatório de água formado se localiza à montante da barragem enquanto à jusante o rio continua seu fluxo.

Nos sistemas de valores, de montante a jusante ocorre a movimentação de bens tangíveis, como matérias-primas, e intangíveis, como informações ou prestação de serviços, que vão sendo processados e transformados a cada passo, adquirindo valor agregado. No caminho contrário, ocorre a movimentação de capital monetário, conforme mostra a Figura 5.5

Figura 5.5: Sistema de valores

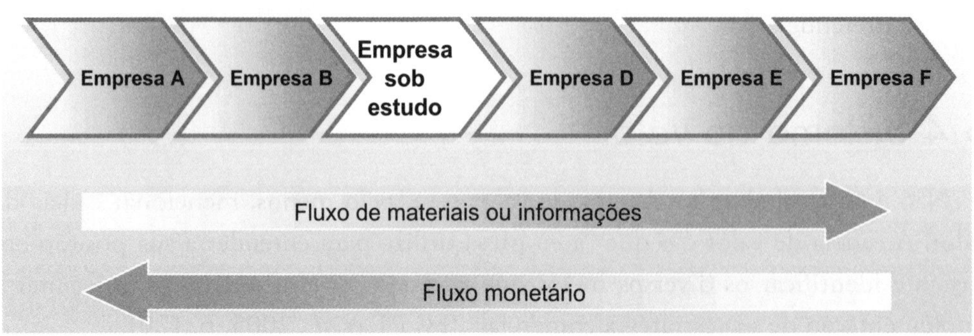

5.4.2 Produto da análise

A análise do sistema de valor permite um melhor entendimento da margem da indústria e da relação de poder dentro da cadeia de produção.

Com relação às possíveis margens, veja como o sistema de valores pode auxiliar em sua determinação. Se considerar-se que as matérias-primas em sua origem, no início do sistema de valor, são negociadas a preços de mercado, assim como o produto final no final do sistema de valor, ambos estarão definidos, e as margens de cada participante nesse sistema deverão ser distribuídas ao longo da cadeia. Aquele que tiver maior poder nesse sistema ficará com o *lions share*, ou seja, a fatia do leão, a melhor participação.[7]

Esse modelo é importante na medida que, ao se estudar a indústria, entende-se como a empresa ou unidade de negócio sob estudo se encaixará em relação a esse sistema. Deve-se procurar determinar seu papel, suas atribuições, suas interações e o que justifica sua posição nessa configuração. Há espaço de atuação?

Nas questões estratégicas da empresa, esse modelo permite a visualização das integrações verticais e horizontais existentes ou factíveis. Integrações verticais ocorrem quando a empresa absorve atividades à montante ou jusante de sua atividade. Integrações horizontais ocorrem quando a empresa absorve atividades de empresas rivais, ou seja, de concorrentes que realizam atividades similares.[8]

---

[7] Ver no Anexo do Cap. 5 – item 5.4.2: um exemplo de estratégia adotada para esse tradicional exemplo da "queda-de-braço" em uma cadeia de produção, a relação entre a indústria e o varejo. Na notícia, o varejo adota a utilização de marcas próprias para conquistar maior margem. Disponível em: www.saraivauni.com.br.

[8] Ver no Anexo do Cap. 5 – item 5.4.2: um exemplo de indústria que adota uma estratégia para atingir diretamente o cliente final em uma área crescente no mercado brasileiro, a de *food service*. Disponível em: www.saraivauni.com.br.

5.5 Análise da atratividade da indústria — Modelo das forças competitivas de Porter ou Modelo das "cinco forças"

O modelo das cinco forças de Porter é uma ferramenta de estratégia de fora para dentro da empresa, que é utilizada para realizar a **análise da atratividade da estrutura de uma indústria**, tendo como objetivo analisar alguns dos aspectos da indústria em que se deseja entrar ou já se está dentro. Para Porter (1985), "O primeiro determinante da rentabilidade de uma empresa é a atratividade da indústria".

O modelo das forças competitivas de Porter é, provavelmente, uma das ferramentas de estratégias de negócios mais freqüentemente utilizadas. "O modelo da estrutura da indústria pode ser aplicado ao nível da indústria, do grupo estratégico (ou grupo de empresas com estratégias similares) ou mesmo para a empresa individual. Sua função última é explicar a sustentabilidade dos lucros contra a barganha e contra a competição direta e indireta. As diferenças de lucro *vis-à-vis* os rivais diretos, então, dependem do posicionamento" (PORTER, 1991).

A estratégia da teoria baseada na indústria, como exemplificada por Porter (1980, 1985), vira a economia da organização industrial "de cabeça para baixo" (BARNEY e OUSHI, 1986, p. 374, apud HUNT, 2000, p. 73). Contrariamente ao afirmado pela economia da organização industrial (OI), que estudava o monopólio como fonte de perda de bem-estar da sociedade, se o desempenho financeiro superior resulta primariamente dos fatores da indústria, a escolha da indústria na qual competir e/ou *alterar a estrutura* existente para aumentar o poder de monopólio deveria ser o foco da estratégia.

Esse modelo é sustentado por estudos realizados no início da década de 1990, que indicam que o resultado obtido por determinada empresa é, em grande parte, semelhante ao resultado, em média, obtido pela indústria em que a empresa se insere, o que fez Porter justificar o estudo da indústria como relevante para se conhecer o desempenho esperado de uma empresa, "... em resumo: atualmente é incontestável que a análise da indústria deveria apresentar um papel vital na formação da estratégia" (MONTGOMERY e PORTER, 1991, p. 14-15).

Adicionalmente, "a meta da estratégia competitiva para uma unidade empresarial em uma indústria é encontrar uma posição dentro dela em que a companhia possa melhor se defender contra estas forças competitivas ou influenciá-las em se favor" (PORTER, 1980).

O modelo de Porter (1980), "de cinco forças" e mostrado na Figura 5.6, sustenta que a lucratividade de uma empresa em uma determinada indústria deve-se:

- à ameaça de novos entrantes na indústria;
- à ameaça de produtos ou serviços substitutos;
- ao poder de barganha dos fornecedores;
- ao poder de barganha dos clientes;
- à intensidade da rivalidade entre os competidores existentes.

Essas forças constituem o ambiente de competição na indústria, o qual "age continuamente para diminuir a taxa de retorno sobre o capital investido na direção da taxa competitiva básica de retorno, ou o retorno que poderia ser obtido pela indústria definida pelos economistas como "em concorrência perfeita" (PORTER, 1980, p. 5).

"Porque, entretanto, a empresa não é uma prisioneira da sua estrutura da indústria" (p. 7), a estratégia deveria estar voltada para *alterar a estrutura* da indústria, quer seja por meio do aumento das barreiras de entrada, quer seja pelo aumento do poder de barganha sobre seus clientes e fornecedores.

Para aprimorar o entendimento do modelo de cinco forças de Porter, devemos atentar para as seguintes palavras em seu modelo, **ameaça** e **poder**, e para os conceitos barreiras de entrada e saída.

Figura 5.6: Modelo de cinco forças de Porter (1980) (grifos dos autores)

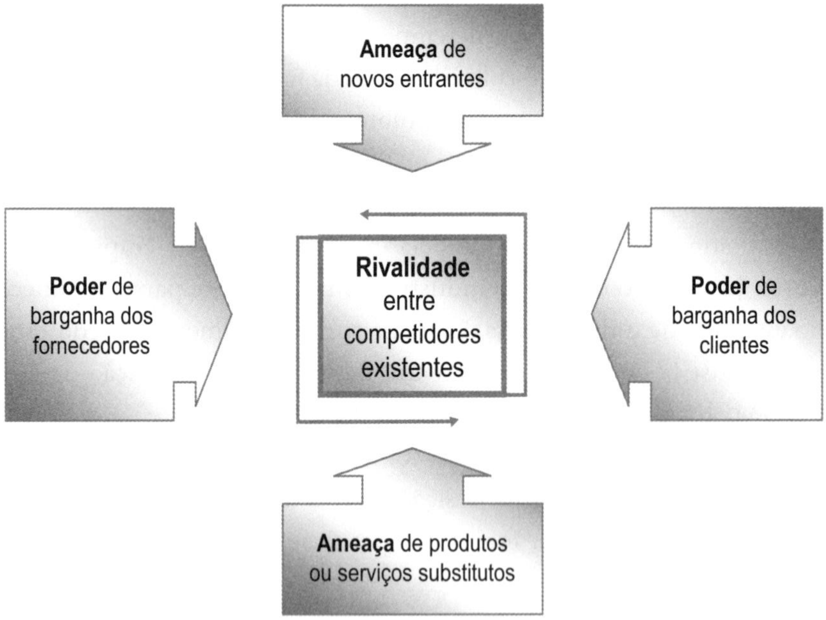

Fonte: Porter (adaptado).

a) O poder de barganha

Conforme demonstra a Figura 5.6, na linha horizontal, vemos a expressão "poder de barganha". Essa linha representa a cadeia de suprimento que existe em toda indústria, na qual, ao longo dos elos intermediários, encontramos relacionamentos B2B e, no elo final, encontramos um relacionamento B2C.

Toda empresa está imersa num relacionamento entre fornecedores e clientes, visto que processa insumos como informações e matérias-primas, obtidas dos fornecedores, entregando a seus clientes o produto ofertado.

Nessa visão sistêmica, sempre há para a empresa, sob estudo, uma crescente agregação de valor nos produtos ou serviços operacionalizados.

b) A ameaça

Ainda, de acordo com a Figura 5.6, no eixo vertical, a palavra ameaça é utilizada tanto para o caso de novos entrantes como de bens substitutos.

Quanto aos novos entrantes, analisa-se a questão das barreiras de entrada, que estão relacionadas à questão da *margem de lucro* que as empresas apresentam dentro daquela indústria.

Os substitutos podem ser entendidos como aqueles provenientes da concorrência indireta ou ampliada, produtos que apresentam o mesmo valor para o cliente e que são provenientes de outra indústria.

c) Barreiras de entrada

Barreiras de entrada dizem respeito à Margem.

Indústrias com altas barreiras de entrada permitem maiores margens às empresas que dela fazem parte. Em uma situação de crescimento da economia, e dessa indústria em particular, é mais difícil que indústrias novas entrem nesse mercado, assim, as empresas que estão dentro dividirão entre si o maior resultado proveniente dessa melhora do movimento econômico.

Baixas barreiras de entrada, por outro lado, trazem a seguinte informação: caso ocorra uma potencial melhora do mercado e da ampliação dessa indústria, será mais fácil que novas empresas entrem, dividindo o resultado entre elas, fazendo com que as empresas já consolidadas nesse setor apresentem margens mais baixas de lucratividade. Como exemplo, maiores barreiras de entrada podem ocorrer devido à necessidade de conhecimento específico ou de altos capitais, existência de patentes etc.

d) Barreiras de saída

As barreiras de saída dizem respeito à maior ou menor facilidade que uma empresa tem de deixar um negócio, de sair dessa indústria, caso ocorra um momento de dificuldade, tanto da indústria quanto da empresa.

As barreiras de saída referem-se ao *risco* inerente ao negócio naquela indústria. Quanto maiores as barreiras de saída, maior o risco que uma empresa apresenta. Quanto menores as barreiras de saída, menor o risco da empresa se desligar dessa indústria. Como exemplos podem ser citados altos passivos devido ao montante de investimentos realizados, especificidade dos ativos, legislação etc.

O Quadro 5.2, a seguir, apresenta um referencial resumido das barreiras enfrentadas por uma indústria.

Quadro 5.2: Resumo das barreiras

Barreiras de saída / Barreiras de entrada	Alta	Baixa
Alta	alta margem/alto risco	alta margem/baixo risco
Baixa	baixa margem/alto risco	baixa margem/baixo risco

5.5.1 Algumas restrições de uso do modelo de cinco forças

O modelo das cinco forças de Porter é particularmente importante no pensamento de fora para dentro – *market-driven strategy* –, ou seja, fatores que agem do ambiente para a empresa. Entretanto, não se deve subestimar a importância das forças existentes da organização que atuam de dentro para fora – *resource driven strategy*.

Esse modelo também pode ser visto como uma das duas possibilidades na maximização da criação de valor corporativo. A outra dimensão de criação de valor é avaliar quão bom é o desempenho de uma empresa comparada aos demais competidores. Trata-se da posição competitiva relativa, na qual outros dois modelos de Porter podem ser utilizados: o modelos de Cadeia de Valor e o de Vantagem Competitiva.

No entanto, não há unanimidade na utilização do modelo de cinco forças.

Como indica Hunt (2000):

- estudos empíricos mostram que não há correlação entre lucratividade e concentração das indústrias, ou seja, as indústrias altamente concentradas não são mais lucrativas do que as menos concentradas (BUZZELL, GALE e SULTAN, 1975; GALE e BRANCH, 1982; RAVENSCRAFT, 1983);

- muitas prescrições da teoria baseada na indústria parecem ser anticompetitivas (FRIED e OVIATT, 1989; O'KEEFFE, MAVONDO e SCHRODER, 1996).

Muitos teóricos da estratégia de negócios, principalmente os da escola baseada em recursos, têm questionado se o foco exclusivo no ambiente externo da teoria baseada na indústria é o mais correto a ser utilizado.

Aliás, o próprio Porter aborda essa questão nas primeiras linhas do livro *Estratégia Competitiva*: "Forças externas à indústria são significativas principalmente em sentido relativo; uma vez que as forças externas em geral afetam todas as empresas na indústria, o ponto básico encontra-se nas diferentes habilidades das empresas em lidar com elas" (Porter, 1980).

5.5.2 Notas complementares sobre a visão microeconômica

Dado o embasamento econômico presente no modelo apresentado, a seguir, serão abordados conceitos da microeconomia que poderão auxiliar a aprofundar seu entendimento.

a) Visão microeconômica sobre o poder na indústria

Com a intenção de fornecer mais subsídios no entendimento da questão do poder, veja alguns conceitos e modelos estudados pela Microeconomia (PINDICK e RUBINFELD, 1997):

- Monopólio é um mercado que apresenta apenas um vendedor, mas muitos compradores.[9]
- Monopsônio é exatamente o contrário, um mercado com muitos vendedores, mas apenas um comprador.[10]

[9] Ver no Anexo do Cap. 5 – item 5.5.2: *O monopólio está ligado a questões políticas? Qual o benefício para um Estado manter um monopólio? Qual a repercussão para o bem estar geral da sociedade?* Disponível em: www.saraivauni.com.br

[10] Ver no Anexo do Cap. 5 – item 5.5.2: para entender a dinâmica em um mercado onde ocorre monopsônio. A Petrobras, empresa brasileira que detém monopólio no refino de petróleo, é a única cliente de uma série de bens e serviços relacionados a essa indústria em território nacional. Disponível em: www.saraivauni.com.br

- Oligopólio é um mercado com poucos vendedores.[11]
- Oligopsônio é um mercado com poucos compradores.

Entretanto, o monopólio puro é muito raro de ocorrer. Os mercados nos quais várias firmas competem umas com as outras é mais comum.

- Mercados competitivos: mercados nos quais os compradores e os vendedores, individualmente, têm pequena ou nenhuma habilidade em afetar os preços.

O poder de monopólio é a habilidade que uma empresa tem de promover preços acima de seu custo marginal, mas o nível que o preço excede o custo marginal depende inversamente da elasticidade de demanda da empresa.

- Poder de mercado: diz respeito à habilidade de afetar os preços de forma lucrativa. Refere-se tanto ao poder de monopólio quanto de monopsônio.
- Poder de monopólio: é a habilidade de uma empresa em elevar os preços para aumentar sua lucratividade acima do custo marginal.
- Poder de monopsônio: é a habilidade que um comprador tem de adquirir bens a um preço inferior ao valor marginal.
- Cartel: um grupo de empresas que, explicitamente, concorda em manter preços e/ou limitar a oferta.[12]

Considerando essas questões, é interessante procurar identificar na indústria em estudo se ocorrem situações como as descritas anteriormente.

Aprofundando um pouco mais a utilização de conceitos da microeconomia, também pode-se entender o poder de monopólio por meio da elasticidade de demanda da empresa. A questão é: por que determinadas empresas encontram uma curva de demanda que é mais elástica, enquanto outras encontram uma curva de demanda que é menos elástica?

---

[11] Ver no Anexo do Cap. 5 – item 5.5.2: O Wal-Mart, empresa da indústria varejista, pretende entrar no mercado de crédito bancário no México. Quais as implicações para o mercado financeiro já estabelecido? Como deverá se comportar a questão da oferta de crédito e qual o impacto no *spread* bancário. Ver também no Anexo do Cap. 5 – item 5.5.2: Como um órgão regulador pode evitar que empresas formem oligopólios e diminuam o bem-estar da sociedade? Nesse exemplo, veja como um mecanismo – o modelo das operadoras virtuais, no setor da telefonia móvel espanhola – pode estimular a competição. Disponível em: www.saraivauni.com.br.

[12] Ver no Anexo do Cap. 5 – item 5.5.2: como o Irã, um dos membros da OPEP – Organização dos Países Exportadores de Petróleo, exemplo clássico de cartel, movimenta os preços dessa *commodity* mundialmente por meio de uma simples declaração. Ver também do Cap. 5 – item 5.5.2: Procure identificar como um órgão oficial pode atuar para evitar a formação de cartéis. Como identificaram a possibilidade da formação de um cartel neste caso? Disponível em: www.saraivauni.com.br.

Três fatores determinam a elasticidade de demanda de uma empresa:

- O primeiro é a elasticidade de demanda do mercado. A elasticidade de demanda de uma determinada empresa é, pelo menos, a elasticidade de demanda do mercado em que ela se situa. Então, a elasticidade de demanda do mercado limita o potencial de poder de monopólio.
- O segundo é o número de empresas no mercado ou pulverização de mercado. Se há muitas empresas competindo, não é provável que apenas uma delas tenha condições de afetar os preços de forma significativa.
- O terceiro é a interação entre as empresas. Mesmo que apenas duas ou três empresas atuem no mercado, cada uma isoladamente não estará habilitada a aumentar fortemente os preços de forma lucrativa, caso a rivalidade entre elas seja agressiva. Nesses casos, cada uma das empresas tentará capturar tanto mercado quanto for possível.

5.5.3 Produto da análise

O produto da análise é a obtenção de um quadro referencial da atratividade da indústria, que indica e permite a comparação dos critérios adotados para diversas indústrias, como aquele apresentado por ZACARELLI (2004, p. 85).

Nesse quadro, os aspectos estudados no modelo de cinco forças apresentam uma atribuição de nota de 1 a 5, podendo também utilizar os adjetivos baixos e altos poderes, assim como baixas e altas ameaças.

Ao final, deve-se construir o quadro referencial de fornecedores, rivais e clientes, e o quadro referencial da atratividade da indústria, devendo ambos reunir os principais aspectos aprendidos e que auxiliarão na construção do QRDN.

Quadro 5.3: Referencial de fornecedores, rivais e clientes

Dimensão	Locali-zação	Produto	Preço	Região atuação	Canal	Obser-vação
Fornecedor 1						
Fornecedor 2						
Fornecedor n						
Rival 1						

Dimensão	Locali-zação	Produto	Preço	Região atuação	Canal	Obser-vação
Rival 2						
Rival 3						
Cliente 1						
Cliente 2						
Cliente n						

Quadro 5.4: Referencial da atratividade da indústria

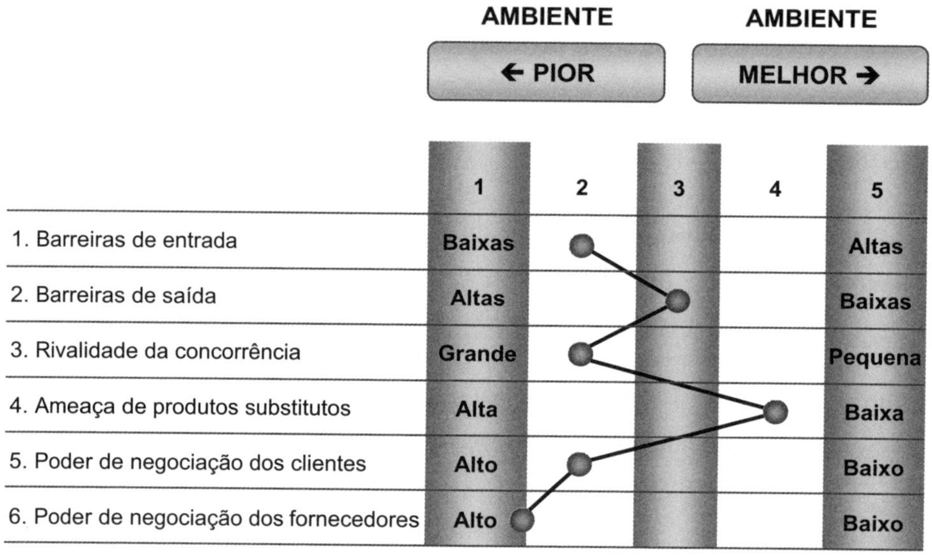

Fonte: Zaccarelli, 2004 (adaptado pelos autores).

No exemplo do Quadro 5.4, é possível compreender uma indústria com baixa atratividade para uma empresa que pretende nela iniciar seu negócio ou dela já participa.

5.6 Análise da concorrência ampliada

Sob a visão econômica, a concorrência ocorre sempre que há disputa em uma arena chamada mercado. Mas ela não acontece apenas entre empresas rivais que buscam oferecer o mesmo produto ou serviço para os clientes.

Com os avanços das tecnologias de transporte e comunicação, a percepção de globalização tornou-se mais evidente. Enquanto a análise de atratividade da indústria propõe o estudo da indústria em que a empresa está inserida ou deseja se inserir, deve-se ampliar a análise da rivalidade entre concorrentes pela disputa por insumos ofertados pelos fornecedores e pela disputa pelos clientes situados em outras indústrias.

Função do produto é a necessidade do cliente a que o produto atende.

É importante estar atento a fornecedores de determinado serviço ou produto que podem fornecê-los a indústrias diversas. Assim, pode haver concorrência entre uma empresa de uma certa indústria que utiliza um insumo e uma empresa de outra indústria totalmente diversa que busca o mesmo insumo, mesmo que ambas atendam clientes com bens ou serviços totalmente diferentes, até em áreas e localizações diversas.[13]

Finalizando, quando se analisa a ameaça de bens substitutos, está se focando atenção nos clientes. Os clientes procuram a satisfação de uma determinada necessidade, que pode ser atendida por certo *produto ou serviço* com características definidas, e que é produzido por determinada empresa pertencente a uma indústria, ou por um *outro* que, *para o cliente*, apresenta características "semelhantes", feito com matérias-primas e processos provenientes de uma indústria completamente diferente.[14]

Deve-se então, nesse caso, atentar para a *função* que o produto ou serviço representa para o cliente.

A Análise da Concorrência Ampliada permite um melhor e mais profundo entendimento da indústria proposta pelo modelo de cinco forças. Com relação à disputa de insumos pelos concorrentes da mesma indústria perante os rivais, é cada vez mais importante o entendimento supra-industrial.

O conceito de concorrência ampliada demonstra que uma mesma indústria, localizada em outras regiões ou países, pode concorrer com os fornecedores na compra dos insumos necessários à produção.

Como essa análise transcende a análise tradicional da atratividade da indústria e também demanda maiores esforços para obtenção de dados e informações, deve ser inserida como complementar àquelas anteriormente apresentadas.

---

13 Ver no Anexo do Cap. 5 – item 5.6: que os mercados estão cada vez mais inter-relacionados. Na reportagem, verificar como o incremento da demanda mundial por determinada *commodity* pode influenciar os preços internos no mercado brasileiro. Disponível em: www.saraivauni.com.br.

14 Ver no Anexo do Cap. 5 – item 5.6: que mesmo oriundos de indústrias e cadeias de produção totalmente diferentes, a gasolina e o álcool carburante podem ser considerados concorrentes, dado que exercem uma função semelhante para o cliente final. Disponível em: www.saraivauni.com.br.

Essa análise deve ainda considerar os insumos críticos para a indústria, a identificação dos rivais pertencentes a outras indústrias pelos insumos críticos e o crescimento dessas indústrias rivais.

Um dos primeiros passos nessa direção é que seja elaborado um estudo sobre os principais insumos necessários para operação da empresa. Dentre eles, realiza-se uma classificação quanto à sua importância para a empresa, em função de raridade, valor, necessidade de ser transportado em condições especiais, dentre outros.

Tendo os insumos críticos determinados, passa-se à pesquisa sobre as indústrias que também o consomem. Uma das melhores fontes sobre essas informações são os próprios fornecedores e suas associações de classe.

Procura-se, então, avaliar quais indústrias, em regiões ou países diferentes, podem apresentar as maiores ameaças.

Conhecendo-se as indústrias que apresentam maior ameaça à empresa em foco, passa-se ao estudo de seu potencial de crescimento e competitividade, que caracteriza as empresas com maior potencial de rivalidade futura.

O Quadro 5.5, a seguir, apresenta exemplos hipotéticos.

Quadro 5.5: Identificação da concorrência ampliada

Insumos críticos para a empresa	Indústrias rivais pelos insumos	Situação da indústria rival
Insumo A	Automobilística Construção Civil	Estagnada Crescimento
Insumo B	Construção Civil Aeronáutica	Crescimento Crescimento
Insumo C	Naval	Declínio

Fonte: Sebrae/Fipe.

5.6.1 Produto da análise

Essa análise tem como produto um entendimento mais amplo das relações entre os rivais da indústria sob estudo concorrendo por insumos ou clientes além da indústria em questão.

Ao final, é importante construir um quadro referencial da oferta e concorrência, que deve reunir os principais aspectos apreendidos das diversas dimensões, não se limitando aos apresentados no exemplo a seguir.

Quadro 5.6: Referencial da oferta e concorrência

Dimensão analisada	Aspectos abordados	Identificação dos concorrentes
Localização geográfica das empresas concorrentes	Todo o país Município de São Paulo Região Centro-Oeste	
Fornecedores e insumos que consome	Mesma matéria-prima Mesmo serviço Imóveis Equipamentos	
Clientes que atendem	Localização geográfica Aspecto demográfico do cliente Grupo de clientes Necessidades que atendem	
Canais que utilizam	Descrição Exclusividade Parceria	
Capacidade instalada	Relação das capacidades dos concorrentes	
Histórico da empresa	Empresa pertencente a conglomerado Empresa familiar tradicional Empresa recém-implantada	
Parcerias realizadas	Parcerias verticais Parcerias horizontais Acordos internacionais	
Fontes de financiamento	Associação com bancos Realização de IPO Private Equity	
Evolução da oferta	Agregada na indústria Por empresa concorrente Por região	

5.7 Complementaridade

Em seu livro *Co-opetition*, Adam M. Brandenburger, professor da Harvard Business School, e Barry J. Nalebuff, professor da Yale School of Management, propõem que ao se estudar uma determinada indústria, com vistas à estratégia de negócios, deve-se atentar não apenas para os aspectos da **competição**, mas também para os aspectos de **cooperação** que possam existir nessa indústria.

Negócios envolvem cooperação quando se procura criar um bolo e competição, quando procura-se dividi-lo. (BRANDENBURGER, 1996, p. 4).

Um exemplo clássico de oferta complementar é o equipamento computador – *hardware* –, e os programas – *software*.

Programas mais sofisticados que exigem maior capacidade de processamento incentivam a indústria a desenvolver equipamentos mais potentes e clientes a adquiri-los. Como conseqüência, equipamentos mais potentes incentivam o desenvolvimento de programas mais sofisticados, que exigem maior capacidade de processamento.

Para entender a relação de competição na indústria, os autores sugerem o estudo da Rede de Valores (*Value Net)* da empresa. Na Figura 5.7, no centro está a empresa; na linha vertical, os consumidores estão abaixo e os clientes estão acima; e na linha horizontal, evidenciam-se os competidores à esquerda e os complementadores à direita. Apresenta-se esse exemplo de análise de uma universidade como empresa.

Fornecedores: para uma universidade, aqueles que contribuem para seu funcionamento fornecendo materiais, serviços ou mão-de-obra podem ser entendidos como fornecedores. No exemplo destacam-se o corpo docente, que é remunerado para preparar e dar as aulas, o pessoal administrativo, que fornece suporte na manutenção da escola e até as editoras que fornecem livros, jornais e demais serviços on-line.

Clientes: dentre os clientes, podem-se citar os estudantes, entendidos como os consumidores imediatos da oferta de ensino na sala de aula, seus pais, que podem estar financiando o investimento necessário e nutrem perspectivas sobre a realização e o sucesso dos filhos, o governo e as empresas, que precisam de funcionários bem preparados, e os doadores de fundos às escolas.

Competidores: como competidores, de imediato, são citadas outras faculdades que realizam uma oferta similar, empresas que podem oferecer treinamentos, hospitais e museus que podem competir por doações.

Complementadores: os complementadores são aqueles que, dependendo do foco de atenção, não disputam diretamente a oferta da universidade, mas têm interesses comuns e apresentam ganhos com a atividade da universidade. Os complementadores podem ser entendidos em linguagem biológica como aqueles que apresentam uma relação de simbiose. Dentre eles, no exemplo, podem-se citar outras escolas que, apesar de à primeira vista serem competidores, podem trabalhar em conjunto para o crescimento do setor – não é raro empresas de uma mesma indústria, mesmo sendo grandes rivais, fundarem associações que defendam seus interesses comuns; a indústria de computadores e programas, companhias aéreas, hotéis, moradia, atividades culturais, bares e restaurantes, lojas de cópias são exemplos disso.

Assim, a utilização desse modelo de análise permite um entendimento **mais amplo ainda** da empresa e sua indústria, se adicionado à abordagem realizada pelo modelo de atratividade da indústria proposto por Porter.

Figura 5.7: Rede de valores

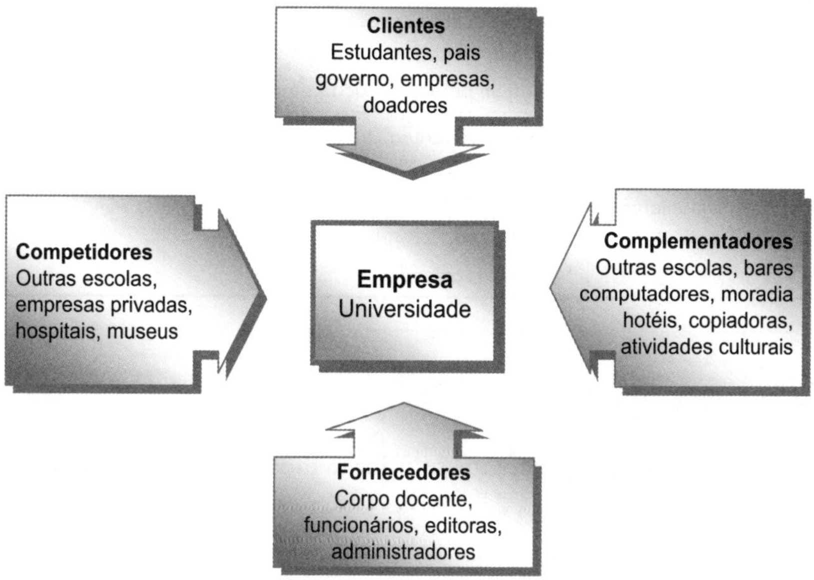

5.7.1 Parcerias estratégicas

Dados o entendimento e a determinação das possibilidades de cooperação entre as empresas quando da análise da indústria sob estudo, como conseqüência da utilização desse modelo, pode-se obter um cenário das possibilidades do desenvolvimento das parcerias estratégicas.

5.7.2 Produto da análise

Ao final, deve-se poder construir um quadro referencial da identificação dos complementadores, que deve reunir os principais aspectos apreendidos das diversas dimensões, que auxiliarão na construção do QRDN, não se limitando aos apresentados no quadro abaixo.

Quadro 5.7: Referencial da oferta e concorrência

Dimensão	Aspectos abordados	Identificação das empresas
Serviços complementares	Restaurante – Valet Service Faculdade – Copiadora Governo - Empreiteiras Hotelaria – Feiras e eventos Passagem aérea – locação de automóvel	
Produtos complementares	Sorvete – cobertura Automóveis – som automotivo Imóveis – Mobiliário Locação DVD – venda eletrônicos Vestuário – calçados	

5.8 Macroambiente

No processo científico, procuram-se utilizar modelos que assumam relações de causa e efeito.

Ao estudar os elementos do macroambiente que apresentem relevância para a indústria em foco, procura-se descobrir quais são os elementos agregados que guardam uma correlação positiva ou negativa com os resultados da indústria, por que se dá essa relação e quais as implicações de suas flutuações.

O objetivo dessa análise é a determinação das variáveis exógenas que influenciam a indústria, que, se forem previstas, poderão auxiliar na determinação de tendências, quer sejam de curto, médio ou de longo prazo, e os vários aspectos que auxiliarão na determinação de risco ou oportunidades, ou seja, procurar-se-á determinar para onde caminha essa indústria.

Inicia-se o estudo pelo ambiente sociocultural para, primeiro, entender os motivadores de compra. Pode-se explorar o lado das relações sociais e psicológicas dos indivíduos e de seus agrupamentos, se podem ou não ter sido influenciados pela distribuição geográfica, religião comum, classe social, dentre outras.

Passa-se para o estudo dos ambientes demográficos e econômicos, pois são as principais fontes de informações sobre a qualificação e quantificação da demanda de mercado.

Depois, estuda-se o ambiente tecnológico, pois a tecnologia, com seu rápido desenvolvimento, tem sido um dos principais agentes inovadores e perturbadores do ambiente, podendo tanto promover a criação de uma nova[15] indústria como a alteração de outra já estabelecida.

Os ambientes político-legais, que fornecem um conjunto de restrições e incentivos às relações produtivas comerciais, e o ambiente natural, que cresce de importância na medida que vem se ampliando o conhecimento humano e a consciência das conseqüências de sua inter-relação com o meio ambiente.

5.8.1 Ambiente sociocultural

A economia e os mercados estão imersos em relações sociais. Fatores socioculturais moldam esses relacionamentos por meio das crenças, valores e normas individuais e coletivas, pessoais e das empresas, podendo ser exercidos de forma consciente ou inconsciente. Compreendê-los faz parte de um entendimento mais amplo do ambiente.

Dentre os fatores do ambiente sociocultural podem-se citar os conjuntos de crenças, percepções, visões que o indivíduo tem de si próprio, de outras pessoas, das organizações, da sociedade, da natureza, do universo, das religiões, dos hábitos e das tradições.[16]

[15] Uma nova tecnologia pode tanto representar a possibilidade do início de uma nova indústria e, conseqüentemente, uma oportunidade (ou ameaça) para o ingresso de interessados nesta nova indústria; como os produtos resultantes dessa nova indústria podem representar oportunidades (ou ameaças) para quem desejar utilizá-la como nova ferramenta em outra indústria.

[16] Ver no Anexo do Cap. 5 – item 5.8.1: Como uma mudança comportamental, mesmo que não se saiba suas origens, pode influenciar a indústria? Há condições de antecipar essas mudanças e tendências? Qual a velocidade de resposta dessa indústria? Ainda, no Anexo do Cap. 5 – item 5.8.1: Como uma empresa de atuação global deve estudar as questões culturais para que seja bem-sucedida em um novo mercado? Ver o caso da Pizza Hut, que depois da entrada no mercado brasileiro, teve de rever sua estratégia de atuação, adequando oferta ao mercado local, em uma indústria, a da alimentação, na qual a cultura exerce uma forte influência no consumo. Disponível em: www.saraivauni.com.br.

5.8.2 Ambiente demográfico

O ambiente demográfico pode ser entendido como o estudo do perfil das pessoas constituintes da população. Para as empresas voltadas ao cliente final, o estudo da população traz informações sobre tamanho e demais características do mercado.

Dentre as informações demográficas, encontram-se o tamanho e a taxa de crescimento da população, a distribuição das faixas etárias, o tamanho das famílias, a expectativa de vida, os níveis de instrução e grau escolaridade, a renda *per capita*, a renda familiar, a distribuição geográfica de residências e trabalho, sexo e etnia.[17]

5.8.3 Ambiente econômico

O poder de compra de cada população depende de sua renda, dos preços dos produtos e serviços, da poupança, do endividamento e da disponibilidade de crédito.

O desempenho da empresa pode depender da atividade geral da indústria em que ela está. Há vários índices que medem o desempenho de uma indústria fornecidos pelas entidades de classe ou órgãos públicos, por exemplo, no caso da indústria automobilística, aqueles fornecidos pela Anfavea:[18] produção por empresa, tipo de produto, modelo, combustível, exportações por empresa, vendas internas no atacado por empresa etc. Há outros índices de mercado que também podem ser utilizados para medição do desempenho da indústria, mesmo que de forma indireta. No exemplo da indústria automotiva, poderiam ser citadas as taxas de juros de financiamento, cambial, variação do poder de compra etc.

É importante que haja um entendimento da indústria em que a empresa se insere e dos fatores relevantes para conhecer esse ambiente. Por meio do acompanhamento da evolução e previsão de evolução dos índices pertinentes, ou seja, das tendências, busca-se inferir o futuro das condições do ambiente econômico da empresa.

Dentre as informações econômicas, pode-se citar o crescimento da renda familiar, a evolução e volatilidade da taxa de câmbio, a evolução das taxas de juros, a pesquisa de

[17] Ver Anexo do Cap. 5 – item 5.8.2: Como os movimentos das diversas faixas etárias no mercado de trabalho podem influenciar comportamentos de consumo, trazendo incremento ou diminuição na demanda por certos produtos, influenciando diversas indústrias? Determinar suas conseqüências, oportunidade e ameaças é a missão do estrategista. Ver o que acontece com a previdência no Brasil e no mundo. E ainda, ver Anexo do Cap. 5 – item 5.8.2: Por meio dos diversos segmentos demográficos, tais como idade, renda, local de trabalho ou residência, ver como é possível entender movimentos de consumo, que influenciam uma indústria. Na notícia, procura-se relacionar o segmento de marcas próprias ao segmento de renda do grupo cliente. Disponível em: www.saraivauni.com.br

[18] Anfavea: Associação Nacional dos Fabricantes De Veículos Automotores.

orçamento familiar (POF), o saldo da balança comercial, o fluxo de importações e exportações, o aumento da participação dos impostos no PIB – Produto Interno Bruto.[19]

5.8.4 Ambiente tecnológico

A tecnologia é uma das principais alavancas do aumento de produtividade, afetando a taxa de crescimento da economia de forma direta. Ela também é uma das maiores promotoras de inovações e alterações no mercado.

A tecnologia tanto pode ser vista como uma nova indústria emergente, que abre novas possibilidades de negócios, como produtora de soluções a serem adotadas em diversas indústrias, que, num primeiro momento, serão motivo de vantagem competitiva, e, posteriormente, uma condição necessária de sobrevivência da empresa, reconfigurando o perfil dessa indústria no futuro.

Dentre os principais fatores de influência da tecnologia, podem ser citadas a aceleração no ritmo das mudanças tecnológicas, as oportunidades ilimitadas para inovação, a variação nos orçamentos de P&D, a regulamentação mais rigorosa.[20]

5.8.5 Ambiente político-legal

O ambiente político-legal é formado por leis, órgãos governamentais e grupos de pressão. As leis incentivam, influenciam e restringem a ação de organizações e dos indivíduos. O entendimento de seu conjunto, em dado momento, permite o entendimento dos caminhos possíveis.

[19] Ver Anexo do Cap. 5 – item 5.8.3: por essa notícia, procure entender como a taxa de câmbio pode interferir no saldo do balanço comercial, na pauta de exportação e importação e na inserção da economia brasileira no cenário mundial. Ver também Anexo do Cap. 5 – item 5.8.3: procure identificar e compreender as relações entre os diversos fatores, tais como taxa de câmbio, renda, massa salarial, crédito, consumo interno e consumo externo, dentre outros. Ainda, ver Anexo do Cap. 5 – item 5.8.3: como o incremento na oferta de crédito e da redução de juros alterou o perfil de consumo dos vários segmentos de oferta realizada pela indústria automobilística? E Anexo do Cap. 5 – item 5.8.3: evite cair na armadilha a que muitos textos de marketing e negócios podem induzi-lo. Comparações entre diversos mercados ou países sobre o consumo *per capita* de produtos podem levar a crer que apenas o diferencial de consumo pode ser considerado uma oportunidade não explorada. Fique atento e verifique quais as razões para que haja esse diferencial. Dentre elas, pode-se citar renda, cultura. Disponível em: www.saraivauni.com.br.

[20] Ver Anexo do Cap. 5 – item 5.8.4: nesse exemplo, sobre nanotecnologia, veja como progressos na ciência e na tecnologia criam novas oportunidades de negócios em indústrias a serem desbravadas. Ainda, ver Anexo do Cap. 5 – item 5.8.4: não basta ter a melhor idéia ou revolução tecnológica. Quais os demais fatores no desenvolvimento de uma empresa ou unidade de negócio que devem ser considerados para a obtenção de sucesso? Disponível em: www.saraivauni.com.br.

Entretanto, os órgãos governamentais e os grupos de pressão podem proporcionar a alteração das leis, afetando o ambiente institucional, criando para alguns novas oportunidades e negócios e para outros novas ameaças.

A análise das forças presentes na arena em questão, dos caminhos que se tomarão e das conseqüências para o empreendimento em estudo, é a essência do estudo do ambiente politico-legal.

Dentre alguns fatores de influência, podem ser citadas a legislação trabalhista brasileira, a de emissão de poluentes na indústria automobilística, a legislação antitabagista, que influencia a indústria de cigarros.[21]

5.8.6 Ambiente natural

Com o aumento da população e da atividade econômica, cada vez mais os recursos naturais são utilizados e o meio ambiente é exigido. Assim, tem se tornado freqüente a preocupação com a deterioração do ambiente natural. Além do poder público, é crescente a pressão de grupos organizados não governamentais no monitoramento de empresas para que não prejudiquem o meio ambiente.

O desenvolvimento auto-sustentado diz respeito à possibilidade de crescimento econômico, de tal forma que não seja obtido por prejuízos ambientais, gerando um passivo para a população, que, em alguns casos, possui um valor negativo superior àquele valor positivo gerado pela atividade econômica em foco.

Também diz respeito ao estudo das conseqüências negativas da atividade da empresa que podem inviabilizar o negócio completamente devido ao alto custo de implantação.

[21] Ver Anexo do Cap. 5 – item 5.8.5: entenda como políticas públicas podem interferir no desenvolvimento e na evolução de regiões e indústrias ao longo de várias gerações. As políticas públicas brasileiras são a causa ou o efeito da sua evolução econômica? No exemplo, qual o benefício almejado e qual o efetivamente realizado com a controversa reserva de mercado da informática? Ver ainda Anexo do Cap. 5 – item 5.8.5: como a atuação do Estado, quer seja na política tributária, quer seja na capacidade de incentivar a aplicação da lei, pode promover ou retardar o crescimento de uma indústria. E Anexo do Cap. 5 – item 5.8.5: no exemplo, perceba como, se por um lado, a proteção de parte de uma cadeia de produção traz benefícios para aquele segmento específico, por outro, pode trazer atrasos em demais segmentos da mesma cadeia ou até para a sociedade como um todo. Ver também que, com o incremento da globalização dos mercados, o produtor local, mundialmente menos eficiente, não sofre competição apenas no mercado interno, mas principalmente nos mercados internacionais. Os Estados, por conseqüência, devem compreender que competem em propiciar plataformas institucionais que permitam maior incentivo à produção. Disponível em: www.saraivauni.com.br.

Dentre os principais aspectos de estudo de ambiente natural, devem ser levados em consideração a utilização de matérias-primas, os custos de energia, os níveis de poluição e a mudança no papel do poder público e das organizações não-governamentais.[22]

5.8.7 Cuidados no uso da ferramenta

A correta identificação dos elementos que apresentam relacionamento relevante com a indústria permite um entendimento mais profundo da indústria em questão.

Ela, porém, deve ser embasada à escolha de determinado elemento. Dados numéricos podem ser correlacionados. Aquelas séries que apresentem alto valor de correlação podem indicar que as variáveis sob estudo apresentam relação de influência, que deve ser verificada para não haver um relacionamento espúrio, ou seja, mesmo apresentando evidência numérica, isso pode se dar por um fenômeno de coincidência.

Também, deve-se atentar para que não sejam escolhidas variáveis que apresentam dados semelhantes, apenas com leves alterações, pois, na realidade, no afã de mostrar uma grande variedade de informações no plano de negócios, pode-se na verdade estar mostrando dados de um mesmo evento.

Exemplo: imagine que no cenário macroeconômico de um plano seja mostrada a evolução da inflação e seu impacto na indústria da construção civil. Caso o plano apresente vários índices de taxa de inflação e o desempenho da indústria, não se está, na realidade, enriquecendo o trabalho, muito pelo contrário, esse excesso de informações repetidas, além de não ampliar o horizonte de conhecimento, pode confundir o leitor, afinal o Plano não é sobre os diversos métodos de cálculo de inflação.

Deve-se prestar mais atenção ainda nas variáveis qualitativas, pois a relação entre estas não é tão evidente se comparadas às variáveis quantitativas.

5.8.8 Produto da análise

Analisa-se aqui a construção de um cenário que serve ou atende como arcabouço para a indústria sob estudo. Esse ambiente se constitui dos elementos que apre-

---

[22] Ver Anexo do Cap. 5 – item 5.8.6: como a preocupação com o meio ambiente pode criar oportunidades de mercado? Nas notícias, discute-se o crescimento do mercado de carbono. Ver também Anexo do Cap. 5 – item 5.8.6: aborda-se a questão do meio ambiente e de sua influência nas novas oportunidades geradas no mercado de trabalho e na mudança nas culturas empresarial e do mercado consumidor. Disponível em: www.saraivauni.com.br.

sentam relacionamento relevante, ou correlação, do macroambiente para com a indústria sob estudo e, por conseqüência, a empresa em questão.

Esse relacionamento pode se dar quantitativamente por meio de dados numéricos diretos ou indiretos, que sejam passíveis de análise e interpretação, ou por dados qualitativos.

Enfim, deve-se entender o que do macroambiente deve ser estudado e por quê.

Uma ilustração que abrange os ambientes estudados é bem representada pela Figura 5.8, que traz um exemplo do cenário apresentado em um trabalho sobre a agroindústria brasileira (GASQUES *et al.*, 2004, p. 7), mostrando a inter-relação de parte do macroambiente, aqui caracterizado como ambiente institucional, com o microambiente interno, aqui caracterizado como ambiente organizacional, e com o sistema de valores dessa indústria.

Ao final, deve-se construir um quadro referencial da identificação dos fatores macroambientais relevantes (veja o Quadro 5.8), que deve reunir os principais aspectos apreendidos das diversas dimensões, que auxiliarão na construção do QRDN, não se limitando aos apresentados no exemplo dado.

Figura 5.8: Cadeia do agronegócio – Macroambiente e microambiente

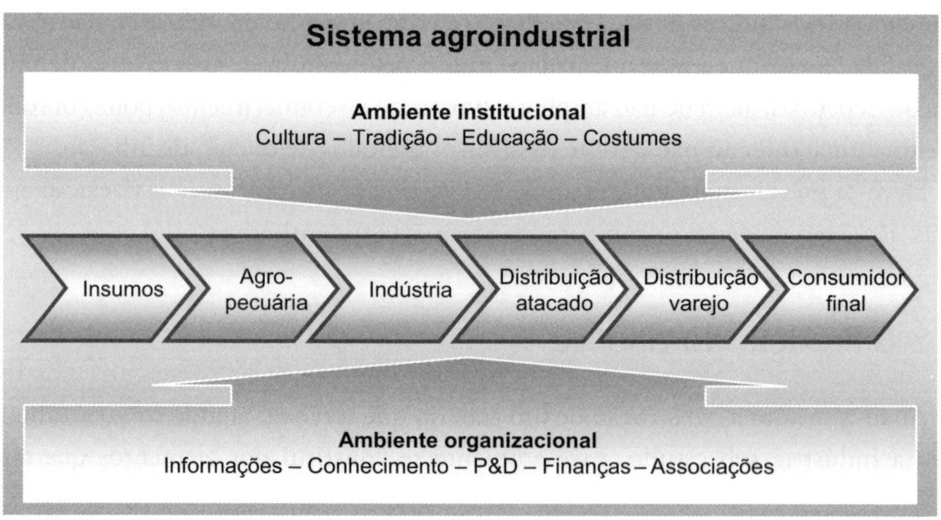

Fonte: Zylberstain e Farina, 1997, *apud* Waack e Terreran, 1998.

Quadro 5.8: Referencial de identificação dos fatores macroambientais relevantes

Dimensão	Aspectos abordados	Conseqüência
Ambiente sociocultural	Motivadores de compra Comportamento do consumidor Hábitos de consumo Critérios de escolha Moda Luxo Religiosidade Cuidados com o corpo Educação Esporte Música	
Ambiente demográfico	Renda familiar Pirâmide etária Taxa de crescimento da população Distribuição geográfica da população Adensamento da população Perspectiva de vida Escolaridade Taxa de analfabetismo	
Ambiente econômico	PIB *per capita* Distribuição de renda Extratos de renda da população POF – perfil de orçamento familiar Crescimento da indústria Balanço comercial Contas públicas Taxa de câmbio Taxa de juros Taxa de inflação Investimento estrangeiro Agronegócio, Serviços, Indústria	
Ambiente tecnológico	Índice de automação da indústria Disponibilidade de tecnologia Desenvolvimento de tecnologia	
Ambiente político-legal	Influência do Estado Sistema jurídico Poder das ONG´s Poder dos *stakeholders*	

Dimensão	Aspectos abordados	Conseqüência
Ambiente natural	Tratamento de dejetos Corte de árvores Utilização da água Poluição da atmosfera Poluição sonora Utilização dos recursos naturais Relatório de impacto ambiental Zona de proteção natural	

5.9 Microambiente – ambiente interno

Após estudar os ambientes externos à empresa, será abordado agora o microambiente interno à empresa. Essa abordagem considera os recursos internos, as capacidades e competências essenciais, que, apesar de não apresentarem um valor intrínseco, apresentam valor quando vistos pela sua possibilidade de geração de uma vantagem competitiva para a empresa, auferindo retornos superiores à média.

Essa abordagem é valiosa tanto para futuras empresas a operar, pois orientam o leitor nos itens que devem ser relevados, como para a situação do estudo de uma empresa existente.

5.9.1 Teoria baseada em recursos

Segundo a teoria neoclássica econômica, os recursos da empresa "trabalho e capital" são fatores de produção nos quais todos os recursos são perfeitamente homogêneos e móveis, ou seja, cada unidade de trabalho e capital é idêntica às outras unidades e todas as unidades podem se movimentar sem restrição entre as empresas e pelas indústrias (HUNT, 2000, p. 75). Por meio dessa abordagem, as empresas são vistas como combinadoras de recursos homogêneos por intermédio de conhecimentos e funções de produção padronizadas.

Contrariamente, a tese fundamental da teoria baseada em recursos é que os recursos utilizados pelas empresas são: (i) significativamente heterogêneos entre as empresas; e (ii) imperfeitamente móveis.

A heterogeneidade dos recursos indica que cada empresa possui um conjunto deles que é, ao menos de alguma forma, único.

A imperfeição da movimentação implica que os recursos das empresas, em vários graus, não são comum, fácil ou rapidamente comprados e vendidos no mercado. Devido à imobilidade, a heterogeneidade dos recursos pode persistir pelo tempo, apesar das tentativas das empresas para adquirir os mesmos recursos de competidores bem-sucedidos.

A teoria baseada em recursos na estratégia de negócios tem suas raízes no trabalho de Penrose (1959). Para a autora, a empresa é uma "colecionadora de recursos de produção", e que "nunca são os recursos em si que são os *inputs* para os processos de produção, mas apenas os *serviços* que os recursos podem propiciar" (p. 24-25).

Analisando os recursos como conjuntos de possíveis serviços que uma entidade pode proporcionar, a autora argumenta que "é a heterogeneidade [...] dos serviços produtivos disponíveis, ou potencialmente disponíveis, dos seus recursos que fornecem a cada empresa seu caráter único" (PENROSE *apud* HUNT, 2000, p. 75).

A teoria baseada em recursos procura, assim, explicar por que empresas que operam na mesma indústria apresentam resultados diferentes em sua eficiência.

Em seu cotidiano, "as empresas na mesma indústria competem com, substancialmente, conjuntos de recursos diferentes usando diversas abordagens. As empresas diferem devido às diferentes histórias de escolha estratégica e desempenho e porque o gerenciamento, aparentemente, procura posições competitivas assimétricas" (RUMELT, 1984, p. 559).

Recursos

Os recursos podem ser definidos como ativos tangíveis e intangíveis, estando ligados semipermanentemente às empresas, por exemplo, marcas, habilidades dos funcionários, maquinário e contatos comerciais.

Caso seja perguntado sob quais circunstâncias um recurso levará a altos retornos no decorrer de longos períodos de tempo, Wernerfelt (1984) responderia que a lucratividade superior resulta somente quando há algo sobre o recurso que pode constituir uma barreira às tentativas dos rivais na aquisição daquele recurso, imitação ou substituição.

Os recursos das empresas podem ser, de forma útil, categorizados entre aqueles que são:

- comercializáveis – trabalho sem habilidade, matéria-prima bruta, partes padrão de maquinaria; e
- não comercializáveis – habilidades específicas da empresa, reputação por qualidade, lealdade dos funcionários, capacidade de pesquisa e desenvolvimento, lealdade à marca e confiança junto aos clientes (DIERICKX e COOL, 1989).

Enquanto os recursos comercializáveis podem ser adquiridos rápida e facilmente como fatores de mercado, ou seja, são móveis, os ativos não comercializáveis devem ser desenvolvidos, acumulados e mantidos ao longo do tempo, ou seja, são imóveis.

Os recursos da empresa também podem ser entendidos como "incluindo todos os ativos, capacidades, processos organizacionais, atributos da empresa, informação, conhecimento etc. controlados pela empresa, que habilitam a empresa a conceber e implementar estratégias que aumentam a sua eficiência e efetividade" (BARNEY, 1991, p. 101).

Se todas as empresas em determinada indústria tivessem forma homogênea e recursos perfeitamente móveis, então todas elas implementariam as mesmas estratégias de forma igual e nenhuma apresentaria uma vantagem competitiva. Assim, somente sendo heterogêneas, imperfeitamente móveis e distribuídas entre os rivais de forma assimétrica, podem gerar vantagem competitiva e desempenho financeiro superior, que é o que se observa na prática.

Capacidades

As capacidades podem ser entendidas como a habilidade que a empresa tem de organizar os recursos intencionalmente, a fim de alcançar um objetivo.

As capacidades surgem com o tempo por meio de interações complexas entre recursos tangíveis e intangíveis (HITT *et al.*, 2005).

Como exemplo de capacidade, pode-se citar o conhecimento possuído pelo capital humano da empresa, sendo considerada pelos líderes de negócios uma das mais significativas de uma organização (HITT *et al.*, 2005).

As capacidades apresentam o potencial de criar vantagem competitiva sustentável, caso sejam utilizadas de forma arguta e inteligente dentro do processo estratégico.

Vantagem competitiva

Como visto anteriormente, entretanto, a imobilidade e heterogeneidade não podem garantir uma vantagem competitiva sustentável. A sustentabilidade acontece apenas quando os rivais encontram dificuldades tanto em imitar a vantagem competitiva que os recursos produzem como em desenvolver e adquirir substitutos estratégicos para isso.

Por exemplo, se a tecnologia física é, em geral, facilmente imitável, isso não ocorre com os recursos socialmente complexos, como aqueles que permitem a uma organização conceber, escolher e implementar estratégias por seus valores, crenças, símbolos e relacionamentos interpessoais com os indivíduos ou grupos.

Recursos *versus* organização industrial

A teoria baseada em recursos é comparável à economia organizacional industrial (OI) na medida que ambas vêem o retorno persistente acima do normal como sendo possível.

No entanto, essas teorias diferem pois:

- as restrições na oferta por meio de ações de conluio, monopolísticas ou de barreiras de entrada artificiais não são as fontes primárias de desempenho superior;
- a empresa, e não a indústria, é a unidade apropriada de análise para o entendimento de desempenho superior;
- a estrutura da indústria, aqui, não determina o comportamento da empresa (CONNER, 1991).

Terminologia

Para melhor entendimento são apresentadas, a seguir, algumas das definições utilizadas.

- Recursos tangíveis: são os bens que podem ser vistos e quantificados.
- Recursos intangíveis: incluem bens que se encontram profundamente enraizados na história da empresa, que se acumularam com o passar do tempo.
- Capacidades valiosas: são aquelas que geram valor para a empresa, porque exploram oportunidades ou neutralizam ameaças em seu ambiente externo.
- Capacidades raras: são aquelas que nenhum outro ou poucos concorrentes atuais ou em potencial possuem.

- Capacidades difíceis de imitar: são aquelas que outras empresas não conseguem desenvolver com facilidade.
- Capacidades insubstituíveis: são aquelas que não possuem equivalentes estratégicos (HITT *et al.*, 2005).

5.9.2 Teoria baseada em competências

Uma segunda teoria de fatores internos na estratégia de negócios é baseada na competência, que pode ser considerada uma extensão lógica da teoria baseada em recursos. O termo "competência distinta" tem suas raízes nos trabalhos de Selznick (1957) e foi utilizado por Andrews (1971) e seus colegas no modelo SWOT, referindo-se àquilo que a organização poderia fazer particularmente bem em comparação a seus competidores.

No entanto, com a ênfase no planejamento estratégico formal e na análise de portifólio, nas décadas de 1960 e 1970, e nos fatores externos da indústria, na década de 1980, a atenção para aquilo que as empresas, individualmente, poderiam fazer muito bem, ou pelo menos aceitavelmente, se esvaiu.

Hamel e Prahalad (1989) realizaram uma retrospectiva no campo da estratégia de negócios e descobriram que as teorias de estratégias baseadas em assunções estáticas, recursos existentes, análises da indústria, de portifólio e planejamento formal apresentavam doenças gerenciais estratégicas.

Para eles, a "essência da estratégia baseia-se na criação da vantagem competitiva de amanhã mais rápido do que os competidores possam copiar aquelas que você possui hoje". O que implica investir em competências essenciais porque "a capacidade de uma organização em implementar habilidades existentes e aprender novas é a maior defesa de todas de uma vantagem competitiva" (p. 69).

Competências essenciais[23]

Para ao autores Prahalad e Hamel (1990), a "empresa" deveria ser vista tanto como uma colecionadora de produtos ou unidades de negócios como uma colecionadora de competências, porque, no longo prazo, a competitividade advém da habilidade em produzir a um menor custo e mais rapidamente do que os competidores.

Para que uma competência pudesse ser considerada *core*, ela deveria:

---

[23] Do inglês *core competence*.

- prover acesso a uma ampla variedade de mercados;
- fazer uma significante contribuição aos benefícios e percepções dos clientes;
- ser difícil de ser imitada pelos rivais.

Dado o passo acelerado da inovação e de outras mudanças ambientais, a empresa deve responder rapidamente ao seu ambiente e, nessa situação, emerge a importância das "capacidades dinâmicas".

Capacidades dinâmicas

As capacidades dinâmicas são definidas como sendo um subconjunto de competências e capacidades, que permitem à empresa criar novos produtos e processos e responder às circunstâncias de mercado que se alteram. A empresa deve desenvolver sua estratégia levando em consideração "o gerenciamento, os processos gerenciais e organizacionais, a sua posição presente e os caminhos disponíveis para isso", para os autores, a "posição" da empresa e "o conjunto atual de tecnologia e propriedade intelectual, assim como a sua base de consumidores à jusante e a relação à montante com os seus fornecedores (...) assim como suas alianças estratégicas com os competidores" (TEECE e PISANO, 1994, p. 541).

Na realidade, como uma de suas premissa iniciais, Hamel e Prahalad (1994a) afirmam: "a primeira premissa é que a empresa pode ser concebida como um portfólio de recursos (técnicos, financeiros, humanos e outros), assim como um portfólio de produtos ou de unidades de negócios focadas no mercado.

Para os autores, o ganho de produtividade em vantagem competitiva vem por meio da alavancagem dos recursos, que resultam de "mais eficazmente concentrar os recursos nas metas estratégicas chave (...) mais eficientemente acumular recursos (...) complementar recursos de um e outro tipo para criar valor de alta ordem (...) conservar recursos aonde possível e (...) rapidamente recuperar recursos através da minimização de tempo entre o gasto e o retorno" (HAMEL e PRAHALAD, p. 160).

No inicio da década de 1990, teóricos em estratégias de negócios estavam conscientes de que a teoria baseada em recursos e a teoria baseada em competências eram complementares.

Terminologia

Com relação à terminologia, a teoria baseada em competências iniciou uma tarefa importante no desenvolvimento adequado da conceituação de uma linguagem consistente internamente para a discussão da estratégia da empresa e da competição. Assim Sanchez, Heene e Thomaz (1996, p. 7-8) definem:

- Ativos: qualquer coisa tangível ou intangível que a empresa pode usar em seu processo de criar, produzir e/ou oferecer produtos, bens ou serviços para um mercado;
- Competência: a habilidade de sustentar o desenvolvimento coordenado dos ativos de tal forma que auxilie a empresa a atingir suas metas;
- Construção de competência: um processo pelo qual a empresa atinge mudanças qualitativas em seus estoques existentes de ativos e capacidades, incluindo novas habilidades para coordenar e desenvolver ativos novos ou existentes e capacidades que auxiliem a empresa a atingir suas metas;
- Alavancagem de competência: a empresa aplicando suas competências existentes a oportunidades novas ou vigentes de mercado, de tal forma que não sejam exigidas mudanças qualitativas nos ativos ou capacidades da empresa.

Ainda, os autores argumentam que "a empresa deve gerenciar as suas competências como um sistema e evitar o foco excessivo da atenção gerencial no desenvolvimento e gerenciamento de uma competência única, julgada por algum critério como sendo essencial" (p. 11).

Meta

Para as metas da empresa, a teoria baseada em competências vê a organização como possuidora de um conjunto complexo de metas estratégicas que devem ser gerenciadas de forma holística. Assim, a empresa busca sua meta, possui ativos tangíveis e intangíveis inter-relacionados num sistema aberto e é guiada por uma estratégia lógica.

A lógica estratégica da empresa "refere-se à racionalidade empregada explicitamente ou implicitamente por realizadores de decisão da empresa, em como os desenvolvimentos de recursos específicos são esperados no resultado de um nível aceitável na obtenção das metas da empresa" (SANCHEZ, HEENE e THOMAZ, 1996, p. 10).

Os processos gerenciais, então, incluem todas as atividades desenhadas para que a lógica estratégica seja conduzida. Na teoria baseada em competências, a tarefa-chave da gerência é "manter a efetividade da competência da empresa através da alavancagem e construção de projetos atingindo-se consistência da lógica estratégica ao longo da empresa" (SANCHEZ, HEENE e THOMAZ, p. 10).

Dinâmica competitiva

Dada a dinâmica competitiva, a teoria baseada em competências entende que pode até ocorrer na empresa um ambiente estático. Mais típico, entretanto, é o estado dinâmico, em que "os gerentes (...) alteram sua análise da lacuna[24] entre o estado percebido e aquele desejado, adequando as metas da empresa e iniciando uma ação de processo de fechamento de lacuna" (SANCHEZ, HEENE e THOMAZ, p. 13).

Nesses momentos de competição dinâmica, "as interações entre as empresas criam ambiente de competitividade dinâmica na medida em que elas buscam suas metas através da alavancagem e construção de competências, encontram-se, então, ligadas a um estado de empreendedorismo corporativo perpétuo, no qual o aprendizado contínuo sobre construir novas competências e alavancagem das competências existentes mais efetivamente torna-se a nova lógica dominante" (SANCHEZ, HEENE e THOMAZ, p. 14).

No entanto, para Hunt (2000), todas as empresas não podem ser simultaneamente superiores. As empresas não são vistas como entes passivos respondendo a mudanças ambientais ou procurando o melhor *fit*[25] entre recursos existentes e nichos de mercado. Em vez disso, as empresas estão freqüentemente agindo de forma proativa em relação a seu ambiente. Numa comparação, como se pulassem carniça em relação a seus competidores (uma passando pela outra, se adiantando à outra), as empresas realizam seus objetivos de retorno superior tornando a competição dinâmica e moldando seu ambiente. Assim, Hunt concorda com a teoria baseada em competências de que as empresas aprendem. O autor também argumenta que a empresa pode usufruir das integrações verticais e horizontais existentes ou factíveis.

Explicando, integrações verticais ocorrem quando a empresa absorve atividades à montante ou à jusante de sua atividade. Integrações horizontais ocorrem quando a empresa absorve atividades de empresas rivais, ou seja, concorrentes que realizam atividades similares.

5.9.3 Governança

Se, no início da história das empresas, a direção e a propriedade eram realizadas pelas mesmas pessoas, com o passar do tempo e o crescimento das empresas, ocorreu uma separação entre a propriedade e o controle.

---

[24] Do inglês, *gap analysis*.

[25] Acerto, combinação.

A separação entre controle e propriedade permite que indivíduos especializados e mais bem preparados conduzam a administração da empresa, enquanto os proprietários e os investidores usufruam dos benefícios e corram os riscos de sua propriedade.

Há situações em que ocorre a propriedade sem necessariamente haver interferência em sua gerência, quando um indivíduo possui ações de uma empresa sem possuir qualquer poder de decisão sobre ela. Nessas condições de separação entre poder e posse surge a relação de agenciamento.

A relação de agenciamento existe quando uma ou mais pessoas (o outorgante ou outorgantes)[26] contratam uma ou mais pessoas (o agente ou agentes)[27] como especialistas em tomada de decisões para executar um serviço (HITT *et al.*, 2005).

A relação de agenciamento pode gerar conflitos de interesses. O investidor e o proprietário podem ter maior interesse no incremento e perpetuação dos lucros e dividendos, enquanto o gerente pode estar interessado no incremento e perpetuação de seus ganhos, por exemplo, objetivando seu salário e bonificações.

Para que os interesses entre as partes estejam alinhados, são criados mecanismos de governança. Dentre eles, pode-se citar a realização de parte da remuneração do agente por meio de bônus de desempenho, alinhados às metas dos outorgantes, assim como pela organização e implementação de conselhos de administradores compostos de membros da empresa internos e externos, desde que indicados para isso pela direção.

5.9.4 Estratégia cooperativa

Procurou-se até aqui abordar a questão da vantagem competitiva e da competitividade estratégica focando a competição entre as empresas. Mas, apesar de ainda considerar-se o ambiente competitivo, nem todas as empresas no entorno devem ser consideradas rivais.

Quando abordou-se a questão da complementaridade, deixou-se indicada a possibilidade da cooperação entre as empresas, sem esquecer que seu objetivo é a obtenção, manutenção e incremento da vantagem competitiva.

Assim, serão vistas agora as possibilidades de estratégia cooperativa.

---

[26] *Principal,* em inglês.

[27] *Agent,* em inglês.

As **alianças estratégicas** são parcerias entre empresas, em que seus recursos, capacidades e competências essenciais são combinados para perseguirem interesses mútuos ao projetar, manufaturar e distribuir bens ou serviços.

As mais comuns são a joint-venture, aliança estratégica acionária ou aliança estratégica sem participação acionária.

- Joint-venture ocorre quando duas ou mais empresas criam uma companhia independente combinando partes de seus ativos.
- Aliança estratégica acionária ocorre quando um novo empreendimento é formado com sócios que possuem diferentes participações do capital social.
- Alianças sem participação acionária ocorrem por meio de acordos contratuais realizados para que uma companhia forneça, produza ou distribua bens e serviços de uma empresa, sem que haja compartilhamento do capital social (adaptado de HITT, 2005).

Há inúmeras razões pelas quais as empresas desenvolvem alianças estratégicas.

Citando algumas, elas podem ter interesse em: desenvolver essas práticas para manter a estabilidade de mercado, por meio da criação de padrões de produção que detêm; ganhar poder de mercado, quando combinam entre si para evitar a supercapacidade ou quando necessitam se reunir para fazer aportes de capital; agilizar a entrada em novos mercados ou mesmo desenvolver novos produtos.

As **alianças estratégicas complementares** são criadas para aproveitar oportunidades de mercado nas quais os ativos da empresa sócia são combinados de uma forma complementar com o intuito da criação de novo valor. Essas alianças podem ser verticais ou horizontais.

- As alianças complementares verticais ocorrem quando parceiros concordam em combinar seus recursos e habilidades para criar valor em diferentes etapas da cadeia de valor. Como exemplo podem-se citar empresas que fornecem peças, quando uma montadora de aviões faz parcerias para o desenvolvimento de partes completas, quando uma empresa global de vestuário, calçados e equipamentos esportivos desenvolve parcerias para a fabricação dos diversos itens por meio de várias empresas ao redor do mundo.
- As alianças complementares horizontais ocorrem quando parceiros concordam em combinar seus recursos e habilidades para criar valor na

mesma etapa da cadeia de valor. Por exemplo, empresas concorrentes que se unem na criação de padrões de mercado, no desenvolvimento conjunto de tecnologia, para comercialização de seus produtos ou compra de insumos de forma conjunta.

Há muito o que se estudar sobre estratégia cooperativa, tanto em termos de amplitude como profundidade, entretanto, aqui, procurou-se, principalmente, realizar uma apresentação ao leitor.

5.9.5 Produto da análise

Nessa etapa, deve-se construir um quadro referencial da identificação dos fatores internos, que deve reunir os principais aspectos apreendidos das diversas dimensões, que auxiliarão na construção do QRDN, não se limitando aos apresentados no exemplo abaixo.

Quadro 5.9: Referencial de identificação dos fatores internos

Dimensão	Aspectos abordados	Identificação
Recursos comercializáveis	Matéria-prima bruta Mão-de-obra qualificada Equipamentos e maquinário Imóveis Frota de transporte	
Recursos não comercializáveis	Estrutura departamento vendas Cultura organizacional Conhecimento Reputação Lealdade dos funcionários	
Capacidades	Obtenção de financiamento Inovação de produtos Alcance na distribuição dos produtos	
Competências essenciais	Desenvolvimento de produtos Distribuição dos produtos Domínio sobre certa tecnologia	
Vantagem competitiva sustentável	Acesso a insumos Acesso à tecnologia Inovação	

Dimensão	Aspectos abordados	Identificação
Governança	Board de diretores Associação de bairro Associação de franqueados	
Estratégia cooperativa	Joint-venture Aliança estratégica acionária Parceria	

5.9.6 Análise da empresa existente

Aqui, serão abordadas as diferenças entre os planos de negócios voltados para novas empresas e os voltados para empresas existentes.

Como o gerenciamento estratégico está relacionado ao processo de escolhas, não há diferença entre a realização de um PN para uma empresa **nova ou existente**. Como as condições ambientais externas são comuns nos dois casos, a principal diferença entre esses dois tipos de planos é que, enquanto para o primeiro, a empresa em questão é um ente hipotético, ainda em concepção, para o último ela está *em operação*.

Assim, para a empresa existente é necessário que seus dados sejam pesquisados, analisados e incorporados ao trabalho.

Sua obtenção nem sempre é tão fácil:

- quer seja devido à dificuldade de coleta – pois os dados não estão disponíveis ou há descontrole administrativo da empresa;
- quer seja devido a fatores de confidencialidade – as informações obtidas e analisadas por meio do trabalho estarão disponíveis para o público em geral e para a concorrência em específico.

Entende-se que, ao estudar uma empresa, ela deva ser conhecida em profundidade, ou seja, alguns sintomas detectados em geral e no cotidiano poderão fornecer indicadores das áreas que merecem mais atenção.

Conhecendo-se seus problemas, define-se a área da empresa a ser abordada, realiza-se uma classificação e prioriza-se o que será atacado, dentro do processo estratégico.

Recomenda-se seguir a metodologia aqui mostrada, de forma a se obter um retrato amplo e fiel do que ocorre. Aí, elencam-se os problemas encontrados, traçam-se suas possíveis causas e interdependências e procuram-se soluções.

Veja o exemplo de um problema recorrente de uma abordagem errônea.

É comum, por exemplo, observar estudantes que desejam realizar um Plano de Negócios para estudar uma empresa existente, cujo tema aborde a *questão de reposicionamento de marca desta empresa*. Esse trabalho já **parte da conclusão** – adotar a solução do reposicionamento de marca. Para que essa ação, reposicionar a marca, seja realizada, deve estar claro para os administradores que esse é o problema a ser atacado; mais que isso, deve ser o problema escolhido para ser abordado dentre outros encontrados ao longo do trabalho, dado um quadro de restrições internas e externas à empresa.

Como já partir da solução se o problema não foi equacionado? Não se desenvolvem soluções para se encontrar problemas. Ao contrário, parte-se de um problema identificado para buscar soluções para ele!

Nesse caso, aqueles que desenvolvem os planos devem buscar melhorias nos vários processos estudados da empresa que possam apresentar problemas, quer sejam operacionais, produtivos, quer sejam administrativos, dentre outros.

Adicionalmente às ferramentas e modelos utilizados até o momento, podem-se utilizar mais duas ferramentas que auxiliarão no entendimento da empresa e do meio em que ela se encontra.

A matriz BCG, que estuda o portfólio de produtos dos concorrentes e da empresa sob estudo, e a análise SWOT, que avalia aspectos internos (pontos fortes e fracos) e externos (oportunidades e ameaças), positivos e negativos, respectivamente, da empresa e de seu ambiente.

Matriz BCG (Boston Consulting Group)

O estudo dos portfólios das diversas empresas em funcionamento que atuam em determinada indústria auxilia na compreensão dessa indústria. Serve também para se conhecer melhor a empresa em funcionamento sob estudo e alvo do plano, quando não se tratar de nova unidade de negócio ou empresa.

Apesar de vários modelos de avaliação de portfólios terem sido desenvolvidos nas décadas de 1960 e 1970, os mais proeminentes foram aqueles do Boston Consulting Group (BCG), matriz de crescimento de participação, e o General Eletric MacKinsey, matriz de posição de atração de negócios.

Observe-se, em especial, o modelo BCG.

O conceito-chave abordado pelo modelo BCG é a participação de mercado de um determinado produto ou unidade estratégica de negócio. Ou seja: as vendas de um determinado produto ou de uma unidade estratégica de negócio dividido pelas vendas da indústria como um todo.

Uma empresa pode ser vista como uma carteira de investimentos, também chamada de portfólio.

O portfólio da empresa é uma coleção das unidades estratégicas de negócios que formam a corporação, sendo seu modelo ótimo (ideal) aquele que combina perfeitamente as forças da empresa e ajuda a explorar as indústrias ou mercados mais atrativos.

Uma unidade estratégica de negócios pode ser tanto toda uma empresa de médio porte ou uma divisão de uma empresa maior, que formula a própria estratégia de negócios e tem objetivos independentes daquele da companhia matriz.

O objetivo da análise de portfólio é analisar os vários negócios correntes e permitir que se decida pela distribuição de investimentos por unidades de negócios. Também, desenvolver estratégias de crescimento por meio da adição de novos produtos e negócios ao portfólio e permitir a decisão de quais deverão ser ou não mantidos.

Segundo esse modelo, a participação de mercado é essencial, porque estudos empíricos mostram uma forte correlação entre a participação de mercado e o retorno sobre o investimento (ROI – *return on investment*) (BUZZELL, GALE e SULTAN, 1975; GALE e BRANCH, 1982; RAVENSCRAFT, 1983).

Além disso, uma participação alta de mercado para um forte competidor indica a possibilidade de apresentar um custo relativo menor devido ao efeito de experiência. Em outras palavras, assim que uma empresa desenvolve experiência na produção de um determinado produto, seus custos por unidade cairão por intermédio de uma taxa fixa.

Uma alta taxa de participação de mercado, ao longo do tempo, resultará em custos relativos menores por unidade, e o retorno sobre o investimento (ROI) será relativamente mais alto.

A construção da matriz de participação de crescimento – BCG – se dá por meio do desenho de cada produto da empresa em uma matriz, na qual o eixo Y é a taxa de crescimento das vendas de mercado, e o eixo X é a participação *relativa* de mercado do produto, ou seja, a participação de mercado do produto dividida pela participação de mercado *do maior* competidor.

- Altas taxas de crescimento de mercado são costumeiramente definidas como aquelas maiores do que 10% ao ano.
- Altas participações relativas de mercado dos produtos são maiores que 1,0.

Utilizando-se 10% de crescimento por ano e 1,0 de participação relativa, divide-se a matriz em quadrantes, resultando nas posições possíveis do produto, conforme representado na Figura 5.9.

Figura 5.9: Matriz BCG

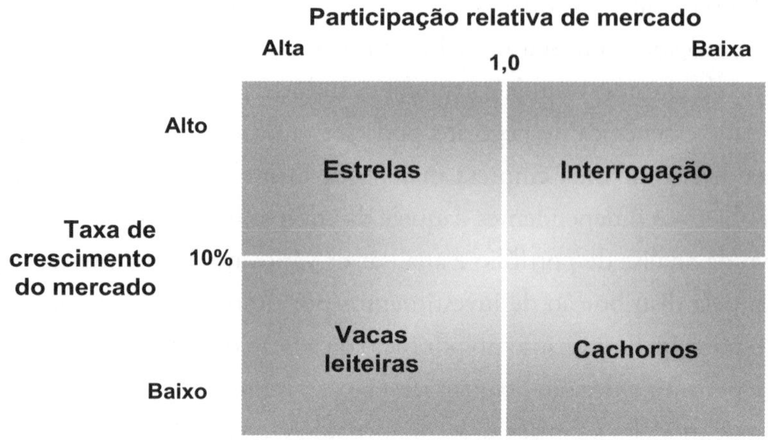

Fonte: BCG.

Os quatro quadrantes obtidos são denominados e mais bem detalhados como se segue:

Vacas leiteiras – alta participação e baixo crescimento:

Os lucros e a geração de caixas devem ser altos e, devido ao baixo crescimento, os investimentos necessários devem ser baixos. Esses produtos mantêm altos lucros, são a base da empresa.

Estrelas – alta participação e alto crescimento:

Utilizam grandes quantidades de caixa e são os líderes das empresas, gerando grandes quantidades de caixa. Apresentam um desempenho difícil no balanço do fluxo de caixa. Entretanto, caso seja necessário, deve-se procurar manter a participação, porque o retorno será uma vaca leiteira, caso a situação de mercado se mantenha.

Cachorros – baixa participação e baixo crescimento:

Deve-se evitar e minimizar o número de cachorros na empresa. É importante prestar atenção aos planos de mudança caros que consomem muito caixa. Recomenda-se sua liquidação.

Interrogação – baixa participação e alto crescimento:

Apresentam a pior característica de caixa de todos, devido às altas demandas e aos baixos retornos, conseqüência da baixa participação de mercado. Caso não seja realizado um esforço de mudança na participação de mercado, as interrogações vão simplesmente absorver grandes quantidades de caixa e, depois, caso o crescimento cesse, poderão se tornar cachorros. Invista muito ou venda, ou invista nada e gere o caixa que puder.

Estratégias

Tendo-se apresentado suas características, passa-se às análises que esse modelo possibilita realizar.

A análise estratégica do portfólio de uma empresa se processa por meio da realização de várias etapas:

- primeiro, procura-se conhecer o balanço de portfólio. Portfólios balanceados têm poucas interrogações e cachorros, e a maior parte das vendas vem de produtos líderes, classificados como vacas leiteiras.
- após, procura-se observar as tendências. As tendências podem ser identificadas pela comparação da matriz atual com uma matriz construída num período de três a quatro anos no passado.
- desenvolve-se uma matriz com o objetivo de cobrir um período de três a cinco anos e escolhe-se uma estratégia para cada produto.

As estratégias tradicionais que podem ser escolhidas são:

- manter a participação de mercado;
- construir mais participação de mercado;
- *harvesting* ou colheita (colher os frutos do investimento passado, cessando sua continuidade);
- *withdrawal* ou liquidação (encerramento dessa linha).

A estratégia de manutenção da participação de mercado é apropriada para **vacas leiteiras**, uma vez que fornecem lucros regulares. Entretanto, tal manutenção desses produtos pode absorver o caixa necessário para novos investimentos.

A estratégia de crescimento de mercado é apropriada para **estrelas** e, em menor escala, para interrogações.

Estratégias de colheita e liquidação são apropriadas para algumas interrogações e para a maioria dos cachorros. Uma vez que **cachorros** significam gastos sem garantia de retorno, então, deve-se evitá-los e minimizar os existentes na empresa.

Para muitas organizações, considerar a participação relativa de mercado do produto como chave para a lucratividade faz sentido em uma estratégia voltada para a diminuição dos preços e construção de participação de forma rápida, buscando, assim, ganhar vantagens no efeito de experiência.

Algumas restrições de uso do modelo

O modelo BCG foi criado em um época em que as empresas apresentavam grande crescimento, pois a demanda crescia em ritmo acelerado. O foco era onde investir para produzir mais, vender mais e obter a liderança de mercado. Para um ambiente cujo crescimento não se dá de forma intensa, ou seja, como a grande parte dos setores produtivos atualmente, salvo alguns em que há uma tendência à micros-segmentação, várias das considerações utilizadas nesse modelo não cabem.

Pode-se citar algumas das limitações da matriz BCG, tais como:

- uma alta participação de mercado não pode ser considerada uma garantia de sucesso, nem se trata do único fator de sucesso;
- outros estudos mostram que a relação entre a participação de mercado e a lucratividade numa indústria pode apresentar uma correlação espúria ou discutível, ou seja, sem base estatística (JACOBSON, 1988; JACOBSON e AAKER, 1985).
- o crescimento de mercado não é o único indicador da atratividade do mercado;
- pode ocorrer de cachorros gerarem até mais caixa do que as vacas leiteiras. Isso pode ocorrer em uma empresa que tem como estratégia operar em determinado nicho de mercado. Mesmo que ela esteja em um setor que apresente baixo crescimento de mercado e baixa participação, pode ocorrer de apresentar margens acima da média. Para essa empresa, pode ser desinteressante ampliar sua participação de mercado, tornando-se uma vaca leiteira, pois isso pode acarretar a queda de sua margem e o aumento do risco.

Adicionalmente, a matriz BCG ajuda a entender alguns erros estratégicos freqüentes em *empresas existentes*. Se há apenas uma estratégia utilizada genericamente para toda a empresa, como uma meta de crescimento ou um retorno de capital geral, os seguintes cenários poderão ocorrer:

- as unidades de negócios vacas leiteiras atingirão sua meta de lucro facilmente, os gerentes terão um trabalho facilitado e serão bonificados. Pior, eles terão a tendência de reinvestir grandes montantes de caixa nessa unidade, que é madura e não apresenta tendência de crescimento;
- as unidades de negócio cachorro terão mais desafios. Os investimentos serão realizados com menor freqüência na expectativa de se dar uma virada no negócio;

- como conseqüência, as interrogações e as unidades de negócio estrela receberão investimentos medíocres. Assim, não terão chance de se tornarem novas vacas leiteiras.

Análise SWOT[28]

A estratégia moderna de negócios tem suas raízes nos trabalhos de política administrativa de Kenneth Andrews e seus colegas em Harvard (ANDREWS, 1971, 1980, 1987).

O modelo SWOT considera a *estratégia de negócios existentes* como a combinação que a empresa faz entre os recursos internos e suas habilidades, com as oportunidades e riscos existentes no ambiente externo. As boas estratégias, então, seriam aquelas que explicitariam uma boa combinação entre esses fatores. Tais estratégias procuram evitar as ameaças do ambiente, driblar pontos fracos internos e explorar as oportunidades por meio de pontos fortes ou competências distintas da empresa.

Se, em uma abordagem inicial, não teria sentido estudar pontos fortes e fracos de empresas que ainda não existem, aprofundando essa abordagem, consegue-se entender que o modelo SWOT pode ser utilizado, mesmo em uma situação de estudo da viabilidade de constituição de uma nova empresa, para mapear os pontos fortes e fracos das empresas que já participam da indústria em questão, de forma a permitir a construção de um quadro sinóptico, como parte do produto final para o posicionamento estratégico.

Nesse caso, ter-se-iam: **pontos fortes** como diferencial competitivo das futuras empresas rivais, evidenciando uma eventual barreira de entrada ao interessado; **pontos fracos** das empresas pertencentes à indústria, como oportunidades de posicionamento para o negócio em análise.

Assim, segundo Andrews (1971), essa ferramenta permite que o responsável pela estratégia da empresa identifique os negócios nos quais ela pode competir.

Para finalizar, deve-se construir um quadro SWOT, que constitui um referencial que reúne **os principais aspectos apreendidos e compilados nos quadros anteriormente estruturados.**

Não faz sentido que o quadro SWOT apresente informações novas, diferentes ou discrepantes daquelas já vistas anteriormente.

---

[28] SWOT é a abreviação de *Strenghs* (pontos fortes), *Weaknesses* (pontos fracos), *Opportunities* (Oportunidades) e *Threats* (ameaças).

Quadro 5.10: Quadro SWOT

	Pontos fortes	Pontos fracos
Ambiente interno	Especialidade em conhecimento mercadológico; Acesso exclusivo a recursos naturais; Patentes; Produtos ou serviços novos e inovadores; Localização da empresa; Vantagem de custo por meio de *know-how* proprietário; Qualidade nos processos e procedimentos; Marca forte e boa reputação.	Falta de conhecimento do mercado; Produtos e serviços indiferenciados em relação à concorrência; Localização da empresa; Acesso superior dos competidores aos canais de distribuição; Baixa qualidade de bens e serviços; Má reputação.
	Oportunidades	Ameaças
Ambiente externo	Mercado em desenvolvimento; Alianças estratégicas; *Joint-ventures* ou alianças; Mudanças em novos segmentos de mercados mais atrativos; Um novo mercado internacional; Suavização das regulamentações; Remoção de barreiras de comércio internacional; O mercado ser liderado por um competidor fraco.	Um novo competidor em seu mercado base; Guerra de preços; O competidor tem um produto ou serviço inovador ou novo; Novas regulamentações; Incremento das barreiras de comércio; Taxação pode ser introduzida em um novo produto ou serviço.
	Vantagens	**Desvantagens**

5.9.7 Fatores críticos de sucesso

Uma empresa sempre procura definir os fatores-chave para o sucesso (FCS) ou fatores críticos para o sucesso em seu mercado específico (HOOLEY, 1996).

Os fatores críticos de sucesso são aqueles considerados vitais para a condução da empresa. Os FCS podem ser identificados pela análise comparativa entre as empresas que apresentam melhor desempenho comparadas às demais em uma determinada indústria. Assim, podem ser entendidos como fatores que dizem respeito ao ambiente interno da empresa, *vis-à-vis* o contexto externo da organização.

Esses fatores, em geral, são representados por aqueles passíveis de permitir maior alavancagem dos recursos empregados.

Como exemplo, em um mercado de *commodities*, os FCS são, geralmente, aqueles relacionados à eficiência operacional ou capacidade de produção a menor custo; em um mercado de artigos de luxo, os FCS podem estar ligados ao relacionamento com o cliente e ao pós-venda; em uma indústria de seguros de carros, o FCS pode estar relacionado aos serviços de assistência, remoção e mecânica e pronto reembolso em caso de sinistro.

Produto da análise

Ao final, deve-se construir um quadro referencial da identificação dos fatores críticos de sucesso, que deve reunir os principais aspectos apreendidos das diversas dimensões, para auxiliar na construção do QRDN, não se limitando aos apresentados no exemplo do Quadro 5.11.

Quadro 5.11: Referencial dos fatores críticos de sucesso

Dimensão	Aspectos abordados	Justificativa
Fatores críticos de sucesso	Acesso à tecnologia Acesso ao mercado Necessidade intensiva de capital Relacionamento político Parcerias com fornecedores	

5.10 Produto do capítulo – Quadro referencial para a definição do negócio

Para que uma estratégia seja bem trabalhada, é necessário deixar claro qual é o problema do estrategista

(ZACCARELLI, 2002, p. 55).

Todo negócio enfrenta dificuldades em seu desenvolvimento. Sempre podem existir limitações quanto a mercados, limites de preços, restrições de matérias-primas, falta de mão-de-obra especializada, barreiras legais, tributárias entre outros condicionantes para a viabilização de um negócio, sem contar com a informação mais relevante, que é o desconhecimento das ações que os concorrentes podem acionar, perante o movimento que a empresa venha a fazer.

Enquanto no Capítulo 3, "Fundamentação para a proposição do Plano de Negócio", discorreu-se sobre a necessidade de o analista ter claras as características para melhor entender o que quer analisar, esta parte tem o objetivo de permitir ao interessado a estruturação de um quadro-resumo de informações relevantes à concepção do negócio-objeto.

A função desse quadro é apresentar aos interessados um resumo qualitativo e quantitativo sobre os aspectos que podem ou não interferir, direta ou indiretamente, no negócio que se está investigando.

A montagem desse quadro visa trazer ao estrategista uma visão integrada sobre as diversas variáveis existentes e pertinentes ao negócio em análise, para a definição do negócio e as estratégias genérica e mercadológica.

Figura 5.10: Referencial para a definição do negócio

A Figura 5.10 destaca pontos de observação para a confecção do quadro referencial, destacados sob a óptica: estratégica, técnica, econômica e financeira.

A leitura desse quadro, já em uma primeira análise, pode definir se o projeto apresenta perspectivas de sucesso ou não. À luz das análises desenvolvidas previamente, recomenda-se observar os fatores pertinentes para o posicionamento estratégico e que tragam subsídios para viabilidades técnica, econômica e financeira, quando de sua elaboração. A título ilustrativo, seguem alguns fatores[29] por aspecto.

Aspectos para o posicionamento estratégico

- Demanda potencial.
- Demanda não atendida.
- Insatisfações manifestadas pelos consumidores/clientes etc.
- Pontos fortes e pontos fracos dos *players*, apontados pelos consumidores/clientes etc.
- Participação de mercado de cada *player*.
- Relação de insumos críticos para a indústria e riscos perante a concorrência ampliada.
- Indicativos de concorrências internacionais ou novos *players* na indústria.
- Qualidade de barreiras legais às importações.
- Incentivos à exportação.
- Outros aspectos estratégicos.

Aspectos de viabilidade técnica

- Capacidade instalada na indústria e ociosidade.
- Potencial do mercado diante da capacidade instalada.
- Escalas técnicas de produção.
- Outros aspectos técnicos.

Aspectos de viabilidade econômica

- Tendências da demanda.
- Curva de crescimento da indústria.
- Rentabilidade atual da indústria
- Retorno de investimento (prazos, taxas, atratividade-investidor).
- Taxas de atratividade referencial de outras indústrias.
- Tendências cambiais.
- Outros aspectos econômicos.

Aspectos de viabilidade financeira

- Alternativas de *funding* (capital próprio/terceiro).
- Taxas de remuneração (capital próprio/terceiro).

[29] Os exemplos listados não representam a totalidade de variantes possíveis para análise.

- Necessidade de capitais: fixo, de sustentação e de giro.
- Outros aspectos financeiros.

De modo geral, a leitura desse quadro referencial para a definição do negócio culmina nos seguintes aspectos:

- Riscos e Oportunidades;
- Barreiras de entrada ou saída;
- Fatores críticos de sucesso;
- Quadro[30] de pontos fortes e pontos fracos (análise SWOT).

As Figuras 5.11 e 5.12 ilustram aspectos para a confecção do quadro referencial para um novo negócio e um negócio existente.

Quadro 5.11: QRDN – Aspectos estratégicos – Negócio novo

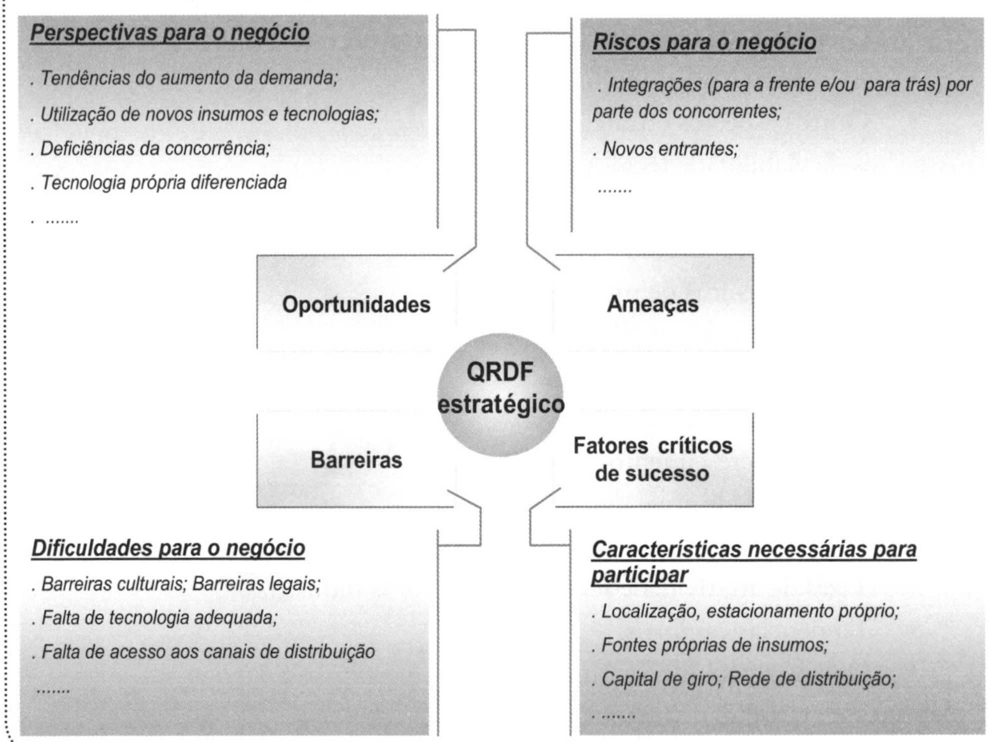

[30] Somente para negócios existentes. Não faz sentido fazer um quadro de pontos fracos e fortes de uma empresa que ainda não existe.

Quadro 5.12: QRDN – Aspectos estratégicos – Negócio existente

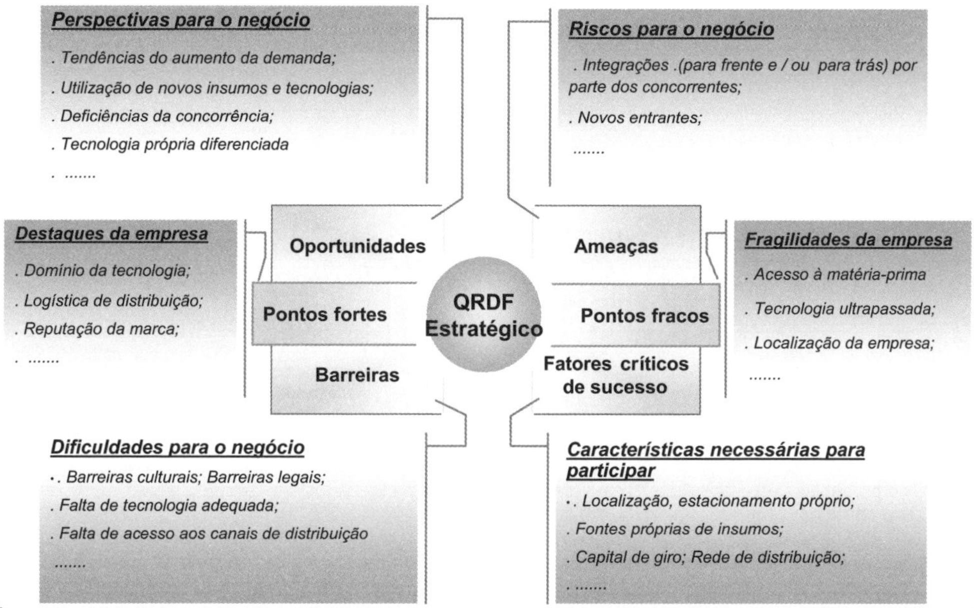

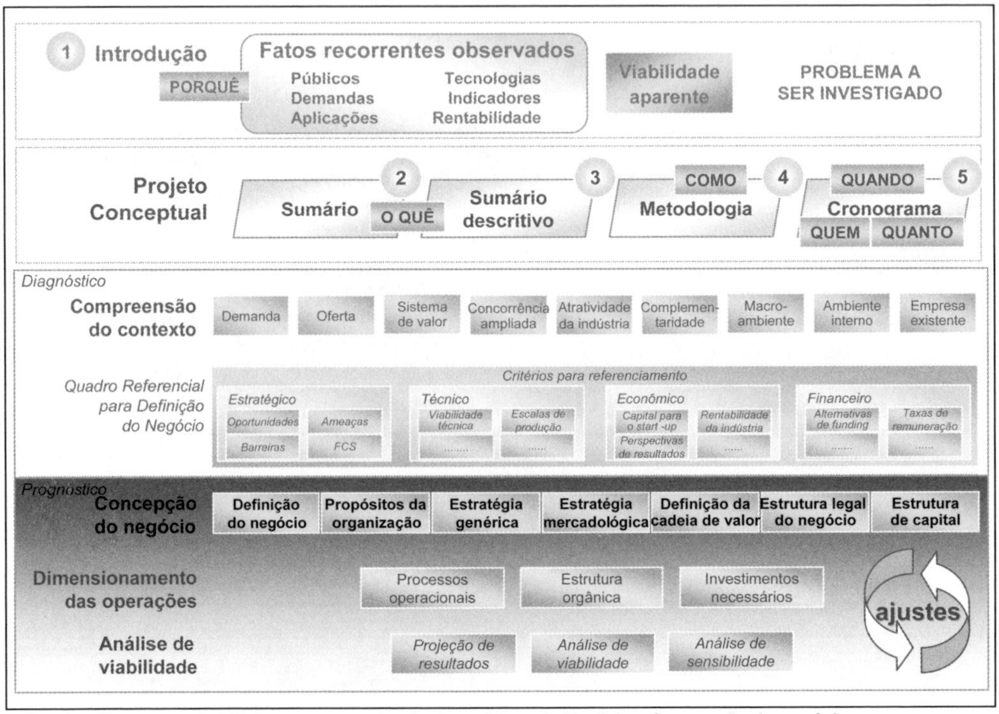

Quadro: Percurso metodológico para a construção de um Plano de Negócio – **Concepção do negócio**

6. Concepção do negócio

The man who starts out going nowhere, generally gets there.[1]

(DALE CARNEGIE, autor)

Checking the results of a decision against its expectations shows executives what their strengths are, where they need to improve, and where they lack knowledge or information.[2]

(PETER DRUCKER)

Conforme apresentado, o quadro referencial para definição do negócio, produto do capítulo anterior, é o ponto de partida para a definição do negócio a ser analisado. Seu conteúdo representa a cesta de informações, cenário possível ou campo de manobra no qual os responsáveis pela elaboração do plano de negócio podem escolher como atuar.

---

1 Aquele que começa por ir a lugar nenhum, geralmente chega lá.

2 Comparar os resultados de uma decisão com os seus resultados mostra aos executivos quais são suas forças, onde precisam aperfeiçoar e onde lhes falta conhecimento ou informação.

Metodologicamente, no Capítulo 3, buscou-se desenvolver a compreensão sobre a delimitação do problema, por meio da identificação da oportunidade de um novo negócio ou necessidade de mudança em um negócio existente; no Capítulo 4, apresentou-se o desenvolvimento a ser dado para a elaboração do quadro de referência (compreensão do contexto). O Capítulo 6 tem a função de, uma vez definido o **problema** e construído o **quadro referencial para a definição do negócio**, auxiliar na definição das **hipóteses** a serem verificadas na análise de viabilidade do negócio que se quer investigar.

Até aqui ainda não há uma proposta de atuação estruturada (formulação, implementação e monitoramento da estratégia). O que o leitor dispõe é de um *insight*, que pode ser entendido como uma idéia que surgiu ou foi percebida, cuja viabilidade ainda não foi verificada. Esta ainda reside no campo intuitivo do leitor.

A estratégia deve ser utilizada tanto para a implantação de uma nova empresa ou de uma nova unidade de negócio como para o redirecionamento estratégico de uma empresa em operação. A estratégia mostra o caminho que será adotado para se atingir os objetivos almejados.

A partir do final do capítulo anterior, por meio da montagem do quadro referencial para definição do negócio – QRDN, o leitor deve estar preparado para prosseguir no caminho da construção da estratégia. Para tanto, nesse percurso, você deverá estar apto a responder a perguntas como:

- Qual a função do cliente que se pretende ver atendida?
- Por meio de quais produtos ou serviços essa função será atendida?
- Em qual mercado esse produto ou serviço é ofertado atualmente?
- Quais os preços praticados nesse mercado?
- Como esses preços têm se comportado ultimamente?
- Qual a tecnologia necessária para sua realização?
- Quais os custos ao proporcionar essa oferta?
- Quais os objetivos?
- Qual a melhor estratégia a ser adotada (melhor caminho)?
- Como operacionalizar essas idéias?
- Finalmente, como deve-se estruturar ou conceber a empresa para que as metas possam ser atingidas?
- Que recursos serão necessários para viabilizar o negócio, como e onde obtê-los?

Tais perguntas servem como um pequeno exemplo de algumas questões a discutir. A seguir, serão vistas com maior profundidade os campos que podem ser abordados e as principias informações que devem ser obtidas ao longo do capítulo.

A Figura 6.1, Concepção de negócio, apresenta, numa abordagem *top-down*, os passos sugeridos para o desenvolvimento seguinte. Nela, podem ser observados os grandes tópicos que compõem a concepção.

Figura 6.1: Concepção de negócio

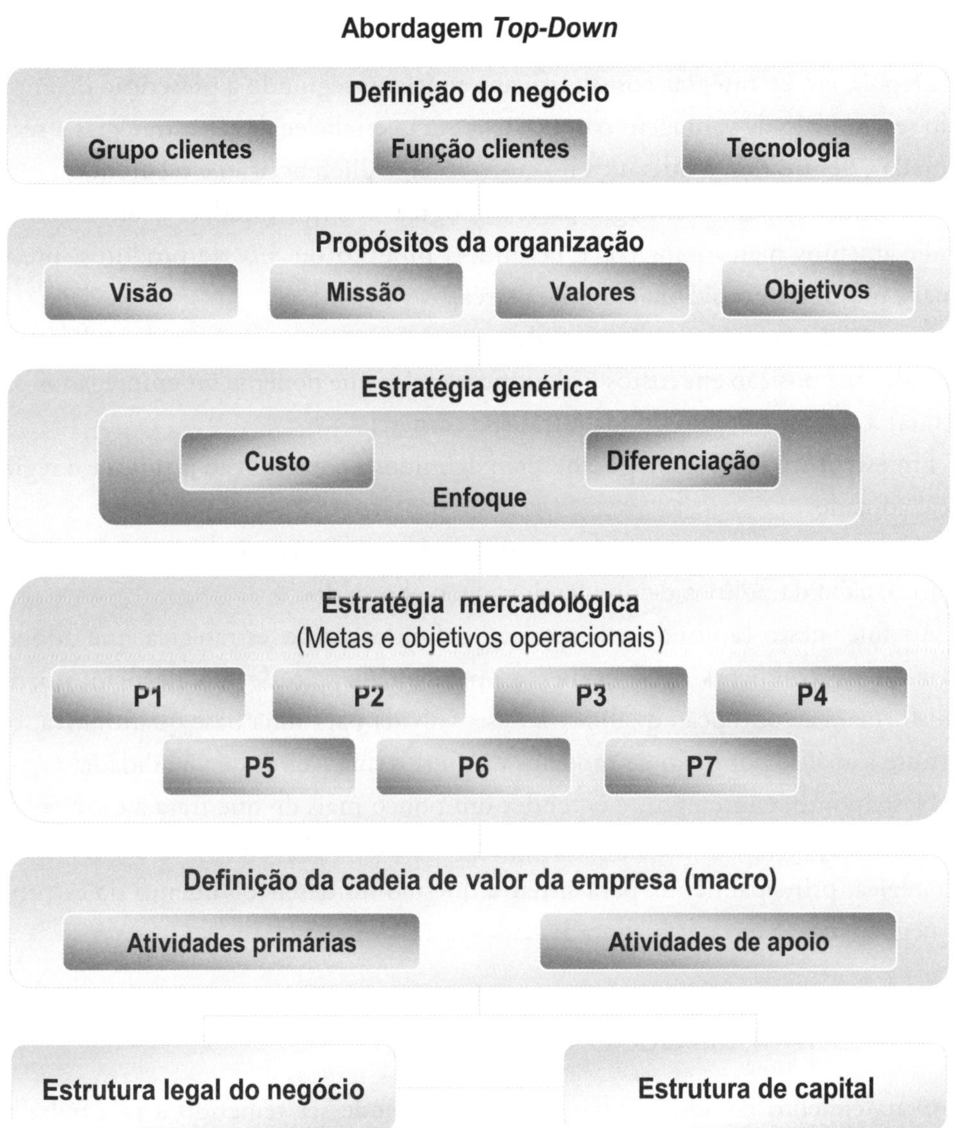

O objetivo deste capítulo é fornecer subsídios para a realização da análise das oportunidades, estruturar e desenvolver uma proposta estratégica para, na seqüência, verificar sua viabilidade. Ver-se-á como a estratégia e a estrutura de uma empresa estão interligadas o que explicará o porquê de se abordar *estratégia* conjuntamente à abordagem da *concepção* da empresa.

O leitor encontrará, a seguir, estes tópicos principais:

Será abordada a **definição do negócio**, segundo Abell, e se discutirá o passo inicial da estratégia, e ainda grupos de clientes, função de clientes ou tecnologia.

Em **propósito da organização**, será vista a concepção da empresa em termos de sua visão, missão, valores e objetivos.

Depois, em **estratégias competitivas genéricas**, seguindo a prescrição de Porter, pelo seu modelo de vantagem competitiva, serão estabelecidas as estratégias a serem adotadas, dentre elas, a liderança no custo total, a diferenciação e o enfoque.

Na seqüência, em **estratégia mercadológica**, o leitor estudará a utilização dos conhecimentos mercadológicos e definirá o produto ou *mix* de produtos, preços, canais, promoção, posicionamento e marca.

Em **cadeia de valor**, será estudado o modelo que a empresa pode utilizar para entender sua posição em custos e identificar meios que poderão ser empregados para facilitar a implementação de sua estratégia comercial.

Em **estrutura legal do negócio**, serão definidos a constituição jurídica e o regime fiscal adotado.

Finalmente, em **estrutura de capital**, as fontes de recursos, o prazo e taxa de retorno, além da política de dividendos, serão abordados.

Ao final deste capítulo, o leitor terá definido a ação estratégica que adotará, devendo ter condições de conceber a operacionalização de seu negócio, quando transformará a concepção qualitativa desenvolvida para uma base quantitativa, que permite a análise por meio de modelos e critérios financeiros de viabilidade.

Neste ponto, é interessante entender um pouco mais do que trata a estratégia. A seguir, será apresentado de maneira sucinta um pouco da história da administração estratégica, principalmente, para situar a questão do desenvolvimento da estrutura do negócio face à estratégia adotada.

6.1 A administração estratégica

O nascimento da administração estratégica pode ser remetido a três trabalhos dos anos 1960: *Strategy and Structure* (1962), de Alfred Chandler; *Corporate Strategy*

(1965), de Igor Ansoff, e o livro-texto da Harvard Business, *Policy: Text and Cases* (LEARNED *et al.*, 1965), cujo conteúdo declarativo é atribuído a Andrews. A fundação da administração estratégica como um campo pode ser relacionada à publicação do trabalho de Alfred Chandler (RUMELT *et al.*, 1994, p. 16).

Chandler, em seu livro seminal, cujo subtítulo é "capítulos da história das empresas industriais", expunha a questão do crescimento das grandes empresas e explorava como suas estruturas administrativas foram adaptadas para acomodar aquele crescimento.

A estrutura segue a estratégia. (Chandler, 1962)

Esse autor mostrou como os executivos das grandes companhias por ele estudadas descobriram e desenvolveram papéis para si mesmos, por meio da tomada de decisão de longo prazo na direção de suas empresas e como realizavam investimentos e modificavam a estrutura organizacional para que essas estratégias pudessem ser operadas.

Importante para esse campo, Chandler apresentou executivos que realizavam trabalhos de gerenciamento estratégico alcançando resultados de desempenho formidáveis. Mostrou um processo de mudança administrativa dentro das organizações que envolvia alterações na direção estratégica, em vez de simples ajustes de eficiência.

Na formulação da tese que resumiu seus achados, Chandler considerou conveniente definir dois termos: *estratégia* e *estrutura* (RUMELT, 1994, p. 15-16).

"A tese de que diferentes formas organizacionais são resultado de diferentes tipos de crescimento pode ser afirmada com maior precisão se o planejamento e a administração de tal crescimento são considerados uma estratégia e a organização construída para administrar essas atividades incrementadas e recursos, uma estrutura. A estratégia pode ser definida como a determinação das metas básicas de longo prazo e os objetivos de uma empresa e a adoção do curso da ação e a alocação dos recursos necessários para realizar essas metas" (CHANDLER, 1962).

Assim, Chandler mostrou que a estrutura – a forma organizacional, – segue a estratégia – o caminho escolhido para ser percorrido rumo aos objetivos.

6.1.1 Estratégia e organizações em ambientes turbulentos

Quando as mudanças ambientais ocorrem com rapidez, entretanto, a abordagem discutida anteriormente pode não ser viável.

O processo de adaptação pode não funcionar. Até que a nova estratégia seja gerada e a organização, reestruturada, o ambiente terá se alterado muitas vezes. Na verdade, vários acadêmicos e praticantes da administração, em anos recentes, afirmaram que, em ambientes suficientemente turbulentos, a estratégia realizada *ex ante* partindo do topo da organização torna-se uma atividade pontual. A informação necessária sobre os mercados e a tecnologia não está disponível aos executivos do topo e pode não lhes ser comunicada e compreendida com a velocidade e clareza necessárias para serem utilizadas na formulação de estratégia *top-down.*

Nos ambientes muito turbulentos, muitas das especificações da estratégia da empresa tendem a emergir da multiplicidade das decisões tomadas nos vários níveis dentro da organização.

Nesses casos, o melhor que pode ser feito, a partir do topo, é criar uma direção ou intento estratégico amplo. O desenho da organização, então, determina em grande parte as decisões que podem ser realizadas. Assim, reverte-se Chandler, e a estratégia segue a organização (ROBERTS, 2004, p. 28).

6.1.2 Da idéia para a proposição de alternativas, para a decisão, para a ação

O início do processo de estratégia se dá a partir do *insight.*

Uma oportunidade pode ser percebida, não importando se de forma casual ou devido a processos estruturados e rotineiros, e faz com que o indivíduo desenvolva um raciocínio sobre seu aproveitamento, podendo, de imediato, pensar em uma solução e partir para sua verificação ou adotar um processo metodológico e procurar pelas soluções possíveis.

De qualquer forma, depois que as prováveis soluções tenham sido levantadas, devem ser comparadas e uma forma de medição – métrica – deverá ser adotada para que haja possibilidade de comparação, que permitirá a eleição da melhor alternativa.

O processo metodológico "esfria o *insight*".

Esfriar aqui significa que a emoção será colocada de lado em favor de uma análise metodológica, pragmática, científica e, na medida do possível, impessoal. Munido das informações obtidas por esse processo, pode ocorrer de, eventualmente, a intuição e outras características subjetivas serem agregadas no julgamento final da decisão.

6.1.3 A inovação pode permear todo o processo estratégico

Segundo a abordagem preconizada neste texto, a concepção da empresa é o resultado de um processo estratégico, pois busca a melhor alternativa dentre algumas possibilidades para atingir uma meta definida.

Sabe-se que "a inovação depende intrinsecamente do conhecimento inovador. Está no conhecimento a usina fundamental da inovação" (DEMO, 2000, p. 14).

Assim como o que se procurou obter no capítulo anterior foi o conhecimento do ambiente onde a empresa se insere ou estará inserida, e neste capítulo serão abordados os conhecimentos e aplicações dos fatores que poderão ser utilizados para realizar a estratégia, nesse momento de construção da empresa, soluções inovadoras podem ser adotadas. Soluções essas resultantes do emprego de elementos e combinações nunca antes utilizadas, gerando uma oferta diferenciada, única.

Como exemplo, vale a pena lembrar que a utilização de um aparelho de música com fones de ouvido para uso individual não é novidade.

Desde meados do século 20, os rádios de pilha proporcionavam essa possibilidade, passando pelo lançamento dos WalkMan™, na década de 1980, que operavam fitas-cassete e depois os CDs. Os IPOD™, lançamento mais recente, cumprem essa função.

O que caracteriza a inovação no lançamento IPOD™ não é somente a necessidade atendida, mas sim o *mix* de soluções oferecidas.

Envolve a oferta de um aparelho que não necessita de mídia física (fita-cassete ou CD), que opera utilizando arquivos de músicas adquiridos via Internet e que se comunica com o PC por meio de um programa de computador que organiza essa informação.

A inovação pode permear todo o processo de criação da empresa. Ofertas diferenciadas e meios para sua obtenção são passíveis de inovação e podem agregar valor na oferta.

A INOVAÇÃO, na concorrência livre, é um dos principais fatores de obtenção de vantagens competitivas, sendo aplicável em toda a gama de estratégia.

A seguir, será abordado o passo inicial para se conceber uma empresa.

6.2 Definição do negócio

Para Abell (1991), as publicações sobre planejamento estratégico são usualmente classificadas por meio de quatro categorias gerais:

- processo de planejamento;
- estratégias funcionais específicas (*mix de* marketing, produção, pesquisa e desenvolvimento, políticas financeiras etc.);
- papel e objetivos de cada unidade de negócio no portfólio global da corporação e grandes orientações estratégicas para atingir tais objetivos; e

- definição das várias atividades empresariais e arenas competitivas nas quais a empresa participa.

Em qual(is) negócio(s) estamos?
Quais:
Atividades?
Arenas competitivas?

Dado esse cenário, Abell acredita que no processo a decisão básica com relação à estratégia deva considerar a definição da atividade e da(s) arena(s) competitivas(s) em que a estratégia será implementada, devendo ser respondidas:

6.2.1 Ponto de partida do planejamento estratégico

Abell procura mostrar a importância de se considerar a definição dos principais negócios da empresa como o ponto de partida do planejamento estratégico.

Complementa seu argumento quando afirma que "a definição do negócio surge como uma questão maior para a administração em uma variedade de situações. Há questões estratégicas, questões organizacionais e questões que afetam o próprio processo de planejamento" (ABELL, 1991, p. 21).

Segundo seu raciocínio, essa proposta seria válida tanto para a construção de planos de negócio novos como existentes, dado que "além da redefinição de um negócio existente, a administração se defronta com a questão da definição todas as vezes que ela entra em um negócio completamente novo" (p. 21).

Com relação à definição de negócio, caso seja realmente o ponto de partida do planejamento estratégico, questiona: "de que maneira as decisões sobre os objetivos (especialmente as referentes aos objetivos de participação de mercado e de fluxo de caixa) devem ser compatibilizadas com uma definição particular? De que maneira as decisões sobre estratégias funcionais – isto é, estratégias de marketing, de produção, de pesquisa e desenvolvimento (P&D), de serviços, de assistência técnica, de distribuição física etc. – se relacionam com as alternativas de definição selecionadas?" (p. 22).

Agora, se a definição do negócio deve ser o ponto inicial do processo de planejamento estratégico, poderia ocorrer sob qual base ou dimensão?

Para Abell, a literatura aborda a questão da definição do negócio de duas formas:

- pela conceituação do negócio em termos de alguma competência-chave distintiva ou de alguma habilidade especial; ou
- por áreas de atividade (produtos oferecidos ou mercados atendidos).

Sob qual dimensão definir o negócio?

Procura então, o autor, conceituar a definição de negócio em termos da última, das áreas de atividade, e não da primeira, dos recursos funcionais.

"Medidas da abrangência relativa a produtos e mercados e da diferenciação do produto e segmentação do mercado, embora tenham certa atração intuitiva, suscitam algumas questões.

O que queremos dizer por 'mercado'? O mercado é descrito em termos dos **grupos de clientes** que são compradores do produto, ou em termos das **funções** que o produto executa para o cliente? ... o que queremos dizer por produto? O produto é descrito pela **função** que desempenha ou pela **tecnologia** em que se baseia?" (ABELL, 1991, p. 30 – grifo dos autores).

Como exemplo do grupo de clientes que deve ser a base para o negócio, cita Hanan (1974): "Ao fazer repetidamente a pergunta: que *outras* necessidades, referentes aos mercados, que nos são familiares, podemos atender de modo lucrativo? A administração poderá desenvolver novos negócios com base nos pontos fortes do seu negócio atual".[3]

Como exemplo da função que o produto executa para o cliente, cita Levitt (1960): "Elas (as companhias ferroviárias) permitiram que outras empresas lhes tirassem seus clientes, porque julgaram estar no negócio de estradas de ferro, e não no negócio de transportes. A razão que as levou a definir o seu setor de atividade de forma errada foi o fato de ter uma orientação voltada para um produto, a ferrovia, e não para uma necessidade fundamental, o transporte."[4]

Como exemplo da tecnologia em que se baseia o produto, Levitt cita a afirmação feita por um executivo da área de marketing da Gold Inc.: "A definição que propusemos não foi elaborada em termos de produtos ou mercados; definimos o nosso negócio em termos de tecnologias (...) poderíamos terminar enredados em um número muito grande de tecnologias não relacionadas entre si (...) como normalmente a

[3] Ver Anexo do Cap. 6 – item 6.2.1: a NVideo, fabricante de *chips* gráficos, ampliou o número de grupos de clientes atendidos com o mesmo produto, quando, além da indústria de games, começou a oferecer seus *chips* para a indústria de telefonia e de processamento de grande massa de dados. Disponível em: www.saraivauni.com.br.

[4] Ver Anexo do Cap. 6 – item 6.2.1: a indústria de transporte aéreo de baixo custo está revolucionando o transporte na Europa. Seus concorrentes seriam indústrias que utilizam outras tecnologias, mas atendem à mesma necessidade de transporte do cliente, como deslocamento rodoviário e ferroviário. Disponível em: www.saraivauni.com.br.

tecnologia é a base para o desenvolvimento de novos produtos, ela representava, a nosso ver, o elemento fundamental a ser considerado..."[5]

Assim, o autor considera que, para a definição do negócio, deve haver um nível de agregação de atividades na qual exista uma inter-relação em termos dos recursos utilizados, que podem ser representados por um gráfico tridimensional como o mostrado abaixo.

Gráfico 6.1: Três dimensões para se definir um negócio

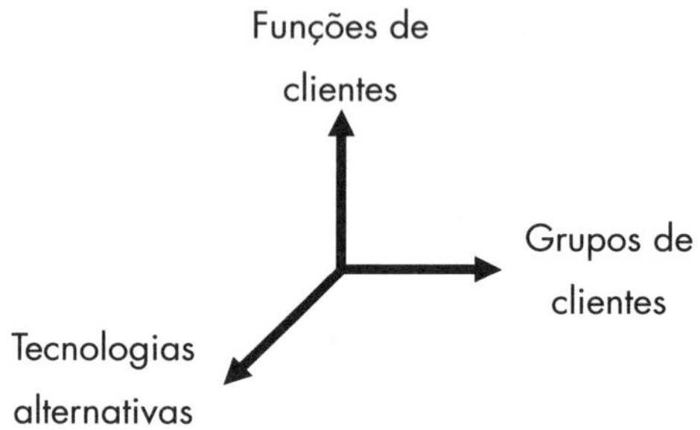

Veja alguns exemplos:

Os computadores pessoais podem ser úteis para diversos grupos e, inclusive, apresentar diferentes tecnologias, mas se o delimitarmos a um grupo – usuários domésticos – e a uma tecnologia – padrão PC Microsoft™ –, mesmo assim esse equipamento pode desempenhar diversas **funções** para o mesmo grupo, tais como de digitação de textos, realização de cálculos, entretenimento com jogos, música ou filmes, correspondência, telefonia etc.

Derivados de petróleo utilizados como combustíveis, como gasolina e querosene para aviação, apresentam a mesma função – combustível, e a mesma tecnologia – refinação de petróleo –; mas, se aplicados para veículos automotores – fornecidos em postos de gasolina ou para aviação –, fornecido para aviões no aeroporto, atenderão a **grupos** de usuários tanto de pessoa física e/ou jurídica, quanto ao processo de venda ou abastecimento, dadas as características intrínsecas a esses grupos.

O isolamento térmico de telhados de residências ou galpões representa uma única função – conforto térmico – para um único grupo de clientes, mas essa solução pode ser proporcionada por manta de fibra de vidro, jateamento de celulose, execução de

[5] Ver Anexo do Cap. 6 – item 6.2.1: como uma determinada tecnologia pode abrir diversas frentes de negócio, possibilitando a atuação em indústrias totalmente diferentes. Disponível em: www.saraivauni.com.br.

forro de gesso, dentre outros, podendo ser atendido por diversas **tecnologias, conforme mostra o** Quadro 6.1).

Quadro 6.1: Tecnologias

Negócio	Função	Grupos	Tecnologias
Computadores pessoais	várias	um	uma
Combustível	uma	vários	uma
Isolamento telhado	uma	um	várias

Fonte: Abell (1990, p. 49).

Deve-se ressaltar que essas definições não são completamente estanques, podendo ocorrer sobreposição entre elas, principalmente entre o grupo que está sendo atendido e a função que está sendo desempenhada.

Essa abordagem enriquece a possibilidade de análise de competição que está sendo realizada, dado a ampliação de horizonte de análise.

6.3 Propósito da organização: visão, missão, crenças & valores e objetivos

O propósito da organização congrega visão, missão, crenças & valores e objetivos, que auxiliam a estruturação da empresa. Esses aspectos são importantes para que o empreendedor construa uma identidade de seu negócio, estabelecendo o clima organizacional, os padrões de conduta a serem seguidos, o que está realmente sendo perseguido em seu empreendimento. Eles podem ser conceituados como será visto a seguir.

A visão representa a imagem futura que se projeta de um negócio, com base nas premissas disponíveis, a missão reflete as incumbências a serem assumidas para a consecução da imagem projetada. Dizendo de uma outra forma, missão é o caminho a ser trilhado ou construído para se chegar à visão definida.

Se a missão representa o caminho a ser trilhado, os valores representam o conjunto de princípios e normas, os parâmetros que serão incorporados e aceitos para a condução da empresa ao cumprimento da missão.

Os objetivos estão associados às etapas a serem cumpridas ao longo do caminho definido pela missão e trazem uma notação quantitativa às metas propostas.

Adiante, serão abordadas as definições de missão, visão, valores e objetivos, segundo conhecidos acadêmicos de estratégia e da teoria organizacional.

6.3.1 Visão

A visão é a declaração mais ampla da empresa, correspondendo a uma meta mais próxima daquilo que seria seu ideal. Com o intuito de tornar mais rico o entendimento, será exposta a conceituação de visão segundo diversos autores.

> *... a visão é imagem viva de um estado futuro, ambicioso e desejável, relacionado com o cliente e superior, em algum aspecto importante, ao estado atual.*
>
> (MINTZBERG, 2000, p. 114)

> *A visão é uma projeção das oportunidades futuras do negócio da organização, para permitir uma concentração de esforços em sua busca (...) é uma projeção do lugar ou espaço que se pretende que a organização venha ocupar no futuro (...) é uma intenção sobre onde desejamos que a organização esteja amanhã em seu ambiente e uma orientação sobre quais ações devemos adotar hoje para que isso ocorra. (...) O desenvolvimento de uma visão bem fundamentada e criativa das oportunidades de amanhã orientará o foco para o direcionamento desses esforços, indicará quais competências distintas serão necessárias desenvolver, garantirá o fluxo de recursos e viabilizará a criação de alianças, parcerias e redes.*
>
> (TAVARES, 2000, p. 175 e 180)

Para Hammel e Prahalad (1989), a visão pode ser entendida como a intenção estratégica, pois deverá responder à questão implícita: aonde se quer chegar como organização. Sintetiza a visão de futuro da empresa, e como ela pretende ser vista e reconhecida. Trata-se da definição do espaço e lugar onde a empresa deseja estar no futuro, determinando, muitas vezes, inclusive quando isso deverá acontecer.

Exemplos de visão:

- Gerdau – Ser uma empresa siderúrgica global, entre as mais rentáveis do setor.
- HSBC – Ser o melhor grupo financeiro do Brasil em geração de valor para clientes, acionistas e colaboradores.
- Vivo – Ser a empresa líder e inovadora em soluções móveis de comunicação, informação e entretenimento. Comprometida na geração de valor aos clientes, colaboradores, acionistas e comunidade.

6.3.2 Missão

Se a visão procura definir qual meta a empresa pretende atingir, a missão parametriza a atuação para essa realização, delineando o caminho. A seguir, expõe-se a conceituação de missão segundo diversos autores.

> *A missão de uma organização é uma declaração única que representa sua identidade, estabelecendo seu propósito mais amplo. É a razão de ser da organização e procura determinar o seu negócio, por que ela existe, ou ainda em que tipo de atividade deverá concentrar-se seu futuro.*
>
> (FURLAN, 1997, p. 3).

> *... missão é a declaração concisa com foco interno de razão de ser da organização, do propósito básico para o qual se direcionam suas atividades e dos valores que orientam as atividades dos empregados. Ela deve descrever como a organização espera competir no mercado e fornecer valor aos clientes.*
>
> (KAPLAN, 2004, p. 214).

> *A missão corresponde ao enunciado do papel que a organização pretende desempenhar em relação às oportunidades e ameaças apresentadas por seu ambiente de negócio. É a dimensão do negócio, que é concretizada nas ações do dia-a-dia pelos membros da organização. Consiste na razão de sua existência e na delimitação de seu espaço de*

> *atuação (...) para ser consistente, precisa ser mantida e desenvolvida ao longo do tempo.*
>
> (TAVARES, 2000, p. 180).

> *... a missão da empresa captura o objetivo geral da estratégia – como o modelo de negócio está desenhado para atingir ou ofertar. A missão da empresa aborda coisas como "proposta de valor", "intento estratégico" (...) e objetivos de desempenho gerais. Implica um senso de direção e um conjunto de critérios sob os quais mede-se o progresso.*
>
> (HAMEL, 2000).

> *Cada instituição deve definir de maneira clara a sua missão corporativa, para que as sinergias entre as várias unidades estratégicas do seu negócio sejam aproveitadas para maximizar os seus resultados (...) A missão corporativa poderia ser entendida como "a incumbência ou compromisso das pessoas dentro da organização na busca da sobrevivência e perpetuação do negócio através do desenvolvimento a longo prazo".*
>
> (COBRA, 1992, p. 54).

> *... uma declaração de missão bem formulada dá aos funcionários um senso de compartilhado de propósito, direção e oportunidade (...) as melhores declarações de missão são aquelas guiadas por uma visão, uma espécie de "sonho impossível" que fornece à empresa direcionamento para os 10 a 20 anos seguintes...*
>
> (KOTLER, 2000, p. 88)

> *Missão é a declaração do propósito e do alcance únicos em termos de produto e de mercado (razão de ser da empresa).*
>
> (MINTZBERG, 2000, p. 116)

A missão, sendo um caminho para atingir a visão, não tem como propósito único sua realização quando da fundação da empresa. A missão pode ser alterada de forma a se adaptar às novas diretrizes, ou estratégias da empresa. Se, por um lado, não deve mudar constantemente, o que pode indicar uma perda de foco estratégico da empresa, por outro, não significa que deva ser eternamente imutável.

Exemplos de missão: (Fonte: site das empresas).

- Gerdau – O Grupo Gerdau é uma empresa com foco em siderurgia, que busca satisfazer as necessidades dos clientes e criar valor para os acionistas, comprometida com a realização das pessoas e com o desenvolvimento sustentado da sociedade.
- HSBC – Garantir a excelência na entrega de produtos e serviços financeiros, maximizando valor para clientes e acionistas.
- Vivo – Ser a melhor opção em comunicação com mobilidade.

6.3.3 Crenças & valores

As crenças & valores representam o conjunto de princípios e normas tidos como parâmetros incorporados e aceitos para a condução da empresa ao cumprimento da missão.

> *Os valores da empresa definem o comportamento organizacional diante de seus clientes, acionistas, funcionários e sociedade.*
>
> (KAPLAN, 2004, p. 222)

> *Os valores servem como instrumento para avaliar e dar significado à direção buscada pelos participantes da organização. São eles que evitam que o senso de propósito seja imoral ou antiético. Os valores servem como padrão para avaliar e julgar programas e orientar decisões (...) estabelecem a natureza e o sentido entre o vínculo e a visão e a tomada de decisões.*
>
> (TAVARES, 2000, p. 302).

Tavares (2000, p. 309) sugere que sejam feitos os seguintes questionamentos, antes da divulgação dos princípios e valores:

- **Têm substância?** Contêm crenças, valores e princípios que justifiquem seu registro?

- **São factíveis?** A organização pratica ou pode praticá-los conforme enunciados? Representam situações que permitem determinar exatamente sua praticidade?
- **São acessíveis?** Todos os níveis e membros da organização podem entender os enunciados e comprometer-se com eles? Eles estão devidamente documentados e divulgados?
- **São coerentes?** Representam um conjunto de idéias que guardam significado e relevância entre si?

É benéfico para a empresa quando há compreensão dos valores e práticas da organização comparadas às situações em que os funcionários não sabem exatamente o que a empresa espera deles em termos de comportamento. Essa prática homogeneíza a cultura predominante na empresa, conhecida também como cultura organizacional.

Exemplos de crenças & valores:

- Gerdau – CLIENTE satisfeito, SEGURANÇA TOTAL no ambiente de trabalho, PESSOAS comprometidas e realizadas, QUALIDADE em tudo que faz, EMPREENDEDORISMO RESPONSÁVEL, INTEGRIDADE, CRESCIMENTO e RENTABILIDADE
- HSBC – Nossa conduta deve refletir os mais altos padrões de ética. Nossa comunicação deve ser clara e precisa. Nosso gerenciamento deve ser em equipe, consistente e focado. Nosso relacionamento com clientes e colaboradores deve ser transparente e baseado na responsabilidade e confiança entre as partes.
- Vivo – **Ética:** Respeitar os princípios, as políticas e os procedimentos definidos pela empresa e regulamentados pela lei e pela sociedade, trabalhando com honestidade, profissionalismo e transparência. **Comprometimento:** Operar de forma planejada e integrada, apoiada numa visão sistêmica, estimulando o trabalho em equipe, promovendo o compartilhamento de responsabilidades e assegurando o alcance dos objetivos de rentabilidade e sustentabilidade da liderança. **Inovação:** Estimular a criatividade, liderando o uso de tecnologias de ponta a serviço dos clientes, implantando soluções diferenciadas, antecipando-se no lançamento de produtos e serviços, assegurando a

competitividade. **Compromisso com o Cliente:** Identificar e satisfazer as necessidades presentes e futuras dos clientes, oferecendo produtos e serviços que superem as expectativas, com alto padrão de qualidade e atendimento, prometendo responsavelmente o que estamos em condições de cumprir. **Humanização:** Estimular o contínuo crescimento profissional e pessoal dos colaboradores, trabalhando com entusiasmo, paixão e alegria, praticando a justiça, construindo e mantendo relações de confiança, de lealdade e transparência com os clientes, acionistas, colaboradores, fornecedores e o mercado. **Responsabilidade social:** Contribuir para o desenvolvimento consciente e sustentado da sociedade, favorecendo o pleno exercício da cidadania e respeitando o meio ambiente.

6.3.4 Objetivos

Os objetivos apresentam uma abordagem mais quantitativa das metas da empresa, quer sejam relativas ao faturamento, à participação de mercado, quer aos índices de lucratividade a serem atingidos. Veja, a seguir, a definição de vários autores.

> *Objetivos executivos representam a situação futura que a organização, como uma coletividade, procura atingir (...) os objetivos estarão mais ou menos claros e consistentes dependendo do amadurecimento da organização em termos de sua aculturação estratégica.*
>
> (FURLAN, 1997, p. 6)

> *Refere-se aos alvos que deverão ser conquistados para transformar a visão em realidade (...) buscam especificar resultados em um horizonte de tempo pré-estipulado para seu cumprimento.*
>
> (TAVARES, 2000, p. 362)

> *Os objetivos ajudam a direcionar os esforços e as estratégias estabelecem os caminhos a serem percorridos para se atingirem os objetivos. Cada negócio exige uma formulação estratégica específica para se alcançarem*

> *os objetivos. As estratégias precisam ser detalhadas em programas para que as metas, que são a quantificação dos objetivos, sejam realizadas.*
>
> (COBRA, 1992, p. 71)

> *Devem ser mais amplos a serem lançados no período seguinte. (...) devem ser visíveis e inteiramente compatíveis, caso contrário não contribuirão para definir a estratégia. (...) devem ser convertidos em metas mensuráveis para que possam fornecer orientação e controle.*
>
> (KOTLER, 2000)

> *O objetivo de uma empresa pode ser definido como a declaração do propósito e do alcance únicos da empresa em termos de produto e de mercado e possibilita decisões gerais dos produtos que uma empresa deseja fabricar e os que atenderá utilizando suas competências essenciais internas.*
>
> (HITT, 2004, p. 145)

Uma vez definidos os parâmetros de atuação da empresa, visão, missão, valores e objetivos, o próximo passo é construir o conjunto de premissas, ou seja, o posicionamento estratégico, para possibilitar a verificação da viabilidade do negócio.

6.4 Estratégias competitivas genéricas

Após escolher a indústria e/ou alterar sua estrutura por meio da análise estrutural da indústria, como visto no capítulo anterior, Porter (1985) advoga que "a segunda questão estratégica competitiva é a posição relativa de uma empresa dentro de sua indústria. O posicionamento determina se a rentabilidade de uma empresa está abaixo ou acima da média da indústria".

Uma empresa deve escolher uma dentre estas três estratégias "genéricas":

- Liderança no custo total;
- Diferenciação;
- Enfoque.

Para Porter, um desempenho superior resulta da vantagem competitiva trazida a uma empresa em relação às demais em sua indústria, por meio de uma posição de custo inferior, de sua oferta percebida ao longo da indústria como única ou apresentando foco em um segmento particular de mercado e desenvolvendo uma oferta criada especialmente para isso.

Apesar de ser possível procurar manter com sucesso mais do que uma estratégia ao mesmo tempo, e por causa disso obter um retorno maior, "[a] empresa fracassando em desenvolver sua estratégia em ao menos uma das três direções – uma empresa que fica no 'meio-termo' – está em uma situação estratégica extremamente pobre" (PORTER, 1986, p. 55).

Muito bem descritos, repletos de prescrições para estrategistas e baseados em uma teoria de competição que guiou a política pública por décadas, os trabalhos de Porter (1980, 1985) têm sido bastante influentes nas estratégias empresariais.

A seguir, são apresentadas as três estratégias genéricas propostas por Porter (1980) e, ao final deste capítulo, é apresentada a definição de posicionamento estratégico, ainda segundo Porter (1999).

6.4.1 Liderança no custo total

Na década de 1970, tornou-se popular o conceito de curva de experiência, que pode ser entendido como a diminuição de custos decorrentes dos ganhos do aumento de produtividade, quer seja devido ao aumento de escala de produção, quer seja do aprendizado acumulado dessa produção.

A estratégia conhecida como liderança em custos consiste em obter uma estrutura de custos inferior à da concorrência, com o objetivo de se obter retornos "acima da média em sua indústria" (PORTER, 1986, p. 50).

"A posição de custo dá a empresa uma defesa contra a rivalidade dos concorrentes, porque seus custos mais baixos significam que ela ainda pode obter retornos depois que seus concorrentes tenham consumido seus lucros na competição" (PORTER, 1986, p. 50).

Ainda, permite à empresa que adotou e pratica essa estratégia, obter melhores margens do que as da concorrência, o que ampliará sua capacidade de investir mais em produção e promoção.

As empresas que adotam essa estratégia devem procurar viabilizar a redução de custos. Para tanto, podem tanto obter uma *diluição* dos custos fixos em uma maior quantidade de unidades produzidas por meio da economia de escala, como por uma diminuição dos custos fixos diretamente pelo controle de gastos administrativos, de distribuição, pesquisa e desenvolvimento, dentre outros.

Para que seja implementada com sucesso, as empresas que optam pela estratégia de liderança em custos operam com grande escala de produção e, por conseqüência, maiores volumes de compras dos fornecedores – o que pode representar economia na aquisição de insumos – e maior necessidade de disponibilização dessa produção no mercado.

Como exemplo, pode-se citar as empresas aéreas que operam com baixo custo, como a americana Southwest. Ela iniciou sua operação em linhas regionais – procurando um nicho de mercado, utilizando apenas um tipo de aeronave – obtendo economia de escala na manutenção, oferecendo uma prestação de serviço mais enxuta – alimentação baseada em lanche de menor custo, diminuindo o tempo necessário de parada técnica –, otimizando, assim, a utilização da aeronave.

A estratégia de liderança no custo total apresenta como riscos os mesmos de se optar pelas estratégias de economia de escala ou da curva de experiência, quando adotadas como forma de aumentar as barreiras de entrada (PORTER, 1986, p. 58). Dentre elas cita-se a ocorrência de uma mudança tecnológica que pode anular o investimento realizado anteriormente em produção ou o aprendizado adquirido até o momento; o barateamento e a adoção de nova tecnologia pela concorrência, tendo-se em consideração a dificuldade de alteração de uma tecnologia já adotada com rapidez ou baixo custo.[6]

6.4.2 Diferenciação

A estratégia de diferenciação procura distinguir a oferta realizada pela empresa da oferta da concorrência, de tal forma que seja percebida como única na indústria, ainda apresentando valor para o cliente.

A diferenciação pode ser efetuada sob diversas dimensões ou atributos, por meio da tecnologia empregada, marca, imagem, *design*, estilo, desempenho, canal de distribuição utilizado, rede de atendimento, oferta de garantia, dentre outras.

Essa estratégia empregada com sucesso pode reverter para a empresa margens acima das praticadas no mercado, permitindo-lhe não recorrer à estratégia de baixo custo. Por exemplo, o mercado de produtos de luxo, que costuma adotar essa estratégia.

A estratégia de diferenciação apresenta como riscos a capacidade de a empresa manter a lealdade ao produto, caso os clientes não percebam o diferencial de valor que justifique

---

[6] Ver Anexo do Cap. 6 – item 6.4.1: a Índia lidera a produção de carros focada no baixo custo. Disponível em: www.saraivauni.com.br.

a diferença de preço; se ocorrer uma diminuição da necessidade dos clientes por essa diferenciação ou se a concorrência, pela imitação, diminuir a diferenciação percebida.[7]

6.4.3 Enfoque

A estratégia de enfoque diz respeito a "enfocar um determinado grupo comprador, um segmento da linha de produtos ou um mercado geográfico" (PORTER, 1986, p. 52). Essa estratégia tem como premissa a capacidade de a empresa atender aos clientes de forma superior aos rivais, caso atenda às bases definidas de forma menos ampla que eles, obtendo maior conhecimento do mercado ou trazendo maior satisfação aos clientes.

Enquanto as estratégias de baixo custo e de diferenciação atingem toda a indústria, a estratégia de enfoque concentra sua atenção e ação em um alvo determinado. Adotando a estratégia de enfoque, a empresa poderá obter os resultados da adoção das estratégias de lideranças em custos ou diferenciação mencionadas anteriormente, para um grupo específico de clientes, mesmo que isso não ocorra no mercado como um todo.

Enquanto uma rede de varejo popular procura atender um segmento de mercado formado por um grupo de clientes de menor poder aquisitivo, que, dadas suas características socioeconômicas, privilegia a facilidade de pagamento face o valor total do bem adquirido, uma outra rede procura atender um grupo de clientes de alto poder aquisitivo, que busca eletrodomésticos com inovação e alto valor agregado.

A estratégia de enfoque pode apresentar riscos caso os custos das empresas que atuam de forma ampla apresentem grande queda se comparadas àquelas que atuam de forma focada, reduzindo a vantagem das últimas, ou se as diferenças entre a oferta das empresas que atuam de forma ampla e as que atuam de forma focada se tornem imperceptíveis.[8]

6.4.4 Posicionamento estratégico

Para Porter (1999), uma vez definida a estratégia genérica, o leitor se encontra apto a responder à pergunta "O que é estratégia?".

---

[7] Ver Anexo do Cap. 6 – item 6.4.2: a Adidas impulsionou suas vendas quando trouxe para o mercado da moda itens de vestuário esportivo. Com seu sucesso, os concorrentes a seguiram nessa estratégia. Disponível em: www.saraivauni.com.br.

[8] Ver Anexo do Cap. 6 – item 6.4.3: no mercado de telefonia, muito disputado por grandes empresas, a Primeira Escolha vê como alternativa estratégica a operação focada no mercado residencial e de pequenas e médias empresas. Disponível em: www.saraivauni.com.br.

Porter responde: "Estratégia é criar uma posição exclusiva e valiosa, envolvendo um diferente conjunto de atividades (...) a essência do **posicionamento estratégico** consiste em escolher atividades diferentes daquelas dos rivais. Se os mesmos conjuntos de atividades fossem os melhores para produzir todas as variedades de produtos, para satisfazer a todas as necessidades e para ter acesso à totalidade dos clientes, as empresas simplesmente se alternariam entre eles e a eficácia operacional determinaria o desempenho".

6.5 Estratégia mercadológica

Tendo-se definido o propósito da organização, a estratégia de marketing deve ser elaborada para ajudar a realizar esse propósito. A estratégia de marketing se relaciona à estratégia da empresa com base em três níveis principais, segundo Hooley (2005):

- o estabelecimento de uma **estratégia central**;
- a criação do **posicionamento competitivo** da empresa; e
- a **implementação** da estratégia.

A Figura 6.2, ilustra essa situação.

Figura 6.2: O processo de estratégia de marketing

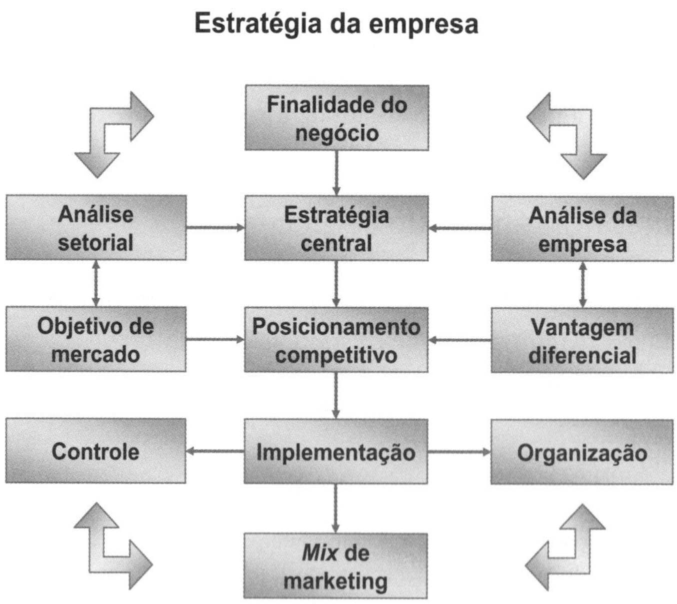

Fonte: Hooley, 2005.

Pride & Ferrell (2001) apresentam as relações entre os diversos níveis de planejamento. Segundo eles, o planejamento tem início no nível corporativo descendo até os níveis de unidade de negócio e de marketing, como representado na Figura 6.3.

Ainda, ver-se-á que a estratégia de marketing é constituída pela integração de dois fatores, o **mercado-alvo** e o **composto de marketing**.

Figura 6.3: Níveis de planejamento estratégico

Fonte: Pride & Ferrell, 2001.

6.5.1 O plano de marketing

O plano de marketing diz respeito à elaboração e implementação da estratégia de marketing, que é uma parte do plano de negócio, caracterizando um conjunto de ações táticas de marketing que, de forma dinâmica, devem estar atreladas ao planejamento estratégico geral da empresa (ou estratégia central).

Esse plano deve integrar os elementos interdependentes do composto de marketing, tais como vendas, gerência de produtos, assistência ao cliente, propaganda, promoção de vendas, *merchandising*, *lobby*, relações públicas, marca e distribuição.

O plano deve ser específico por produto, mercado e região e deve se apoiar em pesquisas de mercado e de comunicação, que são o vetor estratégico e tático da ação do plano, de tal modo que sirva ainda de base para a alocação de recursos necessários para sua implementação.

Tem como objetivo principal munir a cúpula administrativa de um conciso e completo sumário financeiro e de marketing, contendo objetivos e resultados pretendidos.

É interessante observar que para autores dessa área, "os principais passos para a elaboração e implantação de um plano de marketing são:

1. Consideração a respeito da razão de ser da empresa;
2. Análise dos cenários externo e interno;
3. Avaliação dos recursos disponíveis;
4. Consideração das estratégias competitivas gerais;
5. Definição dos objetivos de marketing;
6. Elaboração do plano de marketing;
7. Implantação, atualização e controle do plano de marketing." (COBRA, 1991, p. 147)

Dada a estruturação adotada neste livro, pode-se observar que um plano de negócio contém os quatro primeiros itens necessários à realização de um plano de marketing. Assim, percebe-se que o plano de marketing está contido no plano de negócio, que é mais abrangente.

6.5.2 Segmento de mercado e mercado-alvo

Pode ser considerado um grande desafio procurar atender a todo o mercado, que não é homogêneo, com uma oferta única. Contentar a todos que têm necessidades, percepções, gostos e vontades diferentes, com uma mesma oferta, adotando um mesmo composto de marketing pode ser uma tarefa difícil de ser bem-sucedida.

A **segmentação de mercado** diz respeito a subdividir o mercado em subgrupos que apresentam características semelhantes e, por conseqüência, possam ser abordados de forma homogênea com relação a uma determinada oferta.

Segmentação consiste, então, em identificar grupos de consumidores que demandam produtos distintos (ou compostos de marketing diferenciados) entre si (CROCCO *et al.*, 2006).

Os segmentos são criados com base na utilização de variáveis escolhidas, que podem ser geográficas, demográficas, psicográficas e comportamentais.

Após essa identificação, os segmentos deverão ser selecionados e a estratégia mercadológica trabalhará os que forem escolhidos.

Mercado-alvo pode ser compreendido como o grupo de compradores (clientes ou consumidores) que têm necessidades e desejos, percepções de valor e/ou comportamento de compra relativamente semelhantes, selecionados como foco para a oferta de dado produto.

6.5.3 Os 4 Ps (7 Ps para serviços) ou marketing *mix* ou composto de marketing

Passa-se a seguir, para o entendimento de quatro aspectos mercadológicos fundamentais, conhecidos como os 4Ps ou marketing *mix,* descritos abaixo:

- **Produto** são as características de qualquer bem, serviço, idéia, pessoa, instituição etc., que potencialmente possui valor de troca.
- **Preço** são as variáveis que refletem o custo do produto para o consumidor, como o preço propriamente dito, condições de pagamento, aceitação ou não de cartões de crédito, entre outras.
- **Praça** é tudo o que se relaciona à distribuição, localização física e logística envolvida para fazer um produto chegar às mãos do consumidor.
- **Promoção** é o processo de comunicação ativa dos atributos e benefícios de um produto para o mercado-alvo pretendido (CROCCO *et al.*, 2006).

O composto de marketing pode ser definido como a "combinação de variáveis estratégicas controláveis pela organização, basicamente os 4Ps, orientada para a criação de valor para o comprador (cliente ou consumidor) e o atingimento dos objetivos da organização ofertante" (CROCCO *et al.*, 2006).

Adicionalmente, devem-se considerar algumas particularidades da prestação de serviço comparada à entrega de um bem, tais como:

- **intangibilidade** diz respeito ao fato de os serviços não poderem ser avaliados antes de sua realização, diferentemente dos bens físicos (uma viagem ou tratamento estético não podem ser conhecidos até sua realização);
- **inseparabilidade** refere-se à característica de produção e consumo simultâneo do serviço (o tratamento dentário está sendo entregue pelo profissional em seu consultório na medida que é realizado);

- **variabilidade** ressalta o fato de que os serviços estão mais sujeitos à variabilidade do padrão de entrega se comparados a bens, pois os serviços tem estrita ligação com características do profissional, local de realização e momento da realização da prestação de serviço;
- **perecebilidade** aborda a questão da impossibilidade de os serviços serem estocados (assentos de um avião não comercializados perdem sua validade ou possibilidade de venda quando o vôo se inicia, a agenda livre de um dentista ou médico é uma possibilidade de prestação de serviço perdida se não ocupada, assim como a poltrona de uma sessão de cinema não comercializada).

Assim, quando a oferta é um serviço, dadas suas características intrínsecas, podem ser adicionados aos 4Ps mencionados anteriormente mais 3Ps, ou seja:

- **pessoas** são os indivíduos envolvidos na prestação de serviço (como são treinados, como se comportam na prestação de serviço, uniforme que utilizam etc.);
- **processos** são os que as pessoas desempenham para realizar a prestação de serviço (verificação dos processos existentes realizados pelas pessoas para que a entrega ocorra dentro dos padrões estabelecidos, os processos que são criados, ensinados, monitorados e aperfeiçoados); e
- ***physical evidence***, ou evidência física, que consiste no local onde a prestação de serviço é realizada (atendimento telefônico, consultório dentário, clínica médica, avião) e que tem uma importância relevante na prestação de serviço, pois, dada sua intangibilidade, esse fator físico contribui para a comunicação dos aspectos sobre a oferta realizada.

Veja, então, mais detalhadamente as possibilidades estratégicas para cada um dos 4 Ps inicialmente abordados.

6.5.4 Estratégia de produto

Segundo Cobra (1991 p. 169), a estratégia de produto pode enfocar diversas questões, como as indicadas a seguir:

- **Posicionamento do produto** – é entendido como o lugar que o produto ocupa na mente de um consumidor em relação aos produtos concorrentes.

> *O posicionamento começa com um produto, uma mercadoria, um serviço, uma empresa, uma instituição, ou até mesmo uma pessoa... Mas o posicionamento não é o que você faz com o produto. O posicionamento é o que você faz na mente do cliente potencial, ou seja, você posiciona o produto na mente do cliente potencial.*
>
> (AL RIES e TROUT, 1982)

- **Escopo** – a estratégia de escopo de um produto é construída com base numa categoria como escopo de seu negócio, assim, uma empresa pode fortalecer sua imagem de maneira tão intensa que dificulta a entrada da concorrência.
- **Design** – uma unidade de negócios pode oferecer um produto padrão ou um produto customizado. Enquanto os produtos padronizados apresentam a vantagem de redução dos custos de produção e comercialização com base na curva de experiência, os produtos customizados com *design* exclusivo podem ser mais competitivos.
- **Inovação** – o desenvolvimento de novos produtos pode ser essencial ao crescimento de muitas empresas. A empresa mantém sua competitividade quando consegue posicionar um novo produto no mercado. A utilização dessa estratégia é recomendável para fazer frente às inovações tecnológicas e conquistar a confiança dos consumidores. Os riscos de lançamento de um produto no mercado acabam por inibir a iniciativa de empresas mais tímidas ou cautelosas. Essas adotam a estratégia de imitação.

Enquanto os itens anteriores podem ser utilizados tanto em empresas novas como existentes, os itens a seguir, devido à sua natureza, necessariamente, serão utilizados no caso de empresas existentes.

- **Extensão de linha** – ampliação de linha existente por meio de sua complementação com a introdução de novos itens. Uma marca famosa de sabonetes conhecida por sua qualidade no tratamento da pele lança mais dois itens que contêm elementos naturais, como aveia e mel.
- **Extensão de marca** – utilização da marca em novos mercados, em produtos substancialmente diferentes, mas que incorporarão os atributos de credibilidade e desempenho da marca. Uma indústria de motos conhecida pela qualidade de seus produtos utiliza a mesma marca na fabricação de automóveis.

- **Reposicionamento** – pode ser necessário caso seu posicionamento inicial não esteja sendo efetivo. Isso pode ocorrer se o público-alvo da empresa sofrer transformações, como sua diminuição devido ao envelhecimento.
- **Sobreposição** – a estratégia de sobreposição ocorre quando uma empresa tenta competir com sua própria marca. Isso acontece quando ela não consegue utilizar toda sua capacidade de produção, precisando escoar os excedentes por meio de distribuição, mesmo que concorra consigo mesma.
- **Eliminação** – durante muitos anos os profissionais de marketing defenderam a tese de que os produtos fracos deveriam ser eliminados. Apenas mais recentemente passou-se a examinar a eliminação como uma consideração estratégica. A crença é de que para uma unidade estratégica de negócios vários produtos representam um portfólio e cada um desses produtos tem como único papel tornar o portfólio viável. Na medida que o papel do produto diminui ou torna-se irrelevante, deixa de ser importante. Um baixo desempenho de um produto pode ser caracterizado por diversos fatores, como: baixa lucratividade, volume de vendas estagnadas ou em declínio, tecnologia com risco de obsolescência, produto entrando na fase de maturidade ou declínio de seu ciclo de vida, baixa adaptação com as forças da unidade estratégica de negócios.
- **Diversificação** – a diversificação ocorre toda vez que, para uma empresa em operação, há a criação de um produto para um novo mercado em que a empresa não atuava anteriormente. Consiste em uma estratégia de risco que pode significar uma saída interessante ou mesmo necessária à sobrevivência de um negócio. A diversificação poderá ser concêntrica, caso existam relações sinérgicas do novo investimento com o atual. Não se deve deixar de verificar por qual base está sendo realizada a diversificação: grupo de clientes, tecnologia ou função de clientes.

6.5.5 Estratégia de preço

É comum, e não é o ideal, que muitas empresas utilizem apenas o preço como ferramenta estratégica. Os objetivos em relação à estratégia de preços têm sido o lucro ou o volume de vendas.

Quando a empresa precisa fazer caixa rapidamente ou ampliar sua participação de mercado, baixa o preço, procurando, porém, manter o preço de forma a obter as maiores margens possíveis.

A alteração do preço como estratégia é utilizada quando as vendas estão em declínio ou quando ele é mais alto ou mais baixo do que o praticado pela concorrência.

O preço é altamente influenciado ainda pelos custos, que são decorrentes da otimização da curva de experiência, aplicada na produção e no marketing, ocasionando a redução de custos pela economia da escala de produção ou de comercialização.

O preço também é influenciado pela ação da concorrência. Quanto maior for o número de concorrentes em um mercado e quanto mais agressivos forem, maior será a importância do fator preço.

A demanda, ou procura pelo produto, influencia o preço, com base na lei microeconômica da oferta e demanda:

- Aumenta o preço – quando ocorre o crescimento da demanda para uma mesma oferta, ou quando há uma diminuição da oferta para uma mesma demanda.
- Abaixa o preço – quando ocorre a redução da demanda para uma mesma oferta, ou o aumento da oferta para uma mesma demanda.

Um novo produto pode utilizar a estratégia de desnatamento, (*skiming*), ou seja, tentar retirar as maiores margens possíveis dos consecutivos segmentos de renda, iniciando-se com um preço mais alto, atendendo primeiro um mercado de maior poder aquisitivo e baixando o preço na medida que os segmentos forem sendo atendidos.

Pode servir para uma estratégia de rápida penetração de mercado, quando se adota um preço abaixo do praticado com o intuito de captar uma maior fatia de participação de mercado. É uma estratégia importante quando está em jogo a necessidade de economia de escala.

O preço serve também como indicador de prestígio ou qualidade. No mercado de luxo, no qual os produtos devem apresentar exclusividade, o preço deve ser alto, exercendo uma função de barreira contra a popularização.[9]

Preço x Custo x Valor

É importante ressaltar que preço não ser confundido com custo nem com valor.

---

[9] Ver Anexo do Cap. 6 – item 6.5.5: no artigo, vê-se o cuidado com preço e também com a escolha do canal compatível e da preocupação com a apresentação do produto de luxo. Perceba a questão da coerência entre as decisões mercadológicas, que devem ser abordadas na estratégia de marketing. Disponível em: www.saraivauni.com.br.

Enquanto o preço, em um mercado competitivo, é determinado pela oferta e demanda, o custo do produto é composto pelas despesas fixas e variáveis da empresa. A diferença entre eles é o lucro.

Valor, porém, vai além do preço. É o benefício enxergado pelo cliente: "O valor é a qualidade percebida, ou utilidade, relativa ao custo percebido" (CROCCO *et al.*, 2006).

Se as ações de marketing conseguem realizar um trabalho de tal modo eficiente que o cliente perceba um valor ainda maior pelo produto, pode-se estabelecer uma precificação do produto acima dos preços correntes no mercado, ampliando-se a margem (BRUNI, 2003, p. 304).

Segundo Lovelock (2006), "... para estabelecer um preço adequado, os profissionais de marketing precisam entender como os clientes percebem o valor de serviço". Uma matriz Preço x Qualidade do Produto pode ser elaborada para contribuir na definição da estratégia de preço dada a qualidade ofertada (veja a Figura 6.4).

Figura 6.4: Estratégia de preço x Qualidade do produto

Qualidade do produto \ Preço	Alto	Médio	Baixo
Alta	Estratégia de preço *premium*	Estratégia de alto valor	Estratégia de supervalor
Média	Estratégia de preço excessivo	Estratégia de valor médio	Estratégia de valor bom
Baixa	Estratégia de "assalto ao cliente"	Estratégia de falsa economia	Estratégia de economia

Fonte: Kotler, 2000.

6.5.6 Distribuição – canais de marketing

A **distribuição** compreende o processo, a estrutura e a administração dos produtos (bens ou serviços) com a finalidade de torná-los disponíveis para as trocas (CROCCO *et al.*, 2006, p. 116).

A distribuição tem sua importância, pois, para que ocorra a venda, deve haver a disponibilidade do produto para o consumidor. A quantidade e os tipos de intermediários necessários para levar o produto até o consumidor variam de acordo com fatores como o tipo de negócio, o produto, a cultura, entre outros.

No entanto, não se deve confundir **distribuição física** – logística de distribuição – com **canal de marketing**. Enquanto o primeiro conceito trata de uma questão operacional, "envolvendo a gestão logística de transporte, volumes, prazos, armazenagem e manuseio de produtos, assim como a infra-estrutura de suporte para esses processos" (CROCCO *et al.*, 2006, p. 116), o segundo aborda a questão da escolha dos intermediários mais indicados dada a estratégia global de marketing.

Assim, **canais de marketing** podem ser entendidos como o sistema de agentes (organizações) inter-relacionados, pelo qual se estabelece um fluxo de produto, propriedade, informações, recursos ou promoção, ligando a produção ao consumo (CROCCO *et al.*, 2006, p. 116).

Para uma eficiente abordagem da distribuição no plano de marketing é preciso identificar as necessidades do consumidor e os canais de marketing disponíveis.

Quanto às funções dos canais de marketing

Os canais de marketing cumprem uma função econômica, realizando atividades que tornam viável o processo produtivo, a distribuição e a comercialização. Apresentam as funções transacionais, logísticas e de facilitação.

- **Função transacional** – ocorre quando um intermediário assume o risco de compra e, por conseqüência, da propriedade, transporte, armazenagem e administração do processo com expectativa da venda.
- **Função logística** – ocorre quando se verificam as operações de compra, armazenagem, organização, transporte e administração desses processos para a distribuição física.
- **Função de facilitação** relaciona-se às atividades de promoção dos processos de venda e compra necessários para financiamento (facilitação do pagamento), fornecimento e troca de informações.

Quanto ao fluxo nos canais de marketing

Podem ocorrer diversos fluxos comerciais e de negócios no canal de marketing. Dentre eles, podem-se citar:

- **Fluxo físico** (deslocamento dos produtos entre ao agentes).
- **Fluxo de propriedade** (transferência da propriedade entre os agentes).
- **Fluxo de pagamento** (transferência dos recursos financeiros devido à transação comercial).
- **Fluxo de informação** (intercâmbio de conhecimento).
- **Fluxo de promoção** (ações de estímulo à venda).

Quanto aos níveis de canais de marketing

Os canais de marketing podem prescindir de intermediários dependendo das diversas características dos produtos, ambiente, cultura e das condições da distribuição. O nível de canal pode ser classificado de 0 a 3, dependendo do número de intermediários envolvidos. O canal de nível 0 pode também ser denominado canal direto, enquanto os demais são denominados canais indiretos.

- **Nível 0** – Produtor -> Consumidor
- **Nível 1** – Produtor -> Varejo -> Consumidor
- **Nível 2** – Produtor -> Atacado -> Varejo -> Consumidor
- **Nível 3** – Produtor -> Agente -> Atacado -> Varejo -> Consumidor

Quanto à arquitetura dos canais

Os canais de marketing podem assumir diversas configurações dependendo das diversas características dos produtos, ambiente, cultura e das condições de distribuição. O desenho do canal de marketing reflete os objetivos estratégicos quanto ao produto, mercados e consumidores envolvidos. "Os intermediários são classificados em função do tipo de negócio, limitações de capacidade e recursos, assim como aspectos como cobertura e eficiência" (CROCCO *et al.*, 2006, p. 116). Estes podem ser o comerciante, o atacadista, o varejista, o corretor, o agente de vendas, a força de vendas, o representante de vendas e a rede franqueada.

Quanto à lealdade, disponibilidade e estratégia

- A **distribuição exclusiva** ocorre quando a natureza do negócio exige lealdade do distribuidor e um elevado grau de controle sobre sua atividade.

- A **distribuição intensiva** ocorre quando, ao contrário da distribuição exclusiva, a lealdade não é o fator preponderante. O mais importante é a disponibilidade do produto em um grande número de pontos-de-venda.
- A **distribuição seletiva** ocorre quando, dependendo da natureza do produto e da necessidade de sua valorização, é imprescindível que a distribuição selecione apenas os pontos-de-venda mais apropriados à estratégia.[10]

Franquia

Por meio da franquia estabelece-se uma parceria de negócio que reduz os riscos de elevados investimentos e de aprendizado do negócio. Operando sob a marca do franqueador e sob estratégias de marketing menos flexíveis, se comparado a um negócio independente, tem-se um canal de distribuição para os produtos e serviços gerados pelo franqueador.

6.5.7 Estratégia promocional

A estratégia promocional diz respeito ao planejamento, implementação e controle de comunicações persuasivas com os clientes. Podem ser estabelecidas para a propaganda, venda pessoal, promoção de vendas, *merchandising*, empregadas isoladamente ou em conjunto no composto promocional.

O **composto promocional** ou ***mix* de comunicação** "é o conjunto de mensagens que o ofertante do produto comunica a seu público-alvo e *stakeholders* em geral" (CROCCO *et al.*, 2006, p. 189). O composto promocional é formado pela propaganda, publicidade, venda pessoal, promoção de vendas, *merchandising*, marketing direto, atendimento ao cliente, marketing digital, assessoria de imprensa e embalagem.

- A **propaganda** refere-se à comunicação paga e impessoal transmitida pela mídia de massa, como rádio, televisão, jornal, revista, *outdoor* e marketing direto, com patrocínio identificado.
- A **publicidade** é qualquer forma não paga de divulgação de produtos.

[10] Ver Anexo do Cap. 6 – item 6.5.6: a Cadbury Adams, líder do mercado brasileiro nos segmentos de gomas de mascar e balas, decidiu adotar o *checkout*, ou caixa do supermercado, como ponto estratégico nesse canal de vendas e desenvolver um novo conceito de exposição. O artigo mostra em detalhes aspectos mercadológicos abordados pela estratégia de canal. Disponível em: www.saraivauni.com.br.

- A **venda pessoal** refere-se à interação face à face com o cliente. Ao contrário da propaganda, a venda pessoal é um duplo canal de comunicação, pois o vendedor pode capturar reações dos potenciais compradores que podem servir de *feedback* para as ações adotadas. A venda pessoal, sendo ativa, pode intensificar o poder de persuasão do vendedor, sendo mais difícil de ser obtida pelos meios mais passivos de promoção.
- A **promoção de vendas** inclui promoções com o uso de cupons, amostras, demonstrações, exposições, prêmios, concursos, incentivos a revendedores, descontos promocionais etc, visando incrementar as vendas.
- O ***merchandising*** pode ser entendido como a inserção do produto em um lugar, ao longo de um período e exposto de tal forma que crie um cenário estimulante para o produto no ponto-de-venda.
- O **marketing direto** consiste na comunicação direta e impessoal entre a empresa e o cliente, como no caso do telemarketing, correio e Internet.
- O **marketing digital** consiste no conjunto de mensagens quando a mídia é a Internet, seja por meio de *blogs*, *banners*, seja por jornais eletrônicos, dentre outros.
- A **assessoria de imprensa** e **relações públicas** são a comunicação entre a empresa e os meios de comunicação pela geração de conteúdo com o objetivo de informar eventos específicos.
- A **embalagem** e o **rótulo** também devem ser considerados elementos de comunicação, pois, pela forma, cores e ilustrações utilizadas, conferem informação ao consumidor. Pode ser um diferencial importante, principalmente nos inúmeros casos em que a decisão de compra se dá nos últimos segundos antes da tomada de decisão.

Dependendo da natureza do produto e das condições de mercado, há um tipo mais adequado de esforço promocional a ser realizado. Como mencionado anteriormente, a escolha da promoção adequada é interdependente dos demais constituintes do composto de marketing.[11]

6.5.8 Estratégia de marca

A marca serve para identificar e distinguir uma oferta de outra, podendo ser utilizada tanto em bens quanto em serviços. A marca garante a seu proprietário os bene-

[11] Ver Anexo do Cap. 6 – item 6.5.7: as Casas Bahia inovam atraindo muita atenção para sua promoção inédita. Disponível em: www.saraivauni.com.br.

fícios decorrentes dos investimentos realizados em seu produto, ou seja, em termos econômicos a marca serve como um fator de monopólio perante os concorrentes.

Segundo a AMA – *American Marketing Association*, marca é "um nome, designação, sinal, símbolo ou combinação de todos, que tem o propósito de identificar bens ou serviços de um vendedor ou grupo de vendedores e de diferenciá-los de seus concorrentes" (CROCCO, *et al.*, 2006, p. 42).

A marca pode ser constituída isolada ou em conjunto de nome, logos, *slogan*, *jingle*, embalagem, rótulos e outros símbolos. Esse conjunto de informações comunica ao consumidor uma **identidade de marca**, que é "aquilo que a empresa deseja que a marca transmita ao consumidor" (CROCCO, *et al.*, 2006, p. 42), é o trabalho que o produtor e o comunicador realizam para que seja construída uma imagem de marca.

A **imagem de marca** é a "percepção de uma marca baseada nas associações que o consumidor estabelece na memória". Perceba a utilização das palavras percepção e memória. O trabalho realizado com a marca tem como meta imprimir na memória dos consumidores uma determinada mensagem.

6.5.9 Quanto à estratégia de marca

A forma como a empresa utiliza e administra suas marcas faz parte de sua estratégia de marca, que pode incluir o lançamento de uma marca, a extensão de marca e a utilização de multimarcas.

- **Nova marca** diz respeito à utilização de uma marca nova em uma nova categoria de produtos;
- **Extensão de marca** refere-se à utilização de uma marca, já em uso por uma categoria de produtos da empresa, por uma nova categoria de produtos, realizando, assim, um empréstimo dos atributos dessa marca à nova categoria;
- **Multimarcas** relaciona-se à utilização de diversas marcas para diversas categorias de produtos da empresa.

6.6 Cadeia de valor

Para Porter, somente após uma empresa escolher entre uma das três estratégias genéricas é que os fatores internos deveriam ser considerados. Especificamente, argumenta que a empresa deveria implementar sua estratégia por meio do bom gerenciamento das atividades em sua *value chain* – cadeia de valor.

A cadeia de valor é um modelo que a empresa utiliza para entender sua posição em custos e identificar meios que poderão ser empregados para facilitar a implementação de sua estratégia comercial (HITT, 2005).

No livro *Vantagem competitiva*, Porter (1985) supõe uma compreensão da estrutura da indústria e do comportamento da concorrência, preocupado em traduzir essa compreensão para uma vantagem competitiva. Aborda o conceito de cadeia de valor, considerando que uma empresa pode ser desagregada em suas atividades de relevância estratégica, de forma que seja possível a compreensão do comportamento dos custos – e suas fontes – e os potenciais de diferenciação.

Assim, a empresa obtém vantagem competitiva ao executar essas atividades estrategicamente importantes com o menor custo possível, ou melhor, com custos menores do que a concorrência.

De acordo com Porter (1989), "toda empresa é uma reunião de atividades que são executadas para projetar, produzir, comercializar, entregar e sustentar seu produto. Todas estas atividades podem ser representadas, fazendo-se uso de uma cadeia de valores", também, "a cadeia de valor de uma organização e o modo como executa atividades individuais são um reflexo de sua história, de sua estratégia, de seu método de implementação de sua estratégia e da economia básica das próprias atividades (...) a cadeia de valores desagrega uma empresa nas suas atividades de relevância estratégica para que se possa compreender o comportamento dos custos e as fontes existentes e potenciais de diferenciação" (p. 31-33).

Com relação à interdependência das diversas atividades, Porter complementa: "a cadeia de valores de uma empresa é um sistema de atividades interdependentes conectadas por elos. Os elos surgem quando a maneira como uma atividade é desempenhada afeta o custo ou a eficácia de outras. Os elos geralmente criam opções excludentes no desempenho das diferentes atividades a serem otimizadas" (p. 85).

Contextualizando a cadeia de valores no ambiente, Porter comenta: "a cadeia de valores de uma empresa em um setor específico está inserida num fluxo mais amplo de atividades, que denominamos 'sistema de valores'. Esse sistema de valores inclui a cadeia de valores dos fornecedores, que fornece insumos (...) à cadeia de valores da empresa. O produto da empresa geralmente passa pelas cadeias de valores dos canais de distribuição (...) finalmente, o produto se transforma em insumo adquirido para as cadeias de valores dos compradores..." (p. 86), como demonstra a Figura 6.5, a seguir:

Figura 6.5: Sistema de valores

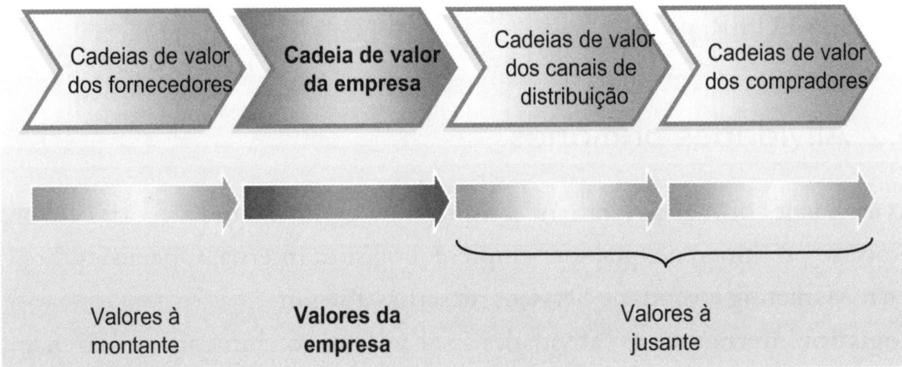

Fonte: Porter, 1999, p. 86.

Ao analisar as partes da empresa como se fossem independentes, pode-se entender claramente como cada área contribui para a geração de valor geral. Evidentemente, trata-se de um processo de análise que visa definir para a empresa suas vantagens competitivas, tendo em vista que, se ela fosse analisada como um todo, o processo seria muito mais complexo.

6.6.1 Valor

A utilização da cadeia de valores permite o estudo mais aprofundado da empresa no que se refere à contribuição das "inúmeras atividades distintas" para a entrega de valor ao cliente.

Veja, então, o entendimento do conceito de valor.

Para Porter, "em termos competitivos, valor é o montante que os compradores estão dispostos a pagar por aquilo que uma empresa lhes fornece" (p. 34).

A meta de qualquer estratégia genérica é criar valor para os compradores de tal ordem que exceda seu custo de criação. Então, agregar valor a um produto implica executar uma ou mais atividades – primárias e/ou de apoio – a um custo menor ou de uma forma mais eficiente que os concorrentes.

Sobre os diferentes tipos de atividades, o autor afirma que "atividades de valor podem ser divididas em dois tipos gerais, atividades primárias e atividades de apoio.

As atividades primárias são as atividades envolvidas na criação física do produto e na sua venda e transferência para o comprador, bem como na assistência após venda" e "as atividades de apoio sustentam as atividades primárias e a si mesmas, fornecendo insumos adquiridos, tecnologia, recursos humanos e várias funções ao âmbito da empresa" (PORTER, p. 34).

6.6.2 Atividades primárias

As atividades primárias estariam compreendidas em cincos categorias envolvidas no processo produtivo de qualquer empresa: Logística interna, Operações, Logística externa, Marketing e vendas e Serviços, descritas a seguir.

Logística interna: são as "atividades associadas ao recebimento, armazenamento e distribuição de insumos no produto" (PORTER, p. 36).

Operações: são as "atividades associadas à transformação dos insumos no produto final" (PORTER, p. 36).

Logística externa: são as "atividades associadas à coleta, armazenamento e distribuição física do produto para compradores" (PORTER, p. 37).

Marketing e vendas: são as atividades associadas que oferecem "um meio pelo qual compradores possam comprar o produto" (PORTER, p. 37), ou sejam induzidos a fazê-lo.

Serviços: são as "atividades associadas ao fornecimento de serviço para intensificar ou manter o valor do produto" (PORTER, p. 37).

Assim, "cada categoria pode ser vital para a vantagem competitiva" (PORTER, p. 37).

6.6.3 Atividades de apoio

As atividades de apoio são aquelas consideradas necessárias, pois servem de suporte às atividades primárias, para que estas possam ser exercidas.

As atividades de apoio estão compreendidas em quatro categorias nas diversas empresas: Aquisição, Desenvolvimento de tecnologia, Gerência de recursos humanos e Infra-estrutura da empresa, descritas a seguir:

Aquisição: "Refere-se à *função* de compra de insumos empregados na cadeia de valor da empresa, e não aos próprios insumos adquiridos. (...) Considera-se que "a aquisição tende a espalhar-se pela empresa inteira" (PORTER, p. 37-38).

Desenvolvimento de tecnologia: "Consiste em várias atividades que podem ser agrupadas, em termos gerais, em esforços para aperfeiçoar o produto e o processo (...) o desenvolvimento de tecnologia pode apoiar qualquer uma das numerosas tecnologias englobadas em atividades de valor (...) Ele não se aplica apenas a tecnologias diretamente relacionadas ao produto final (...) assume diversas formas, desde a pesquisa básica e o projeto do produto até pesquisa de mídia..." (PORTER, p. 38).

Gerência de recursos humanos: "A gerência de recursos humanos afeta a vantagem competitiva em qualquer empresa, através de seu papel na determinação das qualificações e da motivação de funcionários e do custo da contratação e do treinamento" (PORTER, p. 38).

Infra-estrutura: "A infra-estrutura da empresa consiste em uma série de atividades, incluindo gerência geral, planejamento, finanças, contabilidade, problemas jurídicos, questões governamentais e gerência de qualidade (...) ao contrário de outras atividades de apoio, geralmente, dá apoio à cadeira inteira, e não a atividades individuais" (PORTER, p. 38).

A representação gráfica da cadeia de valor é demonstrada na Figura 6.6.

Figura 6.6: Cadeia de valor

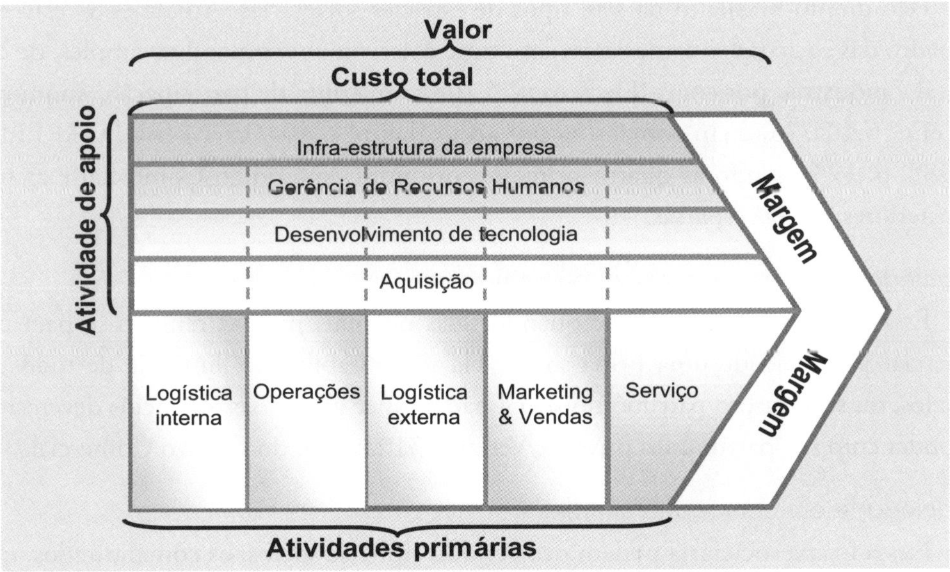

Fonte: Porter, 1989, p. 35.

Enquanto a cadeia de valor procura expor a importância das diversas atividades sob o ponto de vista de sua contribuição para a entrega de valor ao cliente, o mapa de relacionamentos, por outro lado, como será visto adiante no próximo capítulo, procura expor a função dos diversos departamentos constituintes de uma empresa, sua inter-relação e relacionamento com o ambiente externo à empresa, por meio das diversas interfaces existentes.

6.7 Estrutura legal do negócio

Nesse item, pretende-se apresentar sucintamente as principais formas de constituição de empresas, suas características principais, razões para a escolha entre elas e suas conseqüências, tais como controle, responsabilidades dos sócios e obrigações com relação aos impostos.

Por ocasião da abertura da empresa, **recomenda-se a consulta a contadores e advogados especializados nessa área**, que lidam com essas questões no dia-a-dia. Pois, além de complexo, trata-se de um tema dinâmico. Mesmo que o Código Comercial seja vigente desde 1850, tanto as questões societárias quanto as tributárias estão sujeitas a freqüentes alterações legais.

6.7.1 Constituição jurídica

Pelo direito brasileiro há sete tipos de espécies societárias. Atualmente, este é o quadro das sociedades comerciais: em nome coletivo; em comandita simples; de capital e indústria; por cotas (Decreto n° 3.708); em conta de participação; anônimas (Lei n° 6.404/76) e em comandita por ações (Lei n° 6.404/1976) (BULGARELLI, 1989, p. 125), sendo as quatro primeiras oriundas do Código Comercial e as três posteriores, de leis esparsas.

Sociedade em nome coletivo ou com firma

Essa forma societária ocorre quando duas ou mais pessoas reúnem-se para comerciar por meio de uma firma social. Há responsabilidade ilimitada de todos os sócios, ou seja, caso o patrimônio social não alcance as dívidas, os sócios devem responder com seu patrimônio privado. Ver arts. 310 e 316, do Código Comercial.

Sociedade em comandita simples

Nessa forma societária podem ocorrer dois tipos de sócios: os comanditados, que respondem solidariamente e sem limitações, e os comanditários, que respondem até o limite do capital subscrito. Ver arts. 311 a 314, do Código Comercial.

Sociedade de capital e indústria

Assim como ocorre na sociedade em nome coletivo, essa forma societária aceita sócios capitalistas e sócios que ingressem apenas com seu trabalho, limitando a responsabilidade dos últimos, desde que não haja contribuição para o capital com dinheiro ou exerçam função gerencial. Ver art. 317, do Código Comercial.

Sociedade em conta de participação

Não é considerada por muitos uma verdadeira sociedade, mas apenas um contrato de participação. Nessa forma societária, uma ou mais pessoas fornecem dinheiro ou bens a um comerciante, que os investirá em certas operações em benefício do interesse comum. O sócio ostensivo, ou operador, dirige as operações e aparece para terceiros, sendo o único a responder com seus bens particulares em caso de falência. Os demais sócios são conhecidos como sócios ocultos ou participantes. Ver art. 325, do Código Comercial.

Sociedade por cootas de responsabilidade limitada

É uma forma societária caracterizada pela simplicidade das exigências legais com relação a seu funcionamento, sendo mais simples, barata e flexível. Atende principalmente a empreendimentos de pequeno porte. A responsabilidade dos sócios está limitada ao valor do capital social integralizado. Ver Decreto nº 3.708 de 10/1/1919.

Sociedade anônima

Essa forma societária pode ser de capital aberto, quando suas ações são negociadas em bolsa ou mercado de balcão, ou de capital fechado, quando suas ações não são alvo de negociação, como no caso anterior. Entretanto, em ambos os casos apresentam elevados custos de manutenção, devido às obrigações de publicação de balanços, editais de convocação e atas de assembléia, dentre outras obrigações. Em geral, é um tipo utilizado para grandes empreendimentos. A responsabilidade dos acionistas é limitada ao preço de emissão das ações subscritas ou adquiridas. Pode apresentar capital fixo, quando o capital encontra-se integralmente subscrito, ou capital autorizado, quando a subscrição é inferior ao capital constante no estatuto. Ver as Leis nº 6.404/76, de 15/12/1976, e nº 8.024/90, de 15/3/90.

Sociedade em comandita por ações

Oriunda da lei anterior, nessa forma societária a responsabilidade é mista, e os acionistas não-administradores ou diretores da sociedade apresentam responsabilidade limitada, enquanto aqueles acionistas que dirigem a sociedade apresentam responsabilidade ilimitada. Ver a Lei nº 6.404, de 15/12/1976, arts. 280 e 284.

Os modelos societários mais utilizados são as sociedades anônimas, habitualmente, as fechadas, e as sociedades por cotas de responsabilidade. As demais, por apresentarem responsabilidade solidária e ilimitada de parte ou de todos os sócios, não são tão utilizadas.

6.7.2 Regime fiscal

O regime fiscal das empresas é bastante complexo. Há tentativas de simplificações das obrigações por meio da possibilidade de se utilizar o Simples Federal ou estadual.

De forma muito ampla e geral, os principais impostos incidentes sobre a atividade das empresas são descritos a seguir:

ISS – Imposto Sobre Serviços, aplicado pelas prefeituras, sua alíquota pode variar de município para município. Leva em consideração a localização da sede da empresa, mas também onde o serviço é prestado.

PIS – Programa de Integração Social, é uma contribuição social de natureza tributária, tratando-se de um imposto federal. Sua alíquota é de 1,65% para as empresas tributadas pelo lucro real (sistemática da não-cumulatividade) e de 0,65% para as empresas tributadas pelo sistema de lucro presumido. Tem por base de cálculo o faturamento mensal (receita bruta da venda de bens e serviços) ou o total das receitas da pessoa jurídica.

COFINS – Contribuição para o Financiamento da Seguridade Social, é uma contribuição federal de natureza tributária, incidente sobre a receita bruta das empresas em geral, destinada a financiar a seguridade social. Sua alíquota é de 7,6% para as empresas tributadas pelo lucro real (sistemática da não-cumulatividade) e de 3,0% para as demais. Tem por base de cálculo o faturamento mensal (receita bruta da venda de bens e serviços) ou o total das receitas da pessoa jurídica.

FINSOCIAL – Fundo de Investimento Social, imposto federal, 2% sobre faturamento.

INSS – Instituto Nacional do Seguro Social, corresponde à autarquia competente, no Brasil, para o recebimento de contribuições para a manutenção do Regime Geral da Previdência Social. A empresa paga 20% sobre a folha de salários.

CPMF – Contribuição Provisória sobre a Movimentação ou Transmissão de Valores e de Créditos e Direitos de Natureza Financeira, tributo federal. Incide sobre qualquer operação que represente circulação escritural ou física de moeda, e de que resulte ou não transferência da titularidade dos mesmos valores, créditos e direitos. Apresenta alíquota de 0,038% sobre os valores transacionados.

IPI – Imposto sobre Produtos Industrializados, imposto federal, incidindo sobre produtos industrializados, estrangeiros e nacionais. O fato gerador do IPI ocorre em um dos seguintes momentos: com o desembaraço aduaneiro do produto importado, com a saída do produto industrializado do estabelecimento do importador, do industrial, do comerciante ou do arrematador e com a arrematação do produto apreendido ou abandonado, quando é levado a leilão. Os contribuintes do imposto podem ser o importador, o industrial, o comerciante ou o arrematador, ou a quem a lei os equiparar, dependendo do caso. A alíquota utilizada varia conforme o produto, de isenção a mais de 300% (caso de cigarros). As alíquotas estão dispostas na Tipi (Tabela de Incidência do Imposto sobre Produtos Industrializados). A base de cálculo depende da transação. No caso de venda em território nacional, a base de cálculo é o preço de venda. No caso de importação, a base de cálculo é o preço de venda da mercadoria, acrescido do Imposto de Importação e demais taxas exigidas (frete, seguro etc.).

ICMS – Imposto sobre Circulação de Mercadorias e Prestação de Serviços, imposto estadual, não cumulativo, com alíquotas de 0 a 18%, conforme o estado de destino e origem das mercadorias. O principal fato gerador para a incidência do ICMS é a circulação de mercadoria.

IR retido na fonte – atualmente é mais utilizado como uma forma de antecipação do imposto, ou seja, o contribuinte recolhe o imposto durante o ano sobre diversos rendimentos: salários, alienações de bens etc., e, no final do ano, declarará o que já recolheu e o que seria de fato devido.

IR por estimativa – forma de antecipação do imposto de renda da pessoa jurídica na qual se recolhe o imposto antecipadamente com base em percentuais sobre a receita bruta, com alguns ajustes.

IR trimestral – recolhe-se o imposto sobre balanços trimestrais, ou seja, nesse caso, não se considera uma antecipação, mas o imposto devido da pessoa jurídica.

IR sobre o Lucro Presumido – imposto mensal em definitivo, mas calculado sobre as Receitas escrituradas em um Livro Caixa expandido (que inclui a movimentação bancária). Dispensa a manutenção de um sistema contábil completo e de um contabilista.

CSLL – Contribuição Social sobre o Lucro Líquido, incidente sobre as pessoas jurídicas e entes equiparados pela legislação do Imposto de Renda, destinando-se ao financiamento da Seguridade Social, sua alíquota varia entre 10% e 12% e a base de cálculo é o valor do resultado do exercício, antes da provisão para o Imposto de Renda.

6.8 Estrutura de capital – *Funding*

Para iniciar suas atividades, implementar uma nova unidade de negócios ou alterar uma estratégia, uma empresa necessita de capital para investimento. As fontes de capital são descritas a seguir.

Há várias formas de se obter recursos financeiros, e cada uma delas apresenta características específicas quanto ao custo, às garantias necessárias, à necessidade de participação ou não na empresa e prazo de investimento.

6.8.1 Novas empresas e empresas em operação

Recursos próprios: são os recursos poupados pelo investidor pessoa física ou os recursos que a empresa acumulou e possui em função de suas atividades. Esse recurso, quando aplicado, apresenta remuneração ou rentabilidade. Essa remuneração pode ser considerada custo de oportunidade ou rentabilidade que o capital apresenta sem que haja investimento no empreendimento.

Empréstimo bancário: empréstimo realizado nos bancos mediante pagamento de juros e oferecimento de garantias. Esses empréstimos podem ser para capital de giro, compra de equipamentos ou outros ativos como imóveis e veículos para frota e funcionários.

***Venture capital*:** empresas de capital de risco investem em empresas privadas que necessitam de capital para desenvolver e vender seus produtos. Como retorno pelo investimento, os capitalistas de risco definem um preço, participação na empresa e uma cadeira no *board* dos diretores. Em geral, focam em empresas dos setores de tecnologia, farmacêutico e varejo. Levantam recursos de investidores institucionais, fundos de pensão estatais e indivíduos altamente capitalizados, habitualmente na forma de participação limitada.

***Venture capitalist funds*:** são os fundos de *venture capital* que agrupam e administram o dinheiro dos investidores que buscam participação em *private equity* de pequenas e médias empresas cujo potencial de crescimento é forte.

***Angel* ou *angel investor*:** é o indivíduo que provê capital para uma ou mais empresas *start-ups*. Diferentemente do sócio, o *Angel* raramente se envolve na administração da empresa, mas pode agregar valor por meio de seus contatos e conhecimento.

6.8.2 Para empresas em operação

Emissão de debêntures: financiamento por debêntures envolve uma empresa que levanta fundos para capital de giro ou despesas de investimento por meio da venda de debêntures ou notas para investidores individuais ou institucionais. Como retorno pelo empréstimo, os financiadores tornam-se credores e recebem uma promessa de pagamento do principal e de juros sobre a dívida.

IPO – *initial public offering*: oferta pública inicial de ações, constitui a primeira venda de ações de uma empresa privada ao público. As IPOs, em geral, são realizadas por empresas menores e jovens que buscam capital para expandir seus negócios.

Oferta pública secundária: refere-se a uma oferta pública subseqüente à IPO.

***Private equity*:** são títulos (*securities*) de empresas não listadas na bolsa. São menos líquidas que as ações publicamente comercializadas e conhecidas como sendo investimento de longo prazo.

Investidores institucionais: referem-se, principalmente, às empresas de seguros, fundos de pensão e investidoras que captam poupança e oferecem recursos para empresas.

ADRs – *American Depository Receipts*: são papéis lançados por empresas não americanas que desejam ser listadas na bolsa americana e que devem cumprir os padrões de regulamento e relatórios da Securities and Exchange Comission (SEC). Esses papéis são chamados de *receipts*, porque representam uma certa quantidade das ações reais da empresa.

6.8.3 Política de dividendos

Devem-se especificar as práticas de política de dividendos da empresa. Comumente, empresas competitivas em sua indústria e situadas em mercados que apresentam grande perspectiva de crescimento procuram reinvestir seus ganhos com o intuito de não perder vantagem competitiva diante de seus concorrentes e aproveitar a oportunidade existente. Essas empresas dificilmente distribuirão dividendos remunerando as ações ou lucros; por outro lado, apresentarão incremento no valor de suas ações.

Empresas de crescimento consolidado, situadas em mercados maduros, não realizando diversificação de investimentos, geralmente distribuem dividendos.

Terminologia

Start-up – empreendimento que inicia suas atividades.

Equity financing – financiamento por meio de *equity* é o termo utilizado para a emissão das ações nominais e preferenciais da empresa com o objetivo de levantar capital.

Equity offerings – oferta de *equity* é o levantamento de fundos pela oferta de participação na empresa por meio da emissão de ações ordinárias e preferenciais.

6.9 Produto do capítulo

Ao longo deste capítulo, o leitor se deparou com ferramental e modelos que lhe permitirão conceituar e descrever qualitativamente a nova empresa, nova unidade de negócio ou até alteração do negócio existente.

Aqui, deve ser realizada uma descrição qualitativa dos aspectos do negócio. Essa descrição deve ser pormenorizada de tal forma que permita o dimensionamento das operações, assunto do próximo capítulo.

Ao final, deve-se construir um quadro resumo de concepção da empresa que deve conter os principais aspectos discutidos, apreendidos e definidos das diversas dimensões abordadas neste capítulo.

Quadro 6.1: Resumo de concepção da empresa

Dimensão	Definição	Descrição
Definição do negócio	Grupos de clientes Função de clientes Tecnologia	
Propósito da organização	Visão Missão Crenças & Valores Objetivos	
Estratégia genérica	Liderança Diferenciação Enfoque	
Posicionamento estratégico	Escolha das atividades de atuação	
Estratégia mercadológica	Plano de Marketing Segmento de mercado Produto Preço Praça Promoção Marca	
Cadeia de valor	Atividades primárias Atividades de apoio	
Estrutura legal do negócio	Constituição Jurídica Regime Fiscal	
Recursos financeiros	Recursos próprios Financiamento *Venture capital*	

Apêndice – Algumas questões que podem auxiliar na elaboração do Plano de Negócio

A estruturação da empresa – os diversos departamentos

Abrams (2003), em seu livro voltado para a construção de Planos de Negócio, encaminha o leitor por meio de uma abordagem totalmente prática, pela proposição de realização de consecutivos *checklists*[12] nas diversas áreas relevantes e necessárias para esse trabalho, evitando uma abordagem mais conceitual, histórica ou acadêmica.

Por meio dessa metodologia, busca-se orientar o leitor a formar um painel daquilo que poderá ser sua futura empresa – por meio da realização de um questionamento e da conseqüente procura por suas respostas.

Algumas questões para se pensar

As questões feitas, em sua maioria, estão agrupadas ao redor de temas pertinentes aos possíveis departamentos da empresa.

Marketing e estratégia de vendas: como encontrar, capturar e manter o cliente

A empresa está voltada para o mercado? A empresa será definida e moldada pelas demandas e tendências do mercado em vez de considerar características inerentes a um produto ou serviço em particular?

Clientes

Quem são eles: são passíveis de definição? Têm significância? São mensuráveis? São acessíveis?

Qual sua descrição geográfica: qual a área servida? Onde estão? Cidade, estado, região, nação? Apresentam-se com qual densidade: urbana, rural? Qual o clima? Qual a natureza da localização: praia, campo ou montanha?

---

[12] *Checklists* – listas com itens a serem verificados.

Qual sua descrição demográfica, se consumidor: sua idade? Renda? Gênero? Ocupação? Estado civil? Tamanho da família? Grupo étnico? Nível de educação? Possui residência?

Qual sua descrição demográfica, se empresa: indústria? Setor? Anos no negócio? Faturamento? Número de empregados? Número de filiais? Tamanho em área da empresa? Proprietários da empresa?

Qual seu estilo de vida, se consumidor: estágio da família? Opções de férias? Programas de TV a que assistem? Sites favoritos? *Hobbies*, esportes e outras formas de entretenimento? Publicações que assinam? Organizações a que são afiliados? Afiliação política? Tipo de veículo que possuem? Do que precisam? Por que comprariam?

Qual seu estilo de vida, se empresa: estágio do negócio? Relação com funcionários? Membro de associação comercial? Produtos e serviços que utiliza? Tipo de força de trabalho? Publicações que assina? Atividades comunitárias? Estilo gerencial?

Qual sua descrição psicográfica, se consumidor: são adeptos de tecnologia? Procuram *status*? São conservadores? São responsáveis socialmente? Apresentam consciência ambiental? São orientados para a família? São orientados por realização pessoal?

Qual sua descrição psicográfica, se empresa: desenvolvimento tecnológico? Líder industrial? Inovativo? Responsável? Conservador? Responsável socialmente? Apresenta consciência ambiental? Adota práticas modernas? Influenciado por empresas líderes?

Qual o padrão de compra: razão ou ocasião da primeira compra? Número de vezes que comprará? Intervalo entre as compras? Quantidade comprada? Motivação da compra? Quanto tempo gasta para a tomada de decisão? Onde o cliente primeiro tomou conhecimento sobre o produto? Onde tomou conhecimento? Onde utiliza o produto? Como utiliza? Como paga? Quais suas necessidades especiais?

Quais os fatores mais importantes de sensibilidade de compra: preço? Qualidade? Marca? Características do produto? Atendimento do vendedor? Promoção? Propaganda? Embalagem? Conveniência de utilização? Conveniência de compra? Localização? Ambiente ou decoração do local da compra? Atendimento ao consumidor? Política de trocas? Disponibilidade de crédito? Programa de manutenção? Garantia?

Produtos

Quais produtos oferecer? Qual a função do produto para o cliente? Qual a tecnologia necessária? Qual o volume de vendas previsto ou necessário?

Mercados

Em quais mercados atuar? Quais os públicos-alvo? Qual a participação de mercado desejável? Participação por volume ou preço? Qual é o tamanho atual aproximado do mercado-alvo? Qual a taxa de crescimento do mercado-alvo? Quais mudanças vêm ocorrendo nesse mercado? Quais mudanças estão afetando a habilidade de compra do produto? Quais mudanças estão afetando a necessidade pelo produto? Como os clientes estão alterando a utilização do produto? Quais alterações nos valores sociais estão afetando o produto?

Canal de distribuição

Quais as opções disponíveis? Quais canais os concorrentes utilizam? Quais as peculiaridades dos diversos canais? Quais os prós e contras das opções? Qual o *mix* de canais ideal?

Condições de venda

Com relação ao preço: por quanto vender? Por que a esse preço? Como calculá-lo? Quanto a concorrência cobra?

Com relação ao prazo: qual o prazo? Quais as formas de pagamento? Cobram-se juros?

Promoção

O que divulgar? Como divulgar? Por meio de qual mídia – brochuras, website, mídia impressa, rádio, TV, jornal, revista, mala direta, e-mail, assessoria de imprensa, degustação, feiras? Critério de investimento – valor fixo, percentual sobre as vendas? Quanto investir? Como medir o retorno – incremento no valor das vendas unitárias, no faturamento total, no número de clientes?

Táticas mercadológicas

Como ampliar a base de clientes? Como incrementar as vendas unitárias – *ticket* médio? Quais as parcerias estratégicas com fornecedores, distribuidores etc.? Quais as promoções ou ofertas especiais de redução de preços? Qual estratégia de *bundling*?[13] Qual concurso ou premiação utilizar?

Equipe de vendas

Força interna ou externa de vendas? Serviços de telemarketing? Como será dividida a equipe – linha de produto, território, tipo de cliente? Qual o sistema de remuneração e incentivos – metas, salário base, comissões, bônus? Quais as despesas reembolsadas? Quais despesas os funcionários pagarão por sua conta? Qual o sistema de supervisão da equipe de vendas? Como se dará o treinamento? Qual o sistema de avaliação?

Plano de marketing

Qual a descrição do mercado? Qual seu tamanho e tendência? Quais as oportunidades estratégicas?

Operações: como se dá a condução do negócio

Imóveis

Qual sua localização, área necessária, descrição de uso, facilidades de acesso? Compra ou locação? Por quanto tempo? Qual o valor? Necessidades de melhoria, reformas, investimentos? Necessidade e custo de manutenção?

Produção

Quanto aos processos: quais os estágios de produção? Como são transferidos de um estágio para outro? Como utilizar novas tecnologias? Quais as vantagens do sistema de produção adotado? E as desvantagens? Quais os processos passíveis de terceirização?

---

[13] *Bundling* – agrupamento de produtos – "promoção leve 3 pague 2".

Quanto aos trabalhadores: qual o número de funcionários? Trabalharão em tempo integral ou parcial? Quantos turnos? Qual sua duração? Qual o horário de operação? Qual a qualificação necessária? Onde contratá-los? Há disponibilidade no mercado? Qual o sistema de supervisão/qual a remuneração e os incentivos?

Quanto à produtividade: qual a quantidade de insumos necessários para a produção de uma unidade? Qual a quantidade de unidades produzidas por unidade de tempo, planta ou funcionário? Quais outros métodos ou técnicas para incrementar a produtividade?

Quanto à capacidade: qual a capacidade utilizada atualmente? Como utilizar o excesso dela? Como incrementá-la, se houver necessidade de crescimento?

Quanto ao controle de qualidade: quem é o responsável geral por ele? Como se dá a inspeção final dos produtos? Quais os passos intermediários para garantir a qualidade final? Há incentivos para garantir a qualidade? Como os clientes podem auxiliar na questão da qualidade?

Quanto à realização dos pedidos: quem processa os pedidos? Como os pedidos são comunicados do pessoal de vendas para dentro da empresa? Como os pedidos on-line são transmitidos para a empresa? Como os pedidos são checados para verificar o preenchimento correto? Qual percentual de pedidos é realizado incorretamente?

Quanto ao controle de estoque: quem será o responsável por esse controle? Qual nível mínimo de estoque deve ser mantido sempre? Qual o tempo mínimo necessário para obter o reabastecimento? Para produzir para o pedido? Para enviar os produtos? Como a informação das vendas é transferida para a produção e para os departamentos de compras? Qual tecnologia de informação gerencial a empresa usa? Como controla e evita desvios do estoque? Quais outras formas de controle de estoques a empresa emprega?

Quanto ao suprimento: quem é o responsável pelas decisões de compra? Quais são os bens e materiais-chave necessários? Qual o preço médio desses insumos? Relacione as fontes dos insumos-chave e das fontes alternativas. Os fornecedores atendem em curto prazo de tempo? Há custos adicionais para atendimentos de emergência? Há pedidos mínimos para que sejam atendidos? Os fornecedores oferecem crédito? Quais os atributos-chave determinam a escolha pelo fornecedor?

Quanto aos canais: como sua oferta é distribuída ao consumidor? Há algum atacadista ou distribuidor entre sua empresa e o consumidor? Quantas empresas como as mencionadas anteriormente pretende utilizar? Quais as qualificações-chave ou vantagens em utilizar tais empresas? Quais as desvantagens de utilizar tal distribuição? Se elas se concentram em poucos distribuidores, qual a segurança de operar com elas? Qual sua reputação com os consumidores? Qual tipo de pagamento ou comissão elas recebem? Há métodos alternativos de distribuição?

Quanto à expedição e ao transporte: como os bens são preparados para envio? Quem envia os produtos? Quais os custos de transporte de um pedido médio? As transportadoras utilizadas podem operar em curto prazo? Caso afirmativo, há despesas extras? Quem paga pelo transporte? Quais as alternativas para envio dos produtos?

Pesquisa e desenvolvimento

Descreva os novos produtos em desenvolvimento. Descreva algum novo serviço atualmente em desenvolvimento. Quais membros da empresa têm responsabilidade de pesquisa e desenvolvimento? Como os membros da empresa são utilizados para pesquisa e desenvolvimento? Qual porcentagem de tempo é dirigida à pesquisa e ao desenvolvimento? E em termos de custos? Que equipamento é necessário para pesquisa e desenvolvimento? Quais fornecedores são necessários e qual o custo envolvido? Quais publicações são necessárias e o custo envolvido? Que reuniões os empregados fizeram com a proposta de realizar a pesquisa e o desenvolvimento? E os custos relacionados? Relacione outras atividades de pesquisa e desenvolvimento em que a empresa está envolvida e quais os custos envolvidos.

Finanças

Quem é o principal responsável por elaborar os controles financeiros, os procedimentos de controles financeiros? Que outros empregados estão envolvidos nos processos de controle financeiro? Quem é responsável pela cobrança? Qual o tempo médio entre o envio da mercadoria, do pedido e da cobrança? Quem é o responsável por lidar com as contas a pagar? Quem é responsável pelas variações nos procedimentos de pagamento ou cobrança? Quais os sistemas desenvolvidos para produzir relatórios correntes do *status* financeiro? Quais outros sistemas de controles financeiros foram previstos?

Atendimento ao consumidor

Que programa de manutenção ou reparo a empresa oferece? Que porcentagem dos pedidos necessita de reparos? Qual o custo médio de reparo de sua empresa?

Qual sua política de retorno? Qual sua taxa média de retorno? Qual o custo médio de um retorno?

A empresa apresenta um departamento de atendimento ao consumidor? Como o consumidor é informado sobre a existência desse departamento e como é solicitada a opinião do consumidor?

Tecnologia da informação

Será adotado algum sistema pela empresa? Qual tecnologia é necessária e qual representa uma vantagem competitiva? Qual sistema será adotado pela empresa? Qual o grau de informatização ou profundidade? Quais aplicativos? Será adotado ERP[14] – Enterprise Resource Planning, CRM[15] – Consumer Resources Management?

Organização e administração

Recursos humanos

Qual a necessidade de pessoal? Qual o organograma?

Atributos necessários para: presidente – experiência, seu sucesso, sua educação, as forças e suas fraquezas. Chefe de operações, chefe financeiro, diretor de marketing e vendas, gerente de produção, diretor de recursos humanos, diretor técnico ou chefe de tecnologia, e outros cargos-chave.

Compensações e incentivos: descreva o pacote de incentivos para cada empregado-chave. Descreva os membros do *board of directors*. Descreva com qual freqüência ocorrerão os encontros e quais suas responsabilidades.

Serviços profissionais: descreva os consultores-chave – advogados, contadores, consultores gerenciais e de marketing, especialistas industriais e outros. Qual a estrutura organizacional da empresa? Desenhe-a por área de responsabilidade. Descreva a estrutura gerencial por meio de um organograma. Defina seu envolvimento comunitário e responsabilidade social.

Contábil: procedimentos que serão adotados? Interno ou externo à organização?

Estrutura jurídica: própria ou terceirizada?

Estilo gerencial: estrutura matricial? Hierarquizada? Centralizada? Descentralizada?

---

[14] Planejamento de recursos da empresa – *software* de gestão da empresa.

[15] Gerenciamento de clientes – *software* de gestão de relacionamento com clientes.

Saúde e segurança

Saúde e segurança: quais procedimentos são utilizados para proteger a segurança e a saúde da força de trabalho? Que programa de segurança há para encorajar os trabalhadores a manter condições de precaução?

Seguro e legal: que tipos de seguro você precisa em seu negócio? Fogo, acidente, riscos RCV, má prática? Que tipos de coberturas são adequadas para seu negócio? Que tipo de problemas legais poderá enfrentar em seu negócio? Sua empresa precisa de conselho legal corrente e assistência? Relacione outras questões legais e de seguro.

Regulamentação e meio ambiente: que licenças ou alvarás são necessários pela lei? De que tipos de coberturas de regulamentação seu tipo de negócio necessita? Quais tipos de regulamentos ambientais afetam seu negócio? Quais precauções pode sua empresa tomar voluntariamente para proteger o ambiente? Como pode sua empresa utilizar produtos ou processos que não causem danos a animais? Relacione outras questões regulamentais e de ambiente.

Relacionamento com a comunidade

Cidadania corporativa: descreva como sua empresa garante o cumprimento de leis, se trata o empregado de forma responsável e com respeito, como lida honestamente com os consumidores e fornecedores, realiza propaganda e marketing de forma honesta, considera os impactos das ações na comunidade, age com integridade em suas negociações.

Ética: com relação ética, como a empresa lida com os presentes de fornecedores ou de vendedores e potenciais fornecedores? Como lida com favores especiais? Refeições com fornecedores, clientes e consumidores? Como age com as leis conflitantes em diferentes países onde a empresa opera? Como seleciona fornecedores baseados na ética? Como garante que os subempreiteiros ajam eticamente? Como lida com a utilização pessoal de propriedade da empresa, tais como carros, telefones e e-mails? Com relação à responsabilidade social, quais são as metas da empresa referentes à visibilidade na comunidade, na indústria, ao auxílio no recrutamento de empregados, incremento da moral dos empregados e do envolvimento dos empregados na cultura da empresa e no desenvolvimento de contatos com outras empresas? Como a empresa se relaciona com a doação de verba para causas especiais? Doa uma porcentagem das vendas com valor fixo? Permite que seus empregados ajam ativamente em projetos sociais? Encoraja-os nessas atividades? Permite a utilização de equipamento da empresa pela comunidade? Em quais preocupações a empresa pretende estar envolvida? Questões sobre animais, artes, crianças, melhorias para comunidade, incremento econômico, educação, ambiente, igualdade entre os sexos, saúde, recreacionais ou atléticas, segurança?

Seguindo com a linha de perguntas a serem realizadas, com o intuito de jogar uma luz sobre o que deve ser conhecido, foram agrupadas algumas questões sobre custos iniciais do negócio, desenvolvimento da empresa e possibilidades de saída.

Custos de inicialização do negócio

Relação de investimentos

Imobilizado: compra de terra? Compra de prédio? Aluguel inicial? Depósitos? Reformas ou melhorias?

Equipamentos: móveis? Máquinas e equipamentos de produção? Computadores e programas? Caixas registradoras? Telefones? Veículos?

Materiais e suprimentos: materiais de escritório? Material promocional?

Taxas e outros custos: licenças? Alvarás? Custos de advogados? Contadores? Seguros? Consultores de marketing? Consultores técnicos e de projetos? Atividades promocionais e de propaganda?

Orçamento de tecnologia: *software*? Contabilidade? Relacionamento com consumidor? Departamento pessoal? Controle de estoques? *Software* personalizado? *Hardware*? Computadores? Computadores pessoais? Servidores? Sistemas de *backup*? Impressoras? Rede? Periféricos?

Telecomunicações: sistema telefônico? Telefones celulares e móveis? Aparelhos de fax? Acesso a Internet?

Consultorias: sistemas? Projetos e manutenção? Suporte técnico? *Help desk*?

Tecnologia: gerenciamento? Organização?

Desenvolvimento

Qual a estratégia da empresa? Penetração de mercado? Promoção e suporte? Expansão? Ampliar o foco? Diversificar? Refocar?

Quais as prioridades? Adicionar empregados? Novas linhas? Aumentar investimento em marketing? Atingir novas localidades? Incrementar a capacidade? Aumentar os salários? Aumentar o estoque? Incrementar os lucros? Reduzir as dívidas? Adquirir novas empresas?

Pontos de controle

Quais os pontos de controles atingidos? Completar o desenvolvimento de produtos? Atingir teste de mercado? Garantir marcas? Garantir parcerias estratégicas? Alcançar um determinado nível de vendas em faturamento? Alcançar um determinado nível de vendas em unidades? Atingir uma determinada quantidade de funcionários? Atingir um determinado nível de lucro? Quais seriam as metas futuras?

Opções de saída do negócio

Qual o plano de saída? Como os investidores realizam a retirada de seu investimento? Ir a público? Vender as ações da empresa no mercado? Vendê-las na bolsa de valores ou no balcão – mercado secundário? Aquisição – ser comprada por outra empresa? Venda – ser comprada por indivíduos? *Merge* – combinar com uma empresa existente? *Way out* – os acionistas compram os ativos uns dos outros? *Franchising* – vender o conceito para outros replicarem? *Rend out* – passar a empresa para a próxima geração? Fechar – encerrar as operações?

Espera-se que, com essas questões, dê para se ter uma idéia da complexidade e possibilidade de informações necessárias que deverão constar de um Plano de Negócios.

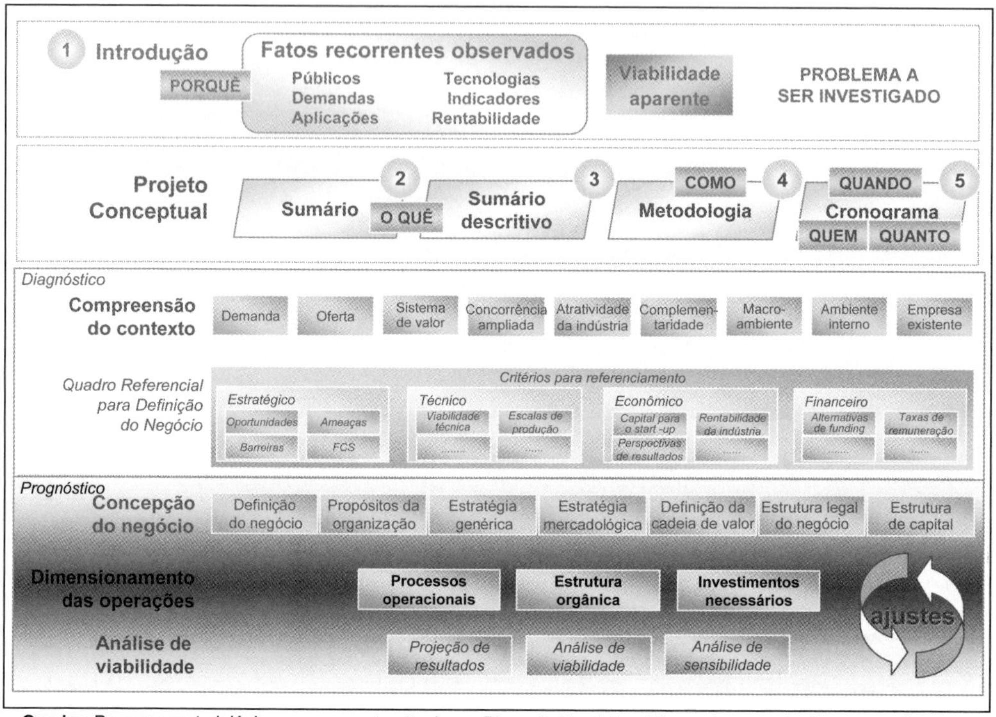

Quadro: Percurso metodológico para a construção de um Plano de Negócio – **Dimensionamento das operações**

7. Dimensionamento das operações

Dentro do contexto empresarial, dimensionar a operação significa calcular os **recursos** necessários para atender aos volumes de vendas definidos no posicionamento mercadológico.

Recapitulando o que já foi visto até o momento, no Capítulo 5 buscou-se orientar o leitor na construção da compreensão do contexto, quando se explorou a investigação para montar o conhecimento sobre a demanda, oferta, concorrência ampliada, atratividade da indústria, fornecedores e condicionantes do macroambiente, conforme a Figura 7.1.

No Capítulo 6, foram discutidos os aspectos relativos ao posicionamento a ser adotado, ou seja, enquanto naquele capítulo buscou-se caracterizar as hipóteses como uma **definição qualitativa** dos aspectos de posicionamento (genérico, estratégico e mercadológico).

Este capítulo, "Dimensionamento das operações", tem o objetivo de apresentar a **definição quantitativa** das hipóteses, isto é, dar dimensões das variáveis pertinentes às hipóteses assumidas.

Figura 7.1: As relações da cadeia de valor com o público externo

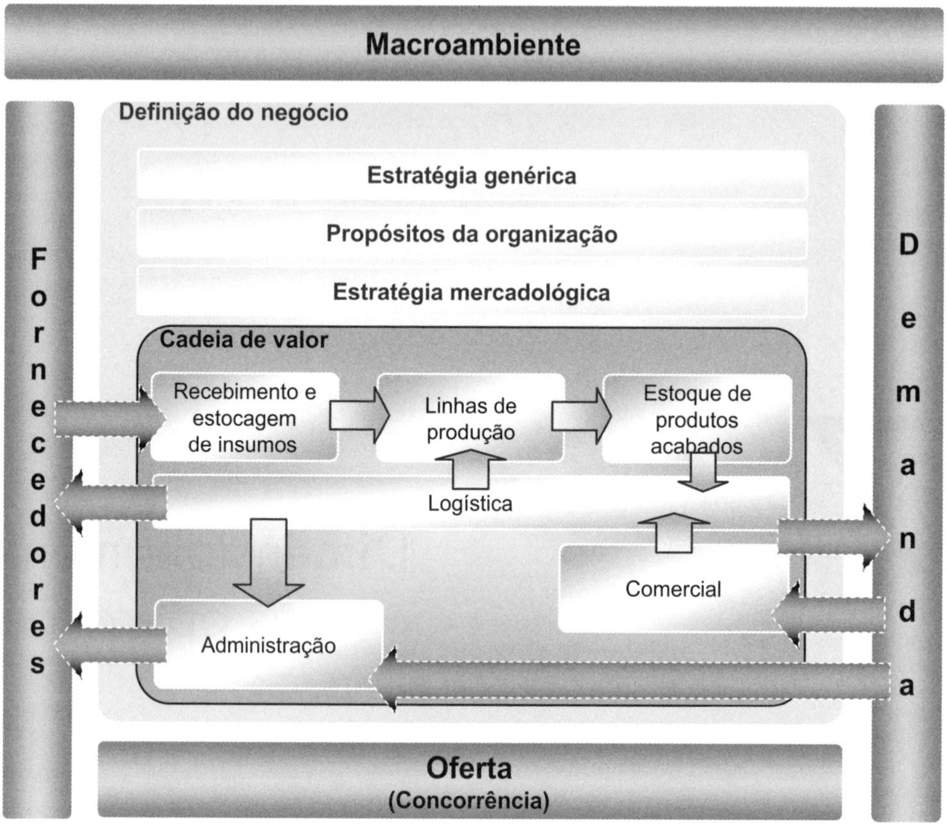

Essas premissas quantitativas, chamadas metodologicamente de variáveis, decorrem das hipóteses qualitativas e estão separadas basicamente em: **premissas organizacionais/estruturais** e **premissas operacionais**, base para a definição da cadeia de valores do negócio em construção.

O capítulo se encerra com considerações sobre as premissas relativas às **fontes de recursos**.

A cadeia de valor, conforme seu detalhamento, é uma ferramenta importante que ajuda no dimensionamento dos recursos necessários à operação, e seu nível de detalhamento depende do grau de necessidade da informação que se queira, isto é, quão acuradas as premissas precisam ser.

No Capítulo 6, procurou-se orientar o leitor na definição de: **produtos/serviços** (**o que** se quer vender) e **volumes** (**quanto** se pretende vender). Neste capítulo, o objetivo é apresentar recursos que facilitem a confecção e fundamentação das premissas pertinentes a: **como** fazer, **com que** fazer e com **quem** fazer.

A Figura 7.2, Dimensionamento das operações, resume o conteúdo e a seqüência sugerida para o desenvolvimento da construção do plano de negócio.

Figura 7.2: Dimensionamento das operações

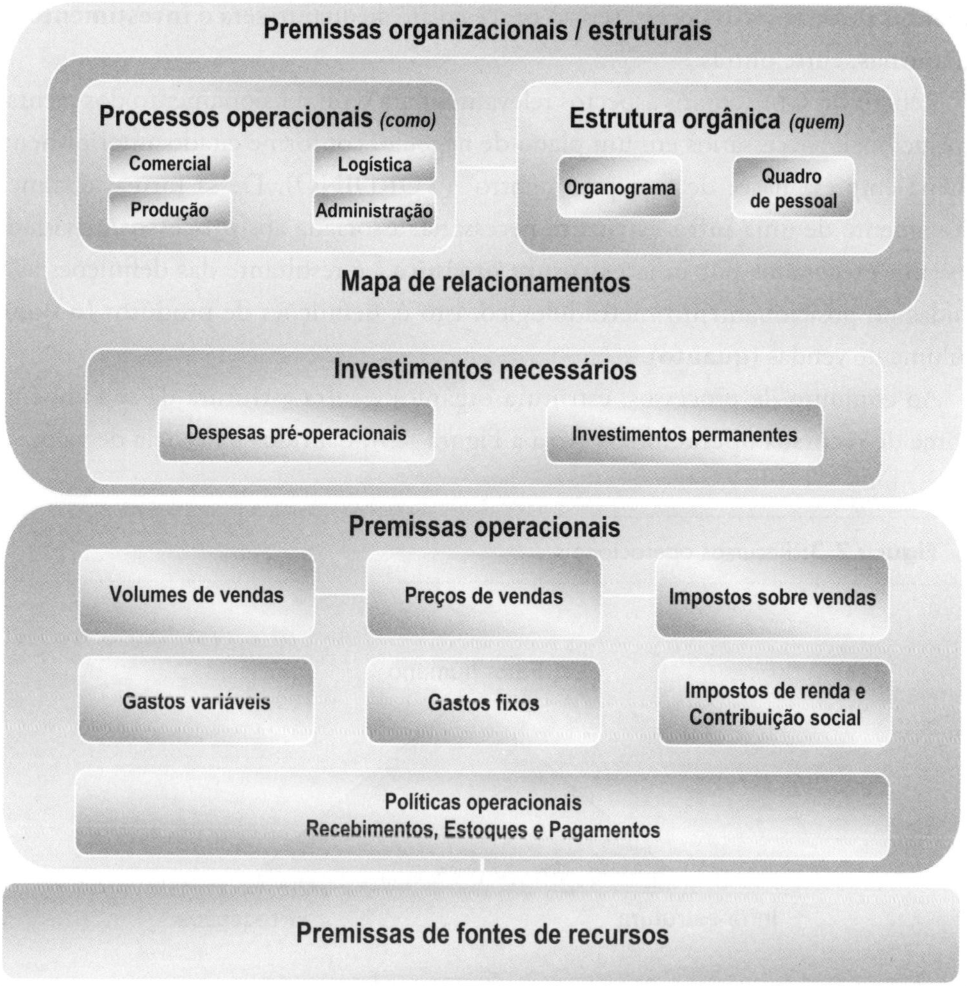

7.1 Premissas organizacionais/estruturais

Structure follows strategy.[1]

(CHANDLER)

Uma das dificuldades do iniciante na elaboração de Plano de Negócio é o dimensionamento das premissas operacionais. As questões mais comuns vão desde **quantas pessoas** serão necessárias ao processo até de quanto será o **investimento em máquinas**, entre outras.

Refletindo sobre alguns aspectos relevantes para o dimensionamento dos recursos operacionais[2] necessários em um plano de negócio, conforme citado anteriormente: "Uma empresa nasce de fora para dentro" (TORDINO). Dessa forma, o dimensionamento de uma **infra-estrutura** necessária, associada aos **processos/atividades** a serem executados por uma **estrutura orgânica**,[3] é resultante das definições assumidas no posicionamento mercadológico, isto é, definições de produtos (**o que**) e volume de vendas (**quanto**).

Ao conjunto de processos, estrutura orgânica e infra-estrutura dá-se também o nome de **recursos operacionais** (veja a Figura 7.3), contidos na cadeia de valor.

Figura 7.3: Recursos operacionais

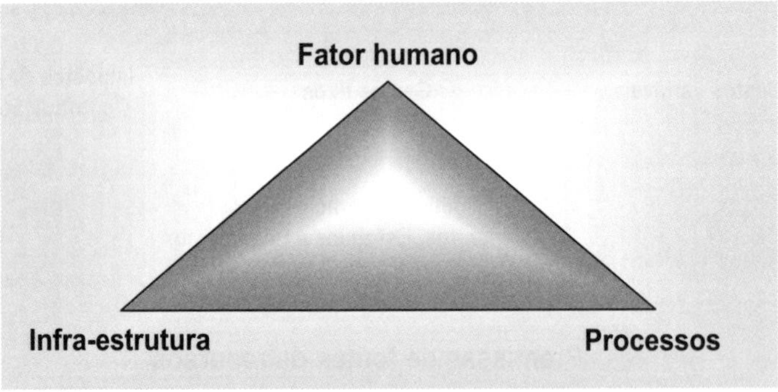

[1] A estrutura decorre da estratégia (tradução dos autores).

[2] Meios para a consecução da produção.

[3] Quadro de pessoal e funções.

A análise da demanda, exposta no Capítulo 6, buscou orientar o leitor: a) na definição dos volumes de vendas; e b) na identificação das características,[4] esperadas pelos consumidores, que os produtos devem ter. Várias das características identificadas, preliminarmente, também são úteis, neste momento, para a definição dos processos, infra-estrutura e mão-de-obra.

Basicamente, as características dos produtos, úteis nesta fase, podem ser classificadas em: **forma** e **conteúdo**.

O quesito **forma** pode contemplar desde o tamanho e forma da embalagem, condições físicas de apresentação (líquido, sólido, quente, congelado etc.), acondicionamentos para estocagem, entre outros aspectos característicos do produto[5] definido para a venda.

Por outro lado, o **conteúdo** traz subsídios relativos aos **componentes** necessários ao produto, contemplando, basicamente, os insumos diretos necessários para sua produção.

As definições de infra-estrutura, processos e mão-de-obra decorrem da definição do produto.

Os dados sobre formas, conteúdos e volumes dos produtos definidos são fundamentais e necessários para a definição e dimensionamento dos **equipamentos, processos de produção** e **mão-de-obra** necessários.

Por exemplo, considere-se uma empresa de turismo que queira oferecer: **serviços de recepção e translado para turistas japoneses de terceira idade na cidade de São Paulo**. Nesse caso, para a definição de infra-estrutura, processos e mão-de-obra, a concepção de um bom produto exige: a) instalações de apoio (administrativo e operacional) e transporte adequado à quantidade esperada de turistas e necessidades específicas do público-alvo; b) processos de recepção, acompanhamento, facilitações nos serviços de *checkin* e *checkout*, planejamento de atividades; e c) mão-de-obra especializada com atendentes e guias bilíngües.

Além dos aspectos já citados, outros devem ser levados em consideração em decorrência das características da atividade, entre eles: banco de dados com relação de hotéis, restaurantes, hospitais, igrejas, seguradoras, autoridades governamentais etc.

Esse exemplo permite compreender que a definição da quantidade de meios de transporte (peruas, ônibus etc.) decorre do volume esperado de turistas e dos locais a

4 Segundo Derek Abell, funções de clientes representam benefícios que o cliente pode perceber como importante critério de escolha.

5 O termo produto está aplicado de forma genérica. No caso de fornecimento de serviços, devem ser feitas as adaptações necessárias.

serem visitados (pontos turísticos da cidade de São Paulo). Caso a proposta fosse levar visitantes a safáris ou a um passeio aéreo, os equipamentos seriam outros.

De forma análoga, a origem dos turistas exige: mão-de-obra específica; guias que tenham fluência no idioma japonês, conhecimentos sobre a história da cidade e pontos turísticos e habilitação para dirigir os veículos disponíveis.

Conforme o produto-fim, equipamentos, processos de produção e mão-de-obra tornam-se intrinsecamente relacionados, isto é, as especificidades do produto a ser entregue ao cliente definem a tecnologia[6] necessária à sua produção.

Uma vez definida a tecnologia, é possível identificar o(s) equipamento(s) que pode(m) ser utilizado(s) para a produção.

No caso do exemplo da empresa de recepção a turistas, recorrendo à teoria de Abell, duas funções de cliente identificadas na análise da demanda poderiam ser: conforto e segurança. Nesse caso, a empresa poderia entender como necessários microônibus blindados, equipados com ar-condicionado, sistema de som, GPS,[7] entre outros acessórios pertinentes às funções de cliente.

A tecnologia a ser utilizada guarda relação com a identificação da função de cliente.

Diante das possíveis alternativas técnicas para a produção, uma variável importante a ser considerada é a relação volume de vendas e capacidade instalada de produção. Muitas vezes, a tecnologia escolhida apresenta restrições no tocante a módulos disponíveis para a produção.

Ainda no caso da empresa de turismo, pode ser que o microônibus escolhido como equipamento para a prestação de serviço tenha capacidade para 25 pessoas. Entretanto, por uma razão ou outra, os grupos de turistas podem ser formados, em média, por 18 pessoas. Isso implica ociosidade de sete assentos. Por outro lado, caso os grupos sejam, em média, de 35 pessoas, a ociosidade poderia ser maior (15 assentos).

A otimização do uso da infra-estrutura depende do balanceamento: demanda *versus* capacidade instalada.

Após essas reflexões é possível detalhar um pouco mais os aspectos pertinentes às definições de infra-estrutura, processos e mão-de-obra.

---

6 Num sentido mais amplo, isso inclui equipamento, processo e mão-de-obra.

7 GPS: Sistema de Posicionamento Global, do original em inglês *Global Positioning System.*

7.1.1 Definição de processos operacionais (como)[8]

De forma a se definir como prosseguir no dimensionamento da infra-estrutura, o objetivo desta parte é descrever, de forma macro, um **processo operacional**.

O termo "processo operacional" foi empregado como o percurso seqüencial adotado ou definido em uma empresa, para consecução de seu propósito empresarial.

Como pode ser observado na Figura 7.4, a cadeia de valor dá uma idéia dos diversos **departamentos** envolvidos e das principais **atividades operacionais** que podem ser relacionadas.

A cadeia de valor, conforme o nível de detalhamento, permite abstrair os **recursos necessários** à operação, isto é, a infra-estrutura, processos e gente.

Figura 7.4: Mapa de relacionamentos

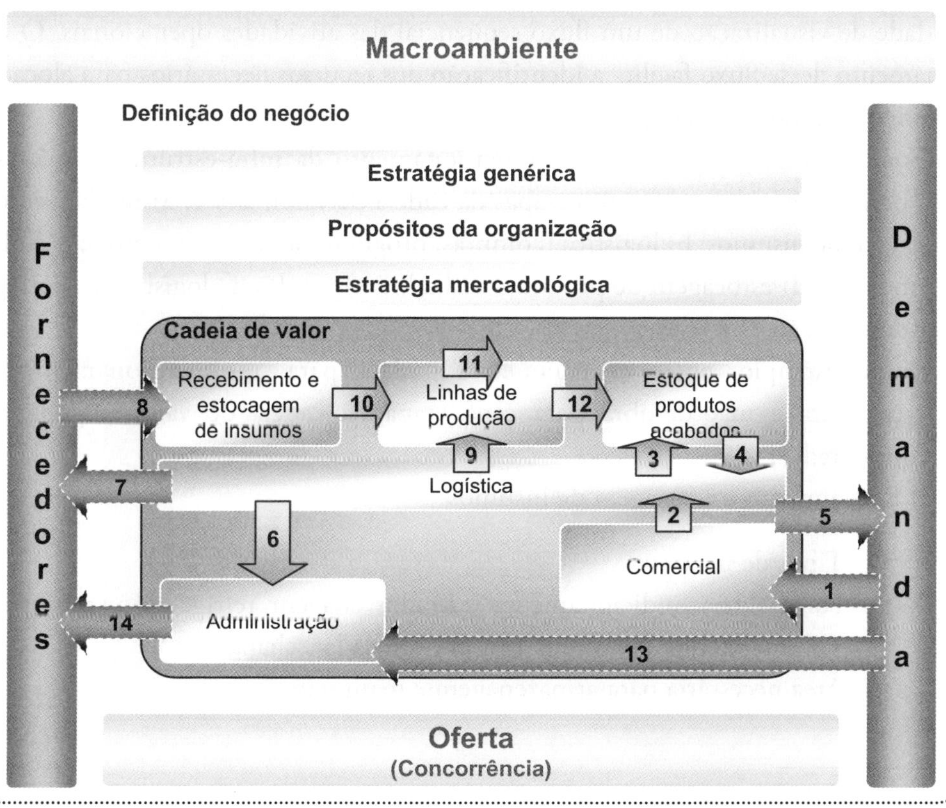

[8] Na prática, dentro das atividades operacionais, considera-se também **onde** fazer, contemplando a alternativa "fazer" ou "comprar pronto", nesse caso, terceirizando a operação. Entretanto, a título didático, o foco deste livro privilegiou a fabricação própria e os processos operacionais necessários.

Detalhando um pouco mais essa cadeia de valor, é possível perceber, além dos diversos fluxos[9] operacionais, as diversas relações[10] operacionais existentes na cadeia de valor e desta com seu público externo. A essas diversas relações, Rummler e Brache chamam de "mapa de relacionamentos".

Na Figura 7.4, apenas como exemplo, as principais atividades entre as entidades[11] existentes seriam: 1) recebimento dos pedidos de vendas; 2) encaminhamento do pedido de vendas para faturamento; 3) verificação de disponibilidade de estoques;[12] 4. emissão do faturamento; 5) entrega ao cliente; 6) informação do faturamento a contas a receber; 7) compras de insumos, conforme necessidades e políticas de estoque; 8. recebimento de insumos e armazenamento nos estoques; 9) planejamento e programação da produção; 10) alimentação da produção, conforme a programação; 11) produção conforme programação; 12) estocagem de produtos acabados; 13) Recebimento de clientes; 14) pagamento a fornecedores.

O Mapa de Relacionamento apresenta vários benefícios. Entre eles está a possibilidade de visualização de um fluxo seqüencial das atividades operacionais. O detalhamento desse fluxo facilita a identificação dos recursos necessários para alocação ao longo da cadeia de valor.

Considerando a Figura 7.4, o dimensionamento da infra-estrutura e mão-de-obra pode ser feito com base nas etapas da cadeia de valor, isto é, a) recebimento e estocagem de insumos; b) logística (compras, programação e suprimentos); c) linhas de produção; d) estocagem de produtos acabados; e) vendas; f) logística de entrega; g) administração.

Como exemplo, entre os parâmetros básicos para o dimensionamento da infra-estrutura e mão-de-obra para cada etapa da cadeia de valores, poderiam ser considerados:

a) Recebimento e estocagem de insumos

- Tipos de insumo
- Formas de acondicionamento (estrados, silagem, refrigeração etc.)
- Volume médio de estoque (m, m^3, toneladas, chapas etc.)
- Área necessária para armazenagem e manuseio

[9] Contempla fluxos de materiais e documentos.

[10] Atualmente, os sistemas informatizados realizam várias atividades automaticamente.

[11] Denominação genérica para área, departamentos, clientes, fornecedores etc.

[12] Os sistemas eletrônicos de processamento permitem que, quando da emissão do pedido de venda, já se saiba da disponibilidade ou não de estoques para entrega.

- Equipamentos necessários (empilhadeiras, estrados etc.)
- Funções operacionais (receber, conferir, estocar etc.)

b1) Logística – compras

- Volumes de pedidos de compras estimados
- Equipamentos necessários (computador, móveis etc.)
- Funções operacionais (homologar fornecedores, orçamentos de compras etc.)

b2) Logística – programação

- Volumes de pedidos de compras estimados
- Equipamentos necessários (computadores, móveis etc.)
- Funções operacionais (calcular recursos necessários, acompanhar resultados, programar manutenções etc.)

b3) Logística – abastecimento

- Volumes de insumos a serem movimentados do estoque para a produção
- Equipamentos necessários (empilhadeiras, guindaste, móveis etc.)
- Funções operacionais (abastecer linhas de produção etc.)

c) Linhas de produção[13]

- Volumes de produção previstos
- Equipamentos necessários (guilhotinas, prensas, envasadoras, empacotadoras etc.)
- Funções operacionais (operador de guilhotina, operador de prensa, envasador, empacotador)

d) Estocagem de produtos acabados

- Tipos de produtos
- Formas de acondicionamento
- Volumes e áreas necessárias
- Equipamentos necessários (esteiras, empilhadeiras etc.)
- Funções operacionais (estocar produtos acabados, carregar caminhões etc.)

---

[13] Os fabricantes dos equipamentos fornecem as características técnicas dos equipamentos e o número necessário de funcionários para a operação.

e) Logística de entrega

- Volumes de entrega
- Formas de acondicionamento
- Equipamentos necessários (caminhões, caminhonetes etc.)
- Funções operacionais (programar entregas, faturar, controlar devoluções etc.)

f) Administração

- Quadro de pessoal
- Treinamentos programados
- Quantidade de atividades (contratações, treinamentos, quantidade de fornecedores, quantidade de nota fiscais, quantidade de duplicatas)
- Equipamentos necessários (mesas, armários, computadores etc.)
- Funções operacionais (recrutar, selecionar, treinar funcionários, cobrar, receber, elaborar plano orçamentário, controlar resultados etc.)

7.1.2 Definição da estrutura orgânica (com quem)

O detalhamento da estrutura orgânica compreende basicamente: **estruturação do organograma, quadro de pessoal, salário médio por área, encargos sociais** e **benefícios previstos**.

O detalhamento visto anteriormente permite a estruturação da forma orgânica necessária a organização.

Estrutura organizacional

A estrutura organizacional de uma empresa pode ser representada por meio de um organograma, pela representação gráfica das hierarquias administrativas e suas funções. Em princípio, as hierarquias e funções devem estar orientadas ao produto-fim, para o qual cada uma das áreas de responsabilidade da empresa desenvolve suas atividades operacionais por meio de uma combinação de recursos (equipamentos e recursos humanos orientados por processos).

Uma forma de se dimensionar o quadro de pessoal é pelo cálculo da quantidade de **atividades operacionais-padrão**[14] necessárias para o negócio. Conforme já co-

[14] Tarefas previstas e necessárias para a consecução dos objetivos operacionais.

mentado, para as atividades produtivas, os fornecedores de equipamentos e maquinários indicam o número de operadores adequados a cada estação de trabalho. Entretanto, para outras atividades, principalmente de caráter comercial e administrativo, há que utilizar outros recursos para o dimensionamento das equipes.

Para ilustrar essa situação, suponha que se queira dimensionar a quantidade necessária de vendedores para o quadro de pessoal da área comercial, tomando por base os dados da Tabela 7.1.

Tabela 7.1: Hipótese de quadro de pessoal

Premissas	
Quantidade de clientes-alvo da organização	3.000
Visitas programadas por ano	12
Tempo médio gasto com a visita, incluindo deslocamento com carro (h)	2
Regime diário de trabalho por vendedor (h)	8
Meses por ano	12
Dias úteis por mês	22
Férias (dias/ano)	20
Feriados (dias/ano)	11
Faltas (médias/ano)	4
Tempos administrativos (%)	15%

Dimensionamento da equipe	
Tempo bruto (dias/ano/vendedor)	264
Férias (dias/ano)	20
Feriados (dias/ano)	11
Faltas médias/ano	4
Tempo administrativo (dias/ano)	40
Tempo líquido (dias/ano)	189
Tempo líquido (horas/ano)	1.512
Tempo líquido (horas/mês)	126
Visitas médias/mês (clientes)	63
Vendedores necessários	48

Fazendo-se a verificação do cálculo, pode-se dizer que são previstas 36 mil visitas durante o ano (12 meses x 3 mil clientes), implicando um tempo total de 72 mil horas de trabalho (36 mil visitas x 2 h/cliente). Sabendo-se que cada vendedor tem disponível um tempo líquido de 1.512 horas/ano, conclui-se que há necessidade de 48 vendedores no quadro operacional da empresa.

Esse raciocínio pode ser feito para as diversas funções pertinentes às operações definidas com base na cadeia de valores.

Exemplo do detalhamento da cadeia de valores associado aos parâmetros-chave para o dimensionamento do quadro de pessoal é mostrado na Tabela 7.2, a seguir.

Tabela 7.2: Atividades por área de responsabilidade x Parâmetros referenciais

Atividades por área de responsabilidade	Parâmetros referenciais
a) Recebimento e estocagem de insumos Receber Conferir Estocar	Quantidade de itens de matérias-primas e insumos
b1) Logística – compras Desenvolver fornecedores Emitir orçamento de compras *Follow up* de pedidos pendentes	Quantidade pedidos/mês; quantidade de fornecedores
b2) Logística – programação Calcular recursos necessários Acompanhar resultados Programar manutenções	Recursos disponíveis; ordens de produção
b3) Logística – abastecimento Movimentar caçambas com matérias-primas Separar matérias-primas para ordens de produção Abastecer linhas de produção	Ordens de produção; tempos médios produção
c) Linhas de produção	Máquinas e equipamentos disponíveis
Cortar Prensar Envasar Empacotar	

Atividades por área de responsabilidade	Parâmetros referenciais
d) Estocagem de produtos acabados	Áreas de estocagem; ordens de venda
Estocar produtos acabados	
Preparar ordens de vendas	
Carregar caminhões de entrega	
e) Logística de entrega	Qtde. média de notas fiscais emitidas por período; volume médio de itens por nota fiscal
Programar entregas	
Emitir faturamento	
Controlar devoluções	
f) Administração	
Recrutar	*Turn over* médio da empresa
Selecionar	
Treinar funcionários	
Cobrar	Cheques emitidos; número de
Receber	duplicatas
Elaborar plano orçamentário	.....
Controlar resultados	

A Figura 7.5 traz um exemplo de organograma, apresentando as grandes áreas de responsabilidade (comercial, logística, industrial e administrativa). As atividades operacionais destacadas são meramente ilustrativas.

Para elaborar o organograma, sugere-se tomar como ponto de partida os conhecimentos desenvolvidos no tópico anterior.

O detalhamento da estrutura orgânica compreende basicamente a **estruturação do organograma, quadro de pessoal, folha salarial, encargos sociais** e **benefícios previstos.**

Figura 7.5: Exemplo de organograma e principais atividades

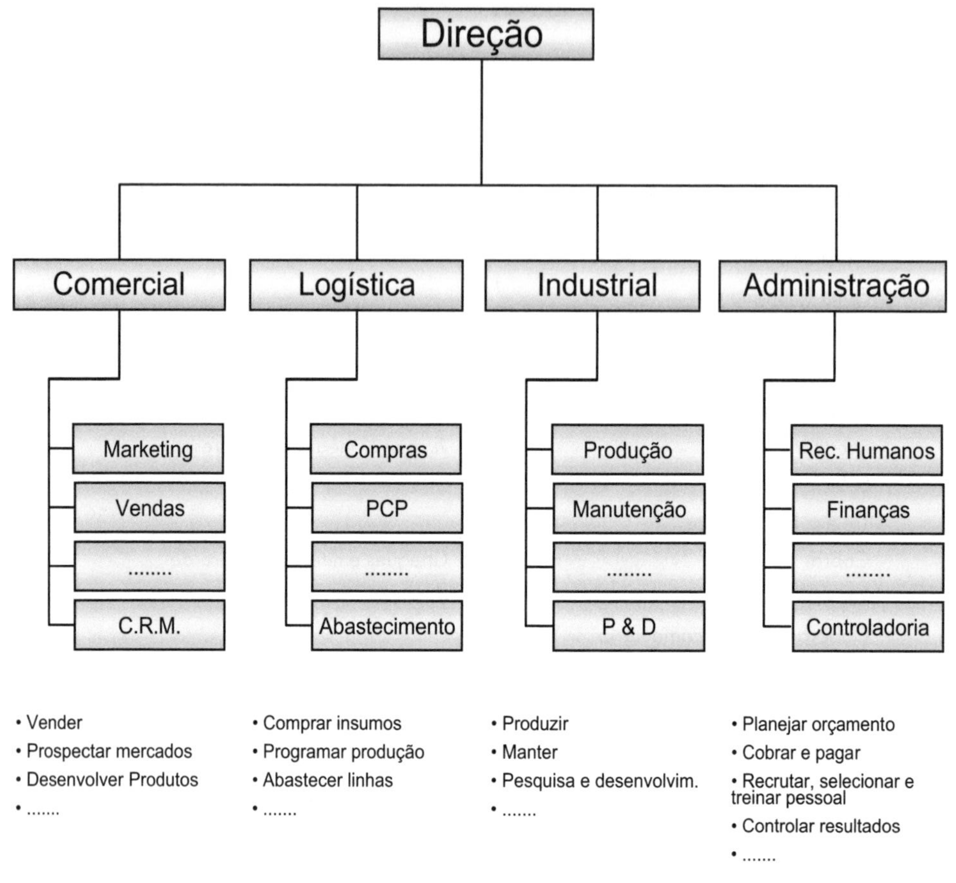

Quadro de pessoal

O quadro de pessoal deve refletir o dimensionamento do número de pessoas alocadas em cada área operacional da empresa, de forma a atender aos objetivos traçados para ela. O dimensionamento correto é fundamental para a otimização dos resultados operacionais da empresa.

Se quadros superdimensionados trazem custos desnecessários que prejudicam as margens operacionais e, conseqüentemente, o lucro final, quadros subdimensionados concorrem para a ineficiência e ineficácia da organização. O subdimensionamento se traduz em buscar produzir algo com menos recursos que o necessário. Se no curto prazo isso pode ser factível, no médio e longo prazos isso tende a trazer efeitos prejudiciais à organização. Com essas condições, as falhas são inevitáveis e progressivas. Sintomaticamente, ocorre a necessidade de horas extras e a inadequação do quadro de pessoal reflete-se em mal atendimento de clientes, entre outras disfunções organizacionais.

Para facilitar o cálculo de valores bem como a compreensão e ajuda nas eventuais revisões necessárias, a melhor forma de se calcular e administrar a projeção de valores é por meio do detalhamento dos gastos com a folha salarial, encargos legais e benefícios espontâneos.

Folha salarial

A folha salarial é formada pelo produto do **número de pessoas**, necessário para as atividades definidas, e o **salário médio** que elas recebem.

Enquanto o número de pessoas é uma definição puramente técnica, isto é, decorre da qualificação necessária e exigida para o cumprimento das tarefas previstas, o salário médio desses profissionais é uma condição do mercado de trabalho. Habilidades técnicas, qualificações necessárias, disponibilidade de profissionais, local de trabalho, entre outras, são variáveis que precisam ser consideradas.

Encargos sociais

Representam gastos compulsórios, isto é, gastos obrigatórios, impostos pelas leis trabalhistas. Os encargos sociais são representados por diversos tributos sociais, a serem pagos ao governo.

A Tabela 7.3 resume, em termos práticos, os percentuais de encargos sociais em relação à folha de salários referência.

Tabela 7.3: Encargos sociais em %

Previdência Social (20%)	22,22%
FGTS e verbas rescisórias	11,93%
13º salário e 1/3 de férias	11,11%
Salário educação (2,5%)	2,78%
Seguro Acidente de Trabalho (2,0%)	2,22%
Sesi ou Sesc (1,5%)	1,67%
Senai ou Senac (1,0%)	1,11%
Sebrae (0,6%)	0,67%
Incra (0,2%)	0,22%
Total de encargos sociais	**53,93%**

Fonte: Dieese (adaptado pelo autor).

A qualidade e consistência das premissas a serem adotadas na projeção de resultados contribuem sobremaneira para a segurança da tomada de decisão em um plano de negócio. Assim, recomenda-se sempre observar eventuais particularidades do negócio em análise, incluindo as legislações municipal, estadual e federal.

Os encargos sociais, expostos na Tabela 7.3, representam um indicador da magnitude dos encargos sociais básicos obrigatórios aos empregadores. Entretanto, algumas atividades econômicas têm particularidades que não podem ser deixadas de lado. Como exemplo, pode-se citar a incidência de encargos específicos para empresas cujas atividades exponham o trabalhador à insalubridade e/ou periculosidade.[15] Para esses casos há legislação específica que precisa ser consultada.

No caso de planos de negócios para empresas existentes, recomenda-se a utilização dos parâmetros médios praticados pela empresa e observação de necessários ajustes de acordo com o plano em elaboração.

Benefícios

Enquanto os encargos sociais são gastos decorrentes da legislação trabalhista, os benefícios são gastos conhecidos como encargos espontâneos do empregador, isto é, ocorrem por deliberação do empregador. Apesar de ser possível afirmar que é uma deliberação do empregador, esse comportamento, normalmente, reflete uma prática de mercado e, muitas vezes, é um diferencial para a tomada de decisão do empregado a respeito de uma empresa. Dentre os benefícios concedidos pelas empresas a seus empregados, os mais comuns são:

- Vale-alimentação (ajuda mensal – cesta-básica);
- Vale-refeição (ajuda diária);
- Vale-transporte;
- Plano de assistência médica;
- Aposentadoria complementar;
- Bônus anual.

Cada benefício tem características próprias que precisam ser consideradas. No caso dos vales-alimentação, refeição e transporte, é comum utilizar um valor de referência para cada um dos itens, ponderado pelo número de dias médio por mês. No

[15] Como exemplo de insalubridade e periculosidade pode-se citar o trabalho de frentistas de postos de gasolina, dos distribuidores de gases, radiologistas etc.

caso do plano de assistência médiaca, é importante observar as regras contratadas com a empresa administradora do plano.

Para cada benefício, é praxe também as empresas descontarem do funcionário um valor simbólico. Na elaboração do plano de negócio, para facilitar o cálculo, as projeções podem ser feitas pelo valor líquido destinado ao benefício do funcionário.

7.1.3 Definição de investimentos em ativo permanente (com o quê)

Os volumes previstos de vendas e políticas de níveis de estoques, associados ao crescimento potencial do mercado para os anos seguintes, são a base inicial para a definição da necessidade de investimentos em ativos imobilizados para a operação. Entretanto, preliminarmente à operação propriamente dita, há que se considerar todos os passos necessários à sua habilitação física.

Contabilmente, dentro do ativo permanente[16] constam as rubricas *Investimento, Imobilizado e Diferido.*

Na prática, de forma lógica, os primeiros gastos relevantes de qualquer empresa se dão em despesas pré-operacionais, classificáveis sob a rubrica do ativo diferido.

Como gastos pré-operacionais, em um Plano de Negócios, encontram-se regularmente as despesas necessárias ao funcionamento da empresa até o início de sua fase operacional. A título de exemplo, entre esses gastos estão as despesas com abertura da empresa (contador, taxas públicas), aluguel temporário do escritório até a construção do prédio da empresa, consultorias, advogados, viagens, salários do pessoal (pré-operacional), segurança, propaganda, entre outras.

No que se refere ao ativo imobilizado, seu conteúdo está basicamente relacionado com os seguintes itens: **terrenos, prédios, instalações, máquinas e equipamentos, móveis e utensílios, informática e veículos**. Eventualmente, dependendo do negócio que se esteja analisando, outros ativos imobilizáveis podem ser necessários.

Dependendo da atividade a ser desenvolvida pela empresa, é recomendável considerar o aluguel de alguns ativos.

Sugere-se que se faça uso de parâmetros operacionais conhecidos para o melhor dimensionamento da necessidade de imobilizados. Um expediente muito útil é

---

[16] Na fase inicial de uma empresa, pressupõe-se que o dimensionamento do ativo permanente contemple exclusivamente gastos com o ativo imobilizado e despesas pré-operacionais, ou seja, não faz sentido a projeção de investimentos na acepção de seu significado contábil.

fazer seu dimensionamento buscando a associação de sua aplicação às necessidades específicas de cada centro de responsabilidade (comercial, logística, produção e administração).

O conhecimento das **características** de cada área ajuda sobremaneira na melhor projeção das necessidades em imobilizados.

Um aspecto que muitas vezes é esquecido no dimensionamento do imobilizado refere-se ao espaço para armazenagem, que influi, conseqüente e diretamente, no tamanho do terreno, das construções e instalações. Assim, as premissas relativas às projeções de volumes de produção e estoque são fundamentais.

Com relação aos investimentos em maquinário e equipamentos, sugere-se que se façam cotações com os diversos fabricantes que atendam às necessidades do produto final. É comum encontrar concorrentes habilitados ao fornecimento dos equipamentos necessários, no entanto, existem alguns **diferenciais** entre eles que precisam ser considerados: tamanho dos equipamentos, produtividade, tecnologia empregada, custos, financiamento, custos de manutenção e a qualidade do atendimento de manutenção, além dos custos de sua instalação.

Uma forma prática para definir a quantidade de itens necessários ao ativo imobilizado pode ser vista na Tabela 7.4, a seguir.

Tabela 7.4: Relação de imobilizados por área

Item	Comercial	Logística	Produção	Administr.	Comum	Total
Terrenos – m²					1.500	1.500
Prédios – m²	150	50	500	100		800
Máquinas e eqpto.						
• Injet. de plástico			12			12
• Est. transp.			4			4
•						
Móveis – unid.						
• Armários	5	3	30	6		44
• Mesas	15	8	8	15		46
• Cadeiras	20	12	12	20		54
• ...						

Item	Comercial	Logística	Produção	Administr.	Comum	Total
Tec. Informação – unid.						
• Computadores	9	5	2	12		28
• Impressoras	3	2	1	4		10
• Estabilizadores	2	1	1	2		6
• ...						
Veículos – unid.						
• Caminhões		4				4
• Caminhonete		2	3	1		6
• Empilhadeiras			2			2
• Carros	6	4	2	8	0	20
•						

Uma tabela como essa pode ser elaborada tão detalhadamente quanto necessário, apresentando desde valores macro por áreas até valores analíticos por centro de custo. Para facilitar as estimativas e também as revisões, sugere-se sua confecção por meio de planilhas[17] eletrônicas que permitem recálculos rápidos e seguros. Para refinar a qualidade das planilhas, procure utilizar parâmetros que tenham relação direta com o imobilizado que se queira projetar. Por exemplo, no caso da estimativa com computadores, pode-se utilizar como parâmetro principal o quadro de pessoal, observando-se a aplicação do parâmetro.

Supondo que seja definido como premissa que cada funcionário terá o próprio microcomputador, mesa e cadeira, exceto os da área de produção, e que cada impressora será compartilhada por um grupo de três computadores da mesma área, a partir da composição do quadro de pessoal o total de ativo imobilizado para cada área seria algo conforme apresentado na Tabela 7.5.

[17] Existem *softwares* e aplicativos desenvolvidos no mercado que permitem a realização de simulações de cenários econômicos e operacionais, configuráveis às necessidades das empresas.

Tabela 7.5: Quadro de imobilizado por área

Item	Comercial	Logística	Produção	Administr.	Total
Parâmetro • Total de pessoas	15	8	100	18	141
Aplicação					
• Mesas	15	8	8	15	46
• Cadeiras	20	12	12	20	54
• Computadores	9	5	2	12	28
• Impressoras	3	2	1	4	10

Como parâmetros auxiliares para a projeção de imobilizados podem ser utilizados os seguintes:

Tabela 7.6: Parâmetros auxiliares para projeção de imobilizado

Parâmetro Aplicação	Quadro de pessoal	Volume de produção	Área por funcionário	Soma de áreas necessárias	Compu-tadores	....
Terreno				X		
Área constr.			X			
Máquinas		X				
Veículos	X					
Computadores	X					
Impressoras					X	
Móveis	X					
...						

7.2 Premissas operacionais

Como premissas operacionais, consideram-se todos os valores necessários à projeção dos resultados econômicos e financeiros do estudo.

Essa projeção visa trazer aos interessados informações relativas à **capacidade operacional de a empresa gerar resultados**, confrontando-se o produto das receitas decorrentes de premissas mercadológicas *versus* a estrutura operacional necessária e impostos pertinentes à atividade, tanto impostos sobre as vendas quanto os incorridos sobre o lucro.

Dessa forma, para o cálculo, sugere-se que sejam consideradas separadamente as premissas pertinentes à operação em si, isto é, o volume de vendas e os preços unitários por produto ou família de produto; os gastos variáveis de vendas; os gastos fixos e impostos aplicáveis ao lucro gerado e aquelas relativas ao financiamento das atividades operacionais.

Nesse momento, é recomendável não inserir, na DRE, os gastos relativos com eventuais empréstimos bancários. Para tanto, é primordial ter uma DRE que mostre a real potencialidade operacional para o cenário previsto. Qualquer inserção de juros como despesa operacional não traria nenhum benefício adicional à análise.

Ainda com relação à definição de custos financeiros, necessários para a verificação da viabilidade de investimento nesse tipo de estudo, no item Fontes de recursos são feitas considerações sobre a coleta dessas premissas.

7.2.1 Volumes de vendas

As premissas relativas ao volume de vendas decorrem dos valores comentados no Capítulo 6, mais especificamente quando abordou-se a estratégia mercadológica, definindo *mix* de produtos e quantidades.

7.2.2 Preços unitários de vendas

Os preços unitários de vendas, também comentados na estratégia mercadológica, representam o valor médio de vendas, e não se espera, em um plano de negócio, um detalhamento minucioso.

Por exemplo, num projeto de uma fábrica de calçados não faz sentido detalhar tamanho e cor de calçados a serem produzidos. Tal detalhamento é tarefa que ocorre na fase operacional. Um plano de negócio tem a função de apresentar os valores de forma macro, porém, consistente.

7.2.3 Deduções de vendas

Na prática, sob deduções de vendas encontram-se as rubricas: Impostos, Devoluções e Abatimentos (descontos comerciais).

Para os usuários já iniciados nas atividades orçamentárias, principalmente nas revisões de planos de negócio, é comum considerar os indicadores de devoluções de vendas e abatimentos para visualizar as melhorias nos resultados a partir de modificações nas premissas dessas variáveis. No caso de um novo negócio, detalhar aspectos relativos a devoluções e abatimentos só é justificável caso isso seja relevante como uma característica da indústria, objeto da empresa em análise, e para efeitos de análise do impacto no cálculo do capital de giro

Com relação aos impostos, podem incorrer os seguintes: IPI, ICMS, ISS, PIS e COFINS.

A Tabela 7.7 apresenta de forma resumida a incidência de impostos sobre as atividades empresariais.

Tabela 7.7: Impostos por tipo de atividade empresarial

Imposto/Empresa	Industrial	Comercial	Serviço
IPI – Imposto sobre Produto Industrializado	X		
ICMS – Imposto sobre Circulação de Mercadorias	X	X	
ISS – Imposto sobre Serviço			X
PIS – Plano de Integração Social	X	X	X
COFINS – Contribuição para o Financiamento da Seguridade Social	X	X	X

Com relação às alíquotas dos diversos impostos, sugere-se a consulta à legislação específica de cada um, uma vez que variam. Por exemplo, no caso do IPI, a alíquota varia conforme o produto, e, no caso do ICMS, varia conforme o destino da venda (estadual, interestadual ou exportação).

Outro fator a ser considerado é que a definição das alíquotas está sob responsabilidade de autoridades distintas (federal, estadual e municipal), que podem alterar seus valores de tempos em tempos, muitas vezes, conforme necessidades prioritariamente sociais.

Não se pode também deixar de considerar possíveis impostos relativos à importação ou exportação, decorrentes de atividades da empresa ou de políticas governamentais relativas a incentivos a essas atividades.

7.2.4 Estrutura dos gastos[18] variáveis de vendas (exceto pessoal)

As premissas relativas aos gastos variáveis de vendas referem-se objetivamente aos custos e despesas proporcionais à venda.

Para a identificação desses gastos variáveis de vendas, recomenda-se observar o tipo de atividade da empresa, objeto do plano de negócio, e associar às suas atividades operacionais os fatos geradores de gastos variáveis.

No caso de uma indústria, a título de exemplo, podem ser destacados:

Custos (Produção)

- Matéria-prima
- Embalagem
- Outros insumos variáveis

Despesas comerciais

- Comissões
- Fretes de entrega

Para a atividade comercial de uma empresa franqueada:

Custos das vendas

- Mercadorias
- Embalagens

Despesas comerciais

- Comissões
- Fretes de entrega
- Marketing institucional
- *Royalties*

7.2.5 Gastos fixos (exceto pessoal, depreciação e amortização)

Contabilmente, a terminologia gasto fixo significa gastos pertinentes à estrutura organizacional. Eles ocorrem independentemente da existência de vendas. É comum o leitor

[18] A terminologia "gasto" foi adotada no sentido estrito referente a custos de produção e despesas comerciais.

entender a expressão gastos fixos como gastos constantes, o que não é verdade. Muito provavelmente, o valor incorrido em um mês com despesas de energia elétrica e telefonia não será exatamente igual aos períodos anteriores e subseqüentes, entretanto esse valor existirá, independentemente da ocorrência de vendas ou não. Assim, a expressão gasto fixo, para a contabilidade, significa a incorrência em gastos independentemente de a empresa ter realizado vendas ou não. Exemplos de gastos fixos são aluguéis, manutenção e depreciação.

Alguns autores consideram a mão-de-obra um custo variável (direto), entretanto, no curto prazo, esse custo é de fato fixo, uma vez que a força de trabalho está, *a priori*, definida para cumprir uma certa produção planejada. Todavia, caso ela não ocorra, o custo será incorrido. Enquanto uma matéria-prima, não utilizada, pode ser deixada nos estoques para consumo posterior, isso não ocorre com a mão-de-obra. Esta, se não tiver sido utilizada, representará de fato um gasto. Nesse caso, um gasto não utilizado. Contudo, a mão-de-obra pode ser considerada um custo variável, se contratada com terceiros, quando recebem proporcionalmente ao volume produzido.

7.2.6 Imposto de Renda e Contribuição Social

O Imposto de Renda e a Contribuição Social são valores exigidos pela legislação tributária com base na apuração do resultado econômico, ao final de um período social. No sistema tributário brasileiro, existem três formas básicas de aplicação de tributos sobre a empresa: lucro real, lucro presumido, simples.

Enquanto o sistema de apuração pelo lucro real leva em conta o confronto das receitas obtidas perante todos os gastos fixos e variáveis incorridos e ao resultado líquido aplica uma alíquota classificada por faixa de lucro obtido, os sistemas de apuração pelo lucro presumido e simples contemplam a definição do valor a ser recolhido com base em um percentual previamente definido, aplicável sobre a receita obtida.

Ainda com relação ao lucro presumido, é importante verificar se a empresa pode optar por essa modalidade de apuração de lucro.

Para o cálculo do imposto de renda pelo lucro real, considere os seguintes parâmetros:

Tabela 7.8 Faixas de lucro antes do imposto de renda e alíquotas

Lucro referência	Alíquota
Até R$ 20.000/mês	15%
Valores acima de R$ 20.000/mês	10% adicional

7.2.7 Políticas operacionais

Sob este título encontram-se as premissas relativas a: a) prazos e condições de vendas; b) volumes de estoques; e c) prazos e condições de suprimentos. Esses três itens representam a base para o cálculo do capital de giro da empresa.

Vender a prazo significa postergar o recebimento de vendas, isto é, adiar a disponibilidade de recursos, seja na conta bancos, seja no caixa. Tão importante quanto a definição correta dos prazos de vendas são o dimensionamento dos estoques e a determinação dos níveis de estoque a serem assumidos, nos quais vários aspectos não podem ser esquecidos.

Entre os aspectos mais relevantes estão:

- **Tempo necessário para a produção** – muitos produtos exigem ou têm características que demandam maior tempo de produção, significando maior volume retido nos estoques, contribuindo para o aumento do valor do capital de giro. Como exemplo, pode-se citar a produção de queijos curados, presuntos defumados que necessitam, dentro do seu processo natural, de maior tempo para sua produção. Outro exemplo clássico é a produção de bebidas, no caso específico de vinho e uísque, que, muitas vezes, demandam mais de dez anos para serem considerados adequados ao consumo, conforme o padrão de exigência definido pelo produtor.
- **Tempo na compra** – muitos insumos podem vir de locais distantes e envolver desembolsos antecipados. Nesse caso, o tempo necessário para o capital investido no estoque em trânsito pode merecer atenção.
- **Tempo no recebimento** – alguns clientes podem estar situados também em locais distantes e, via de regra, o prazo de pagamento só começa a valer após o recebimento da mercadoria. No caso em que os valores a receber de clientes com essa característica forem representativos, deve-se considerar o tempo necessário para o transporte dos produtos ou mercadorias.
- **Lotes econômicos** – freqüentemente, a compra de lotes maiores que o necessário mostram-se substancialmente mais convenientes economicamente, levando empresas a optarem por manter estoques mais elevados.
- **Estoques estratégicos** – conforme os riscos operacionais dimensionados, pode haver a necessidade de se prever estoques de segurança. Contudo, esses estoques podem ser pontuais, por causa de fatores sazonais na área de fornecimento dos insumos, do tipo dificuldade de acesso, por enchentes em

certas épocas do ano, ou disponibilidade sazonal do insumo. Por exemplo: a indústria de laticínios produz iogurte de morango durante o ano todo, mas essa fruta não tem características para uma produção constante.

7.2.8 Fontes de recursos

Fontes de recursos podem representar fundos para o financiamento de investimentos necessários à abertura do negócio (despesas pré-operacionais e imobilizado), assim como à manutenção da operação. Essas fontes são classicamente representadas por recursos próprios e/ou de terceiros. Enquanto recursos próprios representam os valores aportados pelos acionistas para a operação do negócio, recursos de terceiros são valores obtidos no mercado, na comunidade financeira. Tanto as fontes próprias quanto as de terceiros implicam remuneração àquele que empresta à empresa. Enquanto as fontes próprias devem ser remuneradas por distribuição de dividendos aos investidores, às fontes de terceiros deverão ser pagas as remunerações pelos empréstimos, na forma de pagamento de juros.

Desta forma, sua definição deve ser objeto decorrente de observações feitas na fase "Compreensão do contexto", nas diversas análises desenvolvidas, seja dentro do macroambiente, variáveis econômicas e os custos da captação de empréstimos, seja na análise da atratividade do negócio, rentabilidade média do setor ou ainda por meio de verificação das expectativas dos acionistas.

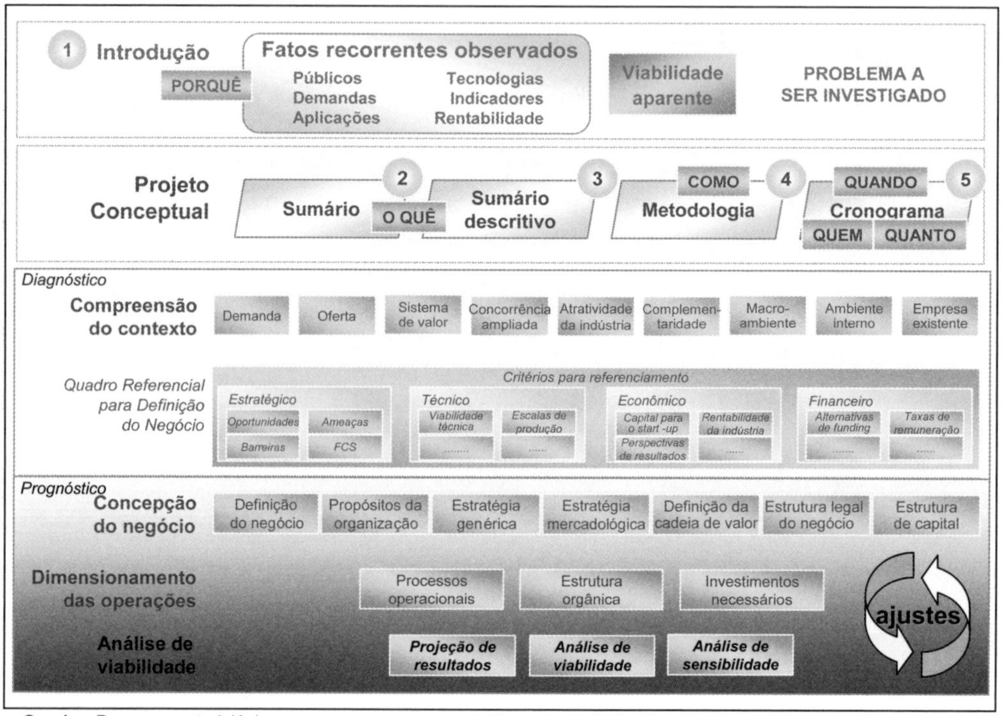

Quadro: Percurso metodológico para a construção de um Plano de Negócio – **Análise de viabilidade**

8. Análise de viabilidade econômico-financeira

Os objetivos deste capítulo abrangem a **projeção dos resultados econômico-financeiros**, a **verificação** de sua **consistência** e a **análise dos resultados** projetados.

Enquanto a projeção dos resultados econômico-financeiros apresenta os valores numéricos decorrentes das premissas assumidas no posicionamento estratégico, desenvolvido no capítulo que abordou a concepção do negócio, a verificação da consistência busca assegurar que os valores projetados guardem relações proporcionais entre si, e a análise dos resultados se propõe a verificar se os resultados projetados apresentam viabilidade diante dos parâmetros de exigências predefinidos pelos tomadores de decisão.

Resumidamente, o que se busca numa análise de viabilidade econômico-financeira é a confrontação dos **investimentos necessários** com os **lucros operacionais** potenciais **projetados**, e **geração** conseqüente **de caixa**, para o negócio proposto. O resultado dessa análise pode ser positivo ou negativo, sendo um parâmetro que deve servir como base para o responsável decidir pela liberação ou não do investimento necessário ao plano analisado.

Essa decisão, via de regra, é balizada por parâmetros predefinidos que contemplam basicamente o prazo de retorno máximo aceitável para o investimento necessário, a taxa de retorno mínima esperada e se o valor de retorno é maior que zero (VPL).[1]

Relembrando a estrutura proposta neste livro para a elaboração de um Plano de Negócio, neste passo, o desenvolvimento do relatório apresenta, no capítulo **introdução**, a justificativa para a realização do Plano de Negócio – apresentação do problema; no capítulo relativo à **compreensão do contexto**, o melhor entendimento possível sobre as variáveis exógenas e endógenas à empresa; e no capítulo **definição do negócio**, a **escolha de caminhos e alternativas** a serem avaliados econômica e financeiramente.

A escolha de caminhos e alternativas significa a definição do **quadro de premissas** – hipóteses e variáveis – que servirão de base para a **projeção dos resultados econômico-financeiros** relativa ao plano em análise.

A Figura 8.1 apresenta os passos sugeridos para a projeção de resultados e conseqüente análise de viabilidade.

A projeção de resultados econômico-financeiros é realizada com a utilização de modelos de relatórios contábeis (Balanço Patrimonial e Demonstração de Resultados) e técnicas pertinentes, complementadas por ferramentas de análises econômico-financeiras (prazo de retorno do investimento – *pay-back*, projeção do valor líquido de caixa disponível ao investidor ao final do período definido – Valor Presente Líquido – VPL, e índice que apresenta a capacidade própria do projeto se sustentar, conhecido por Taxa Interna de Retorno – TIR).

Adicionalmente às projeções econômico-financeiras, é possível também fazer a análise de sensibilidade de riscos a que o projeto possa estar sujeito, em que projeções de resultados possíveis são feitas a partir de alterações nas variáveis-chave do negócio. Também é possível elaborar cenários alternativos, com a escolha de outros valores para as variáveis-chave, cujo objetivo é verificar o efeito econômico-financeiro decorrente da combinação das variáveis-chave escolhidas.

Pode-se resumir o desenvolvimento da análise da viabilidade econômico-financeira em cinco etapas: 1) Preparação de premissas; 2) Projeção do resultado operacional e definição de fontes e aplicações de recursos; 3) Análise de consistência das projeções; 4) Análise da viabilidade econômico-financeira; e 5) Análises de sensibilidade, conforme detalhadas adiante.

[1] VPL – Valor Presente Líquido, método de análise de investimento abordado neste capítulo.

Figura 8.1: Análise de viabilidade econômico-financeira

8.1 Preparação de premissas

Essa etapa destina-se à coleta das premissas necessárias às projeções econômico-financeiras. Sugere-se que elas sejam apresentadas conforme seu fato gerador, a saber:

a) **Investimentos necessários à operação:** gastos pré-operacionais e ativos imobilizados por tipo (terrenos, construções, máquinas, equipamentos, veículos etc.). Essas premissas, além de informar o valor do investimento necessário, também permitem o cálculo dos gastos relativos à depreciação e amortização, a serem alocadas na projeção de resultados.

b) **Plano de vendas e condições operacionais:** volumes e preços de vendas por mercado, prazos médio de recebimento, impostos sobre vendas, alíquotas e prazos de pagamento, percentual de comissão, gastos com distribuição e outros gastos proporcionais de vendas. Para o negócio já existente: índices de devolução, política de descontos comerciais e outros gastos eventuais proporcionais de vendas.

c) **Plano de produção:** volume e custos unitários variáveis da produção (matéria-prima, embalagens, perdas do processo etc.) e mão-de-obra direta de terceiros, prazos de pagamento e de estoques.

d) **Gastos com pessoal por área:** quadro de pessoal, salários nominais, encargos sociais, benefícios (assistência médica, vale-refeição etc.), treinamento.

e) **Gastos fixos para as áreas de produção, vendas e administração:** (utilizar plano de contas desenvolvido para o novo investimento ou à imagem de plano de contas do negócio existente) – conforme relevância das contas pertinentes, por exemplo, gastos com manutenção, utilidades, propaganda e marketing, vendas (hospedagem, combustível, transporte, viagens), despesas jurídicas, assessoria etc.

f) **Taxa mínima de atratividade do investimento para o capital próprio:** valor referencial, expectativa de taxa de retorno, fixado pelos acionistas.

g) **Financiamento de terceiros:** volume de recursos e condições previstas (prazo para a amortização, carência do principal, taxa de juros – incorrência e prazos de pagamentos para principal e juros). Para o negócio já existente: estrutura de endividamento, cronograma de pagamentos e condições negociadas.

8.2 Projeção dos resultados operacionais: prazos de projeção e conteúdos

A projeção do resultado operacional representa a **quantificação econômica e financeira** das atividades operacionais, pertinentes ao plano de negócio. Sua função é apresentar ao interessado o **resultado final das premissas processadas** para a **verificação de viabilidade** de investimento.

As informações produzidas nessa fase são basicamente: a **projeção de resultados** (lucro ou prejuízo) e a **geração operacional de caixa** durante um **horizonte** previamente definido.

8.2.1 Projeção de resultados

O desenvolvimento dessa etapa é realizado com o apoio de duas estruturas contábeis, a saber, Balanço Patrimonial e Demonstração de Resultados, que são interdependentes. Enquanto na Demonstração de Resultados usa-se o valor do ativo permanente, constante do Balanço Patrimonial, para o cálculo dos valores relativos às depreciações e amortizações, na projeção do balanço patrimonial faz-se uso da Demonstração de Resultados, receitas e custo das vendas, para a definição do Capital de Giro Líquido (aplicações em giro).

Recuperando conceitos aprendidos, a **projeção de resultados** representa o valor econômico da confrontação da previsão de receita de vendas com as deduções de vendas aplicáveis e o total de gastos variáveis e fixos e impostos de renda pertinentes à operação. Por outro lado, a **geração operacional de caixa** representa o valor financeiro gerado pela operação.

Basicamente, a geração de caixa operacional é a soma algébrica dos resultados econômicos projetados, nos períodos do **horizonte** de tempo definido, adicionados dos valores não financeiros, especificamente, a depreciação e a amortização do diferido.

8.2.2 Prazos de projeção

O horizonte de tempo, em planos de negócio, representa a quantidade de períodos, meses ou anos, a serem considerados na projeção de resultados. A definição do horizonte de projeção é feita levando-se em conta **aspectos importantes** ao negócio em análise.

Um aspecto de especial relevância está relacionado à natureza do negócio em si e ao **prazo necessário** para a **maturação do negócio** em análise. Para uma indústria metalúrgica, o prazo de cinco anos é tido como razoável. Entretanto, se o investimento for em uma cultura agrícola, o prazo requerido para sua maturação pode ser muito maior. Nesse caso, aspectos relativos à preparação da terra, plantio, irrigação, manutenção até a cultura estar madura pode demandar muitos anos.

Há casos mais complexos que podem exigir detalhamentos por prazos de até 30 anos, como acontece em estudos de viabilidade para a participação em concorrências públicas (administração de empresas de saneamento, pedágios, serviço de águas), que exigem investimentos pontuais ao longo do período do contrato, com conseqüentes alterações de custos e preços ao longo do período e demandam maior detalhamento, de forma a fundamentar a proposta a ser feita para concorrência.

É comum a utilização de um período de cinco anos para as projeções de estudos, entretanto, os aspectos comentados devem ser observados.

8.2.3 Grupos de contas

Além do aspecto relativo ao horizonte, recomenda-se, para efeitos práticos, que a projeção de valores seja feita em grupos de contas que guardem relações afins entre si, não só para facilitar o desenvolvimento das projeções, mas também para assegurar sua consistência. Por exemplo, no cálculo da receita, pode-se determinar também os gastos variáveis da produção, comissão sobre as vendas e impostos pertinentes à venda. No entanto, para a apresentação dos resultados, a forma a ser observada é da Demonstração de Resultados estruturada na forma do custeio direto ou custeio variável. Assim, a projeção dos resultados deve obedecer à seguinte estrutura:

Tabela 8.1: Projeção de resultados operacionais (valores em R$)

Conta	1	2	3	...	n
Receita bruta de vendas					
(-) Deduções de vendas					
= Receita líquida de vendas					
(-) Gastos proporcionais de vendas					
• Custos da produção					
• Despesas de vendas					
= Margem de contribuição					
(-) Gastos fixos operacionais					
• Custos fixos da produção					
• Despesas fixas					
• Depreciações/Amortizações					
= Resultado operacional (lucro ou prejuízo)					

Se, por um lado, a **forma**, isto é, a estrutura-padrão utilizada para a projeção de resultados, no mundo dos negócios, é o modelo acima apresentado, por outro, a qualidade de seu **conteúdo** depende do **detalhamento** que cada rubrica recebe. Algumas rubricas pedem maior ou menor grau de detalhamento, que deve ser proporcional a seu **grau de relevância** no projeto analisado.

Para definir esse grau de detalhamento, deve-se levar em conta sua representatividade, isto é, sua importância no todo. Recomenda-se, para efeitos práticos, utilizar o Princípio de Pareto,[2] conhecido pela proporção 80/20. Segundo Pareto, na interpretação de Juran, 20% de um todo respondem por 80% dos resultados.

Exemplificando, na projeção da margem de contribuição total, 20% dos produtos são responsáveis por 80% de toda a margem. Assim sendo, procure identificar os produtos com margens de contribuição e volumes mais representativos e, com base neles, fazer as projeções.

Margem de contribuição total é a soma dos resultados das receitas de vendas por produto, subtraídas das deduções, custos e despesas diretas, aplicáveis a cada produto.

Sinteticamente, a avaliação econômico-financeira de um plano de negócio resume-se à confrontação do valor dos investimentos previstos e dos fluxos futuros de caixa gerados com as taxas de desconto previamente definidas.

Para a definição do total de investimentos necessários, utiliza-se a estrutura do Balanço Patrimonial, que permite representar o valor total líquido inicial necessário em aplicações (ativo) e definir a estrutura de fontes de recursos para financiar o investimento. De forma sintética, **o Balanço Patrimonial Inicial** tem a forma apresentada no Quadro 8.1:

Quadro 8.1: Balanço patrimonial inicial

ATIVO (aplicações)	PASSIVO (fontes de recursos)
Aplicações em giro	Fontes de Terceiros
Aplicações em permanente	Fontes Próprias

Sob as rubricas que fazem parte do Balanço Patrimonial apresentado para o ativo, estão os seguintes conteúdos:

- Aplicações em giro: valor líquido decorrente do total de contas a receber e estoques menos o total de contas a pagar (fornecedores). Em virtude de sua composição, esses valores só podem ser calculados após a projeção de resultados operacionais (receitas e custos das vendas), ponderados pelas condições comerciais e operacionais (prazos de recebimento, pagamento e estoques).

[2] O Princípio de Pareto (Vilfredo Pareto – economista italiano – 1848-1923), originalmente desenvolvido para fatos econômicos, foi adotado por Dr. Joseph M. Juran em seus trabalhos de gerenciamento de qualidade, desenvolvidos entre 1930 e 1940, nos Estados Unidos.

- Aplicações em permanente: total de gastos pré-operacionais (ativo diferido) e total de bens a serem imobilizados (ativo imobilizado) necessários à operação.

No passivo, estão contempladas unicamente as fontes de terceiros não espontâneas (empréstimos e financiamentos bancários) e as fontes próprias. Os conteúdos indicados nessa estrutura tomam como referência os valores necessários para o dimensionamento das aplicações e recursos suficientes para tal, isto é, caracterizam o balanceamento dos valores mínimos necessários para o início da empresa. Nesse caso, sob aplicações em giro foram considerados somente os conteúdos relativos a: duplicatas a receber, estoques e fornecedores. Para a empresa em marcha, consideram-se outros ativos (investimentos, aplicações, adiantamentos etc.) e outras fontes espontâneas (contas a pagar, aluguel, salários, encargos, impostos a pagar etc.), caso sejam representativos, devendo ser adequados às projeções de resultado e de fluxo de caixa.

Os documentos utilizados na projeção de resultados são os relatórios contábeis – Balanço Patrimonial e Demonstrativo de Resultados – e a qualidade das premissas utilizadas na projeção desses relatórios é um fator crítico, para assegurar a **qualidade da projeção** de resultados e a conseqüente tomada de decisão. As Tabelas 8.2, 8.3 e 8.4 apresentam exemplos do cálculo para componentes de uma projeção de resultados.

Configurando um exemplo ilustrativo, suponha que se queira projetar os resultados operacionais, num horizonte de cinco anos, de uma empresa que atua na revenda de móveis de escritório, comercializando três linhas de produtos: mesas, cadeiras e armários. Seguindo a estrutura apresentada anteriormente, as projeções podem ser feitas em dois blocos distintos, gastos variáveis e gastos fixos.

Iniciando pelas premissas operacionais, para os gastos variáveis, os seguintes itens devem ser considerados: volumes de vendas, preços unitários, impostos sobre vendas, comissões sobre vendas e fretes de entrega, apresentados a seguir.

Tabela 8.2: Volumes de vendas (em unidades)

Produto/período	1	2	3	4	5
Mesas	650	700	800	900	1.000
Cadeiras	1.950	2.100	2.400	2.700	3.000
Armários	65	70	80	90	100

Tabela 8.3: Preço unitário de venda, custos unitários, comissões sobre vendas e frete de entrega

Produto	Preço unitário	Custo unitário	Comissões s/ vendas	Frete de entrega
Mesas	R$ 250	R$ 75	10%	R$ 2,00
Cadeiras	R$ 80	R$ 20	8%	R$ 1,00
Armários	R$ 500	R$ 150	12%	R$ 5,00

Tabela 8.4: Impostos sobre vendas

Imposto	Alíquota %(*)
ICMS	18,00%
PIS	0,65%
COFINS	3,00%

(*) Valores ilustrativos.

Os gastos fixos, pertinentes às áreas de produção, comercial e administrativa teriam como referencial os gastos relativos a: salários do pessoal, gastos fixos mensais com as atividades operacionais e depreciações, apresentados nas Tabelas 8.5, 8.6 e 8.7.

Tabela 8.5: Quadro de pessoal

Área	Nº funcionários	Salário médio(*) R$/mês/func.	Benefícios R$/mês/func.
Comercial	4	500,00	100,00
Administrativa	2	1.000,00	100,00

(*) Adicionalmente, incorrem encargos sociais da ordem de 80% sobre a folha salarial.

Tabela 8.6: Gastos fixos mensais diversos (exceto depreciação) em R$

Área	Aluguel	Utilidades	Propaganda	Outras
Comercial	750	500	1.000	250
Administrativa	400	200	-	100

Tabela 8.7: Gastos com depreciação e amortização

Ativo permanente	R$	Vida útil anos	Taxa	Depr. anual R$
Máq. e equip.	12.000	10	10%	1.200
Móveis e utensílios	18.000	10	10%	1.800
Veículos	40.000	5	20%	8.000
Desp. pré-operac.	10.000	5	20%	2.000
Total	80.000			13.000

Para projeção de receitas de vendas e proporcionais de vendas ver as tabelas 8.8 a 8.12.

Tabela 8.8: Receitas de vendas em R$

Produto/ Período	1	2	3	4	5
Mesas	162.500	175.000	200.000	225.000	250.000
Cadeiras	156.000	168.000	192.000	216.000	240.000
Armários	32.500	35.000	40.000	45.000	50.000
Receita total	351.000	378.000	432.000	486.000	540.000

Tabela 8.9: Impostos sobre vendas em R$

Imposto/Período	%	1	2	3	4	5
ICMS	18,00%	63.180	68.040	77.760	87.480	97.200
PIS	0,65%	2.282	2.457	2.808	3.159	3.510
COFINS	3,00%	10.530	11.340	12.960	14.580	16.200
Total impostos		75.992	81.837	93.528	105.219	116.910

Tabela 8.10: Custo variável em R$

Produto/Período	R$/unid	1	2	3	4	5
Mesas	75,00	48.750	52.500	60.000	67.500	75.000
Cadeiras	20,00	39.000	42.000	48.000	54.000	60.000
Armários	150,00	9.750	10.500	12.000	13.500	15.000
Custo variável total		97.500	105.000	120.000	135.000	150.000

Tabela 8.11: Comissões sobre vendas em R$

Produto/Período	%	1	2	3	4	5
Mesas	10%	16.250	17.500	20.000	22.500	25.000
Cadeiras	8%	12.480	13.440	15.360	17.280	19.200
Armários	12%	3.900	4.200	4.800	5.400	6.000
Total comissão		32.630	35.140	40.160	45.180	50.200

Tabela 8.12: Frete de entrega em R$

Produto/Período	R$/unid	1	2	3	4	5
Mesas	2,00	1.300	1.400	1.600	1.800	2.000
Cadeiras	1,00	1.950	2.100	2.400	2.700	3.000
Armários	5,00	325	350	400	450	500
Total frete		3.575	3.850	4.400	4.950	5.500

Com base na projeção das rubricas proporcionais de vendas, é possível identificar as margens de contribuição de cada produto, conforme mostra a Tabela 8.13.

Tabela 8.13: Margem de contribuição em R$

Produto/Período	1	2	3	4	5
Mesas	33.020	35.560	40.640	45.720	50.800
Cadeiras	100.289	108.003	123.432	138.861	154.290
Armários	7.995	8.610	9.840	11.070	12.300
Margem total	141.304	152.173	173.912	195.651	217.390

Por outro lado, a projeção dos gastos fixos apresentaria os valores das Tabelas 8.14 e 8.15:

Tabela 8.14: Área Comercial em R$

Conta	1	2	3	4	5
Pessoal	48.000	48.000	48.000	48.000	48.000
Aluguel	9.000	9.000	9.000	9.000	9.000
Utilidades	6.000	6.000	6.000	6.000	6.000
Propaganda	12.000	12.000	12.000	12.000	12.000
Outros gastos	3.000	3.000	3.000	3.000	3.000
Gastos fixos comercial	75.000	75.000	75.000	75.000	75.000

Tabela 8.15: Área Administrativa em R$

Conta	1	2	3	4	5
Pessoal	45.600	45.600	45.600	45.600	45.600
Aluguel	4.800	4.800	4.800	4.800	4.800
Utilidades	2.400	2.400	2.400	2.400	2.400
Outros gastos	1.200	1.200	1.200	1.200	1.200
Gastos fixos da Adm.	52.800	52.800	52.800	52.800	52.800

Consolidando os valores apresentados, os resultados operacionais e a conseqüente geração operacional de caixa obtidos são apresentados na Tabela 8.16.

Tabela 8.16: Projeção de resultados operacionais (valores em R$)

Conta	1	2	3	4	5
Receita bruta de vendas	**351.000**	**378.000**	**432.000**	**486.000**	**540.000**
(-) Deduções de vendas	(75.992)	(81.837)	(93.528)	(105.219)	(116.910)
= Receita líquida de vendas	**275.009**	**296.163**	**338.472**	**380.781**	**423.090**
(-) Gastos proporc. de vendas					
• Custos variáveis de vendas	(97.500)	(105.000)	(120.000)	(135.000)	(150.000)
• Despesas de vendas	(36.205)	(38.990)	(44.560)	(50.130)	(55.700)
= Margem de contribuição	**141.304**	**152.173**	**173.912**	**195.651**	**217.390**
(-) Gastos fixos operacionais					
• Desp. Comerciais	(75.000)	(75.000)	(75.000)	(75.000)	(75.000)
• Desp. Administrativas	(52.800)	(52.800)	(52.800)	(52.800)	(52.800)
• Depreciações/Amortizaç.	(13.000)	(13.000)	(13.000)	(13.000)	(13.000)
= Resultado Operacional (lucro ou prejuízo)	**504**	**11.373**	**33.112**	**54.851**	**76.590**
(-) Imposto de Renda15%	(76)	(1.706)	(4.967)	(8.228)	(11.489)
= Resultado Operacional após IR	428	9.667	28.145	46.623	65.102
Geração op. de caixa	**13.428**	**22.667**	**41.145**	**59.623**	**78.102**

8.3 Análises de consistência

Quando se fala em qualidade de projeção de resultados, pressupõe-se o uso de planilhas eletrônicas, que permitem ao responsável a modelagem de cenários e versões alternativas para a análise de resultados com alto grau de sofisticação.

Os recursos disponíveis em planilhas eletrônicas permitem também a criação de pontos de controle que facilitam a verificação de consistências entre premissas e resultados projetados. Nesse sentido, o domínio dos conceitos contábeis é fundamental para garantir a boa qualidade das projeções.

A projeção de resultados, em qualquer plano de negócios, depende de inúmeras **variáveis**, que estão sujeitas a diversos fatores que podem influenciá-las, como alterações nos volumes de vendas, variações sazonais de preços, quantidade de funcionários, entre outros. O tipo de análise aqui proposto, visa avaliar a consistência das projeções realizadas e trazer mais segurança ao tomador de decisão. Num primeiro momento, **duas análises** prestam-se a essa função: análise vertical e análise horizontal, observando os diversos períodos projetados.

Enquanto na análise vertical é possível verificar a composição percentual de cada rubrica em relação à receita líquida, a análise horizontal permite observar a evolução percentual de cada rubrica a partir do período anterior. Tomando-se os valores projetados anteriormente, na Tabela 8.17 tem-se a análise vertical e na Tabela 8.18 tem-se a análise horizontal.

Tabela 8.17: Análise vertical da projeção de resultados (Valores em % – Base 100 => Receita Bruta)

Conta	1	2	3	4	5
Receita bruta de vendas*	**100,00**	**100,00**	**100,00**	**100,00**	**100,00**
(-) Deduções de vendas	-21,65	-21,65	-21,65	-21,65	-21,65
= Receita líquida de vendas	**78,35**	**78,35**	**78,35**	**78,35**	**78,35**
(-) Gastos proporcionais de vendas					
• Custos variáv. de vendas	-27,78	-27,78	-27,78	-27,78	-27,78
• Despesas de vendas	-10,31	-10,31	-10,31	-10,31	-10,31
= Margem de contribuição	**40,26**	**40,26**	**40,26**	**40,26**	**40,26**
(-) Gastos fixos operacionais					
• Desp. Comerciais	-21,37	-19,84	-17,36	-15,43	-13,89
• Desp. Administrativas	-15,04	-13,97	-12,22	-10,86	-9,78
• Depr./Amort.	-3,70	-3,44	-3,01	-2,67	-2,41
= Res. Op. (lucro ou prejuízo)	**0,14**	**3,01**	**7,67**	**11,29**	**14,18**
(-) Imposto de Renda 15%	-0,02	-0,45	-1,15	-1,69	-2,13
= Resultado Op. após IR	0,12	2,56	6,52	9,59	12,06

(*) É praxe considerar-se a Receita líquida como base 100, entretanto, convenientemente, neste exemplo foi considerada como base 100 a Receita bruta de vendas.

A análise vertical mostra um resultado operacional positivo e crescente, após o imposto de renda, decorrente do aumento absoluto da margem de contribuição e manutenção dos gastos fixos operacionais, consistentes com as premissas assumidas. Em termos de análise de consistência, visto que os parâmetros dos gastos proporcionais não se alteraram ao longo do tempo, a margem de contribuição mostra que os cálculos apresentam coerência.

Tabela 8.18: Análise horizontal da projeção de resultados (variação percentual sobre o período anterior)

Período posterior sobre anterior	2/1	3/2	4/3	5/4
Receita bruta de vendas	**7,69**	**14,29**	**12,50**	**11,11**
(-) Deduções de vendas	7,69	14,29	12,50	11,11
= Receita líquida de vendas	**7,69**	**14,29**	**12,50**	**11,11**
(-) Gastos proporcionais de vendas				
• Custos variáveis de vendas	7,69	14,29	12,50	11,11
• Despesas de vendas	7,69	14,29	12,50	11,11
= Margem de contribuição	**7,69**	**14,29**	**12,50**	**11,11**
(-) Gastos fixos operacionais				
• Desp. Comerciais	0,00	0,00	0,00	0,00
• Desp. Administrativas	0,00	0,00	0,00	0,00
• Depreciações/Amortizações	0,00	0,00	0,00	0,00
= Res. Op. (lucro ou prejuízo)	**2.158,79**	**191,15**	**65,65**	**39,63**
(-) Imposto de Renda 15%	2.158,79	191,15	65,65	39,63
= Resultado Op. após IR	**2.158,79**	**191,15**	**65,65**	**39,63**

Os dados expostos na análise vertical são ratificados na análise horizontal, que mostra, em todos os períodos, variações positivas nas contas proporcionais de vendas, comprovadas pelo crescimento anual dos volumes de venda, em unidades, como mostra a Tabela 8.19:

Tabela 8.19: Volume de vendas

Período	1	2	3	4	5
Peças vendidas	2.665	2.870	3.280	3.690	4.100
Variação percentual	–	7,69%	14,29%	12,50%	11,11%

Além das análises vertical e horizontal, caso seja de interesse do analista, outras projeções específicas podem ser elaboradas para mostrar a evolução de alguns indicadores representativos, apresentando a consistência ou não de suas alterações, perante as premissas assumidas. Com base nos dados projetados anteriormente, uma primeira análise de consistência que pode ser verificada é a projeção da receita de vendas, avaliando-se a evolução do preço médio de vendas, ao longo dos períodos (veja a Tabela 8.20).

Tabela 8.20: Indicador: Evolução do preço médio de vendas

Período	1	2	3	4	5
Receita total	351.000	378.000	432.000	486.000	540.000
Volume de peças vendidas	2.665	2.870	3.280	3.690	4.100
Preço médio	131,71	131,71	131,71	131,71	131,71

Observa-se que o preço médio é igual em todos os períodos, justificado pelo fato de o crescimento das vendas de todos os produtos ter sido igual e também porque os preços unitários de cada produto não apresentaram alteração ao longo dos períodos. Caso contrário, seria necessário verificar o cálculo dos valores projetados.

Um outro indicador que poderia ser utilizado é a evolução da margem de contribuição unitária. Nesse caso, a evolução teria os valores que são exibidos na Tabela 8.21.

Tabela 8.21: Indicador: Evolução da margem de contribuição unitária

Período	1	2	3	4	5
Margem de cont. projetada	141.305	152.175	173.915	195.655	217.395
Volume de peças vendidas	2.665	2.870	3.280	3.690	4.100
Margem de cont. unitária	53,02	53,02	53,02	53,02	53,02

Comparando-se a evolução da margem de contribuição unitária com as margens de contribuição de cada produto, pode-se também verificar sua consistência, conforme Tabela 8.22.

Tabela 8.22: Valores diretos por produto – Valores em R$/unid

Verificação							
Produto	Preço unitário	Impostos	Custo unitário	Comissões s/ vendas	Frete de entrega	Margem unitária	Part. % em volume
Mesas	250,00	54,13	75,00	25,00	2,00	93,88	24,39%
Cadeiras	80,00	17,12	20,00	6,40	1,00	35,28	73,17%
Armários	500,00	108,25	150,00	60,00	5,00	176,75	2,44%
				Verificação ➔		53,02	100,00%

Além dos exemplos apresentados, outros indicadores, expostos a seguir, também podem auxiliar o analista na busca de maior segurança, quanto aos dados projetados.

Os indicadores mais utilizados nas verificações de consistência de evolução de projeções são:

a. Preço médio unitário de vendas
b. Percentual médio das deduções de vendas
c. Custo variável médio unitário
d. Razão: custo total sobre receita liquida
e. Margem de contribuição unitária e percentual
f. Razão: custos fixos sobre a receita líquida
g. Razão: despesas fixas de vendas sobre a receita líquida
h. Razão: despesas fixas da administração sobre a receita líquida
i. Razão: resultado líquido sobre receita líquida
j. Custo fixo unitário
k. Despesa fixa unitária
l. Margem líquida percentual
m. Custo médio das taxas de juros

Em vista da grande variedade de premissas que podem afetar as projeções de resultados, sugere-se que o leque de indicadores seja adequado a cada realidade, objeto da análise.

A título de verificação da consistência dos valores projetados, *vis-à-vis* as premissas utilizadas, recomenda-se, numa primeira análise, a projeção de valores sem o uso de índices econômicos, isto é, premissas a valores constantes.

8.4 Projeção de resultados com valores corrigidos

No exemplo anterior, considerou-se a projeção de valores sem qualquer correção ao longo do tempo. Todavia, preços de produtos, insumos e demais variáveis estão sujeitos a variações positivas ou negativas por diversos fatores, internos e externos. Vários desses fatores estão atrelados a índices da inflação interna, outros à variação cambial, e, concomitantemente, sujeitos a pressões do mercado, seja por excesso, seja pela falta de oferta.

Adicionalmente, os preços de vendas também podem variar por correções ou ajustes de preços em função de estratégias comerciais ou provisão de remuneração de custos financeiros dos prazos adotados para as vendas.

No caso de se pretender projetar resultados, considerando valores específicos para cada período, há que se elaborar um quadro de índices referenciais para isso, ao qual estariam associadas as diversas premissas.

Como exemplo, o Quadro 8.2 poderia ter a seguinte configuração para as premissas adotadas para uma indústria de móveis.

Quadro 8.2: Premissas adotadas para uma indústria de móveis

Premissa / Índice	IGP	US$	Petróleo
Preço de venda			
– Mercado interno	X		
– Mercado externo	X	X	
Insumos de produção			
– Madeira	X		
– Plástico			
– Composto importado			
– Aço	X		X
– Embalagem	X	X	
– Mão-de-obra	X		
Demais gastos	X		

Nesse caso, a projeção de índices econômicos exibida na Tabela 8.23 poderia ter a seguinte configuração para as premissas adotadas para uma indústria de móveis.

Tabela 8.23: Projeção de índices econômicos (valores em percentagem)

Índice \ Período	1	2	3	4	5
IGP	6,0%	5,0%	4,5%	4,5%	4,0%
US$	5,0%	-3,0%	3,5%	4,5%	4,0%
Petróleo	8,0%	6,0%	6,5%	5,5%	5,0%

A definição de índices econômicos, para a projeção de valores num plano de negócio, deve levar em conta as particularidades do negócio que se esteja analisando. Normalmente, em sua elaboração, levam-se em conta os cenários macroeconômicos projetados pelo governo e as diversas instituições financeiras do país. No entanto, a experiência e os conhecimentos específicos sobre o ramo de negócio são fundamentais para adequar os índices disponíveis no mercado às necessidades.

Uma vez dispondo dos índices econômicos, a projeção de resultados é feita com base na adequação das premissas para cada período (ano, mês).

De forma simplificada, supondo que a empresa do exemplo anterior adotasse os seguintes parâmetros: dólar como índice para a correção dos preços, levando em conta que seu concorrente principal vende móveis importados, e IGP como índice para a correção dos demais gastos, a projeção dos resultados apresentaria os seguintes valores, utilizando os mesmos índices, somente a partir do segundo ano.

No caso dos índices apresentados, enquanto a Tabela 8.24 apresenta as variações percentuais previstas para os períodos, a Tabela 8.25 mostra o índice multiplicador a ser utilizado, a cada rubrica, para a correção do valor de referência.

Tabela 8.24: Projeção de índices econômicos (evolução anual) valores em percentagem

Índice \ Período	2	3	4	5
IGP	5,0%	4,5%	4,5%	4,0%
US$	-10,0%	3,5%	4,5%	4,0%

Tabela 8.25: Projeção de índices econômicos (valores acumulados)

Índice / Período	2	3	4	5
IGP	1,0500%	1,0973%	1,1466%	1,1925%
US$	0,9700%	1,0040%	1,0491%	1,0911%

Com base na definição desses índices, é possível projetar os novos valores a serem adotados para os períodos considerados.

Começando pelas premissas relativas aos preços unitários (veja a Tabela 8.26), os valores por produto ao longo dos períodos projetados seriam:

Tabela 8.26: Preços unitários (R$/unid)

Produto/Período	1	2	3	4	5
Mesas	250	243	251	262	273
Cadeiras	80	78	80	84	87
Armários	500	485	502	525	546

Por outro lado, as premissas referentes a custos unitários, fretes de entrega e despesas das áreas comercial e administrativa apresentam os valores projetados nas tabelas 8.27 a 8.30.

Tabela 8.27: Preços unitários (R$/unid)

Produto/Período	1	2	3	4	5
Mesas	75,00	78,75	82,29	86,00	89,44
Cadeiras	20,00	21,00	21,95	22,93	23,85
Armários	150,00	157,50	164,59	171,99	178,87

Tabela 8.28: Fretes de entrega (R$/unid)

Produto/Período	1	2	3	4	5
Mesas	2,00	2,10	2,30	2,64	3,15
Cadeiras	1,00	1,05	1,15	1,32	1,58
Armários	5,00	5,25	5,76	6,61	7,88

Tabela 8.29: Área Comercial

Conta	1	2	3	4	5
Pessoal	48.000	50.400	52.668	55.038	57.240
Aluguel	9.000	9.450	9.875	10.320	10.732
Utilidades	6.000	6.300	6.584	6.880	7.155
Propaganda	12.000	12.600	13.167	13.760	14.310
Outros gastos	3.000	3.150	3.292	3.440	3.577
Gastos fixos comercial	75.000	78.750	82.294	85.997	89.437

Tabela 8.30: Área Administrativa

Conta	1	2	3	4	5
Pessoal	45.600	47.880	50.035	52.286	54.378
Aluguel	4.800	5.040	5.267	5.504	5.724
Utilidades	2.400	2.520	2.633	2.752	2.862
Outros gastos	1.200	1.260	1.317	1.376	1.431
Gastos fixos administração	52.800	55.440	57.935	60.542	62.964

A partir dos valores corrigidos, com base nos índices econômicos adotados, a consolidação dos valores mostra os resultados operacionais e conseqüente geração de caixa apresentados na Tabela 8.31.

Tabela 8.31: Projeção de resultados operacionais (valores em R$, corrigidos por índices anuais)

Conta	1	2	3	4	5
Receita bruta de vendas	351.000	366.660	433.706	509.876	589.190
(-) Deduções de vendas	(75.992)	(79.382)	(93.897)	(110.388)	(127.560)
= Receita líq. de vendas	275.009	287.278	339.809	399.488	461.630
(-) Gastos prop. de vendas					
• Custos var. de vendas	(97.500)	(110.250)	(131.670)	(154.795)	(178.874)
• Despesas de vendas	(36.205)	(45.147)	(53.075)	(61.332)	(61.332)
= Margem de contribuição	141.304	138.900	162.992	191.618	221.425
(-) Gastos fixos operacionais					
• Desp. Comerciais	(75.000)	(78.750)	(85.997)	(89.437)	(89.437)
• Desp. Administrativas	(52.800)	(55.440)	(57.935)	(60.542)	(62.964)
• Deprec./Amortizações	(13.000)	(13.000)	(13.000)	(13.000)	(13.000)
= Resultado Operacional	504	(10.240)	9.764	32.079	56.025
(-) Imposto de Renda	(76)	-	(1.465)	(4.812)	(8.404)
= Res. Op. após IR	428	(8.290)	8.299	27.267	47.621
Geração op. caixa	13.428	4.710	21.299	20.267	60.621

Em função das correções feitas, pode-se afirmar que cada ano apresenta um valor econômico distinto para cada rubrica, em princípio, com valores não comparáveis entre si. Nesses casos, de forma a se obter valores comparáveis para as avaliações econômicas que se queira fazer, pode ser utilizado o expediente da adoção de taxas de desconto, apropriadas a cada período, mediante a ponderação representativa da cesta de moedas empregadas nas projeções das rubricas consideradas.

Exemplificando, tomando como referência os índices de correção adotados (IGP e US$) pode-se definir um índice médio anual, que represente a melhor medida de conversão, a valor presente, para os valores inflacionados. Considerando um peso representativo de 70% para o IGP e 30% para o US$, seriam utilizados os índices da Tabela 8.32:

Tabela 8.32: Índices econômicos (evolução anual) (valores em porcentagem)

Índice / Período	Peso	2	3	4	5
IGP	70%	5,00%	4,50%	4,50%	4,00%
US$	30%	10,00%	3,50%	4,05%	4,00%
Índice médio	100%	2,60%	4,20%	4,50%	4,00%
Índice médio acumulado		2,60%	6,91%	11,72%	16,19%

Para facilitar a conversão dos valores projetados em valores presentes, poderia ser utilizado um fator de deflação com os seguintes valores:

Fator de deflação	1,0000	1,0260	1,0691	1,1172	1,1619

Trazendo os valores projetados a valor presente, comparativamente, os resultados projetados e fluxo de caixa apresentariam os valores mostrados na Tabela 8.33:

Tabela 8.33: Resultados projetados e fluxos de caixa – valores em R$

Resultados projetados	1	2	3	4	5
Valor constante	428	9.667	28.145	46.623	65.102
Valor corrigido	428	(8.290)	8.299	27.267	47.621
Valor deflacionado	428	(8.080)	7.763	24.407	40.986

Geração op. de caixa	1	2	3	4	5
Valor constante	13.428	22.667	41.145	59.623	78.102
Valor corrigido	13.428	4.710	21.299	40.267	60.621
Valor deflacionado	13.428	4.590	19.923	36.043	52.175

Observa-se que, enquanto a projeção a valor constante apresenta lucro de R$ 9.667 no segundo ano, o valor corrigido apresenta prejuízo de R$ 8.290. O valor menor, apresentado no segundo ano, decorre da variação negativa prevista para o índice de correção do preço de venda, nesse caso, o dólar. De forma análoga, os valores dos outros períodos podem ser comparados.

A utilização do índice ponderado tem a finalidade básica de converter os valores futuros, inflacionados, a valor presente. Essa técnica também é conhecida como conversão de valores em moeda forte. Usualmente, no caso de empresas com matriz no exterior, para a conversão em moeda forte, são adotadas as taxas cambiais projetadas para a moeda corrente do país da matriz.

8.5 Análise de viabilidade econômico-financeira[3]

Enquanto a análise de consistência visa trazer ao interessado a segurança com relação à qualidade das projeções realizadas, a análise de viabilidade visa obter indicadores que recomendem ou não o investimento no objeto da análise.

Os métodos tradicionais de avaliação de investimentos buscam apresentar ao investidor interessado três informações básicas para a tomada de decisão, a saber:

a. Prazo de amortização do investimento (*Pay-back*)
b. Ganho líquido após amortização do investimento (Valor Presente Líquido – VPL)
c. Capacidade de o projeto se pagar (Taxa Interna de Retorno – TIR)

A construção dessas três informações é feita a partir do **Fluxo de Caixa do Projeto**, para o qual são necessários os seguintes dados:

- Resultado econômico operacional de cada período;
- Total de gastos não financeiros, depreciações e amortizações ao longo dos períodos;
- Geração operacional de caixa;
- Investimentos necessários de partida (despesas pré-operacionais, imobilizados e capital de giro) e valor residual dos investimentos imobilizados;
- Capital de giro incremental, a cada período;
- Taxa mínima de atratividade do negócio exigida pelos sócios, bem como custo médio das fontes de terceiros.

Complementando os itens da relação dada, e dando continuidade ao exemplo apresentado, é necessário calcular a evolução da necessidade de capital de giro. Supondo que as seguintes condições operacionais sejam disponíveis:

---

[3] Em virtude do objetivo principal deste livro ser apresentar o percurso metodológico para a estruturação e construção de um plano de negócios, não serão feitos comentários mais extensivos sobre eventuais deficiências que uma ou outra ferramenta de análise financeira tenha.

- Prazo de recebimento médio da vendas — 30 dias
- Prazo médio de produtos em estoque — 15 dias
- Prazo médio para pagamento de mercadorias — 40 dias

Com base nesses dados, pode-se calcular a evolução da necessidade de capital de giro para o negócio analisado (veja as Tabelas 8.34 e 8.35).

Tabela 8.34: Base de cálculo do capital de giro

Período	1	2	3	4	5
Receita	351.000	378.000	432.000	486.000	540.000
Custos variáveis de vendas	97.500	105.000	120.000	135.000	150.000
Compras	101.563	105.313	120.625	135.625	150.625

Tabela 8.35: Capital de giro líquido(*)

Contas/Período	1	2	3	4	5
Contas a receber	29.250	31.500	36.000	40.500	45.000
Estoques	4.063	4.375	5.000	5.625	6.250
Contas a pagar	(11.285)	(11.701)	(13.403)	(15.069)	(16.736)
Capital de giro líquido	**22.028**	**24.174**	**27.597**	**31.056**	**34.514**

(*) Cálculos considerando ano comercial de 360 dias.

A partir da Tabela 8.35, a necessidade incremental de capital de giro líquido, a cada período, apresenta os valores da Tabela 8.36.

Tabela 8.36: Capital de giro líquido incremental

Contas/Período	1	2	3	4	5
Capital de giro líquido	22.028	24.174	27.597	31.056	34.514
Capital de giro incrc	**22.028**	**2.146**	**3.424**	**3.458**	**3.458**

Resgatando os valores relativos ao investimento em ativo permanente, tem-se um total inicial de R$ 80.000 e um saldo residual ao final do quinto ano, projetado conforme demonstração da Tabela 8.37.

Tabela 8.37: Gastos com depreciação e amortização

Ativo permanente	Investimento em R$	Vida útil anos	Deprecia-ção anual	Valor residual ao final do ano 5
Máquinas e equipamentos	12.000	10	1.200	6.000
Móveis e utensílios	18.000	10	1.800	9.000
Veículos	40.000	5	8.000	-
Despesas pré-operacionais	10.000	5	2.000	-
Total	80.000		13.000	15.000

Supondo que, ao final do quinto período, em caso de encerramento das atividades, consiga-se somente R$ 10.000 pelo imobilizado restante, a projeção do Fluxo de Caixa do Projeto apresenta os valores dados na Tabela 8.38:

Tabela 8.38: Fluxo de caixa do projeto (valores em R$)

	0	1	2	3	4	5
Resultado operacional após IR		428	9.667	28.145	46.623	65.102
+ Depreciações/ Amortizações		13.000	13.000	13.000	13.000	13.000
= Geração operacional de caixa		13.428	22.667	41.145	59.623	78.102
(-) Variação líquida no CGL	(22.028)	(2.146)	(3.424)	(3.458)	(3.458)	
+ Recuperação do CGL						34.514
(-) Investimento de capital	(80.000)					
+ Valor residual(*)						10.000

	0	1	2	3	4	5
= Fluxo de caixa do projeto	(102.028)	11.282	19.243	37.687	56.165	122.615

(*) Caso o valor residual de venda projetado seja maior que o valor líquido contábil, ao final do quinto ano, há que se considerar a tributação de Imposto de Renda aplicável à receita não operacional decorrente.

A linha "Fluxo de caixa do projeto" mostra o resultado financeiro do Plano de Negócio, decorrente das premissas assumidas. Conforme indicado, esses valores são a base para a montagem dos indicadores financeiros que auxiliam os responsáveis nas decisões sobre investimentos.

Dando seqüência ao exemplo desenvolvido, aborda-se, a seguir, a montagem de cada indicador, conforme sua aplicação.

***Pay-back* simples:** é uma medida de tempo, isto é, representa o prazo necessário para amortizar o investimento.

Tabela 8.39: Cálculo do prazo de amortização do investimento (anos)

	0	1	2	3	4	5
Fluxo de caixa do projeto (R$)	(102.028)	11.282	19.243	37.687	56.165	122.615
Fluxo de caixa acumulado (R$)	(102.028)	(90.476)	(71.502)	**(33.815)**	**22.350**	144.965

A Tabela 8.39 aponta que o fluxo acumulado torna-se positivo **ao longo do quarto ano**, após os investimentos iniciais. Com base nesses números, pode-se dizer que o valor negativo do fluxo acumulado, ao final do terceiro ano, R$ 33.815, será liquidado com parte do valor gerado no quarto período, R$ 56.165.

O valor negativo R$ 33.815 (terceiro período) representa 0,6 do valor R$ 56.165 (quarto período). Assim, pode-se dizer que o *Pay-back* simples é de 3,6, ou seja, a maturação do projeto será de 3,6 períodos, ou seja, aproximadamente 3,5 anos.

O segundo indicador, **Valor Presente Líquido (VPL),** considerado o mais representativo entre os três indicadores, é medido em unidade monetária e representa o valor líquido restante ao investidor, após a amortização do investimento inicial. O VPL é o resultado da soma algébrica dos valores gerados a cada período, descontados a uma taxa, predefinida pelo investidor, considerando o tempo de cada geração.

Supondo que, nesse exemplo, o investidor assuma uma taxa de desconto de 20%aa, para os fluxos gerados. Nesse caso, os seguintes valores presentes seriam obtidos.

A Tabela 8.40 mostra que o fluxo acumulado para o período considerado, cinco anos, é de R$ 18.909, valor identificado como o Valor Presente Líquido, isto é, o montante líquido disponível ao investidor, após a amortização dos investimentos feitos ao longo do período analisado.

Tabela 8.40: Cálculo do Valor Presente Líquido – VPL (R$)

Taxa → 20% aa	0	1	2	3	4	5
Fluxo de caixa do projeto (R$)	(102.028)	11.282	19.243	37.687	56.165	122.615
Fluxo de caixa descontado	(102.028)	9.402	13.363	21.810	27.086	49.276
Fluxo desconta-do acumulado	(102.028)	(92.626)	(79.262)	(57.453)	(30.367)	18.909

O Valor Presente Líquido pode ser calculado utilizando-se a função VPL, disponível em planilhas eletrônicas e também em calculadoras financeiras. No caso de se usar a planilha eletrônica Excel,[4] a fórmula disponível é: **(VPL (taxa; valores gerados) – investimento inicial).**

Como exemplo, teria-se o seguinte:

Tabela 8.41: Cálculo do Valor Presente Líquido – VPL

	A	B	C	D	E	F	G
1							
2		0	1	2	3	4	5
3	Fluxo de caixa do projeto (R$)	(102.028)	11.262	19.243	37.687	56.165	122.615
4							

[4] Excel é marca registrada Microsoft.

	A	B	C	D	E	F	G
5	Taxa de desconto	20%					
6							
7	Valor Presente Líquido	VPL					

Nesse caso, utilizando a planilha Excel, a fórmula seria: VPL(B5;C3:G3)+B3, resultando no valor R$ 18.909.

Utilizando-se calculadora financeira (HP12c), os procedimentos seriam os mostrados no Quadro 8.3:

Quadro 8.3: Operação com a HP12c

Passo	Digitar
1	f Clx
2	102028 CHS g Cfo
3	11282g CFj
4	19243g CFj
5	37687 g CFj
6	56165 g CFj
7	122615 g CFj
8	20i
9	f NPV

O resultado deverá ser 18.909,16; arredondando, 18.909.

Adicionalmente, pode ser observado que o fluxo acumulado de caixa, descontado, torna-se positivo ao longo no quinto ano. Realizando o cálculo como feito anteriormente, pode-se dizer que a amortização do investimento, a valor presente, ocorrerá no período [4 + (30.367 / 49.276)], resultando em 4,62 anos.

Enquanto ao primeiro indicador calculado, que resultou em 3,6 anos, dá-se o nome de *Pay-back* simples – PBS, o segundo é identificado como *Pay-back* descontado – PBD.

Observação: Quando se utilizam projeções de resultados, com base em moeda constante, isto é, sem correções inflacionárias, deve-se observar o uso de taxa adequada aos valores projetados, tomando cuidado para subtrair da taxa possíveis provisões de inflações nela contidas.

O último indicador, **Taxa Interna de Retorno – TIR**, mostra percentualmente a auto-suficiência do projeto, isto é, indica a taxa de retorno com que o fluxo projetado remunera o investimento previsto. No exemplo em questão, apresentando resolução via planilha eletrônica e calculadora financeira, teriam-se os valores dados na Tabela 8.42.

Tabela 8.42: Cálculo da Taxa Interna de Retorno – TIR

	A	B	C	D	E	F	G
1							
2		0	1	2	3	4	5
3	Fluxo de caixa do projeto (R$)	(102.028)	11.262	19.263	37.687	56.165	122.615
4							
5	Taxa de desconto	20%					
6							
7	Valor Presente Líquido	18.909					
8							
9	Taxa Interna de Retorno	TIR					

Utilizando a planilha Excel, a fórmula seria: TIR(C3:G3), resultando no valor 25,59%.

No caso de se utilizar calculadora financeira (HP 12c), após o cálculo do VPL, o procedimento seria o seguinte:

Passo	Digitar
10	f IRR

O resultado deverá ser 25,59%. Isso significa que o projeto é viável, pois uma vez que a taxa exigida inicialmente foi de 20%, consegue-se prever remuneração acima dela.

O valor 25,59% ratifica a viabilidade já observada anteriormente por meio do cálculo do VPL. Ambos os indicadores, VPL e TIR, têm relação intrínseca. Nesse caso, enquanto o VPL indica quanto o investidor vai ganhar, ou seja, R$ 18.269, além do investimento original, a TIR indica que a taxa de remuneração gerada pelo projeto é de 25,59%, isto é, 5, 59% superior aos 20% exigidos.

Considerações sobre os métodos utilizados

Os três métodos utilizados apresentam informações distintas. Conforme comentado, enquanto o *Pay-back* permite identificar o prazo de retorno do investimento, o VPL, mostra o valor líquido que restará ao investidor, após a amortização do valor investido, e a TIR indica a taxa de retorno que o projeto tem capacidade de gerar.

> *[...] o VPL é o montante que o projeto adicionará à riqueza do acionista.*
>
> (BREALEY, 2002, p. 192)

Considerando as características e restrições de cada método, é comum o uso combinado dos três para a avaliação de investimentos. Entretanto, o VPL é reconhecido como método, teoricamente, superior aos demais.

8.6 Risco, retorno do investimento e custo do capital

O propósito desta parte é discorrer sobre os custos financeiros inerentes às fontes próprias e de terceiros e definir as taxas de desconto para sua remuneração.

No desenvolvimento do cálculo do VPL, demonstrado anteriormente, foi estabelecida como referencial uma taxa de remuneração de 20%aa. Entretanto, uma das dúvidas mais comuns, tanto para o analista de negócios quanto para o estudante, é: que taxa de desconto deve ser considerada no cálculo do Valor Presente Líquido?

Partindo do significado do VPL, esse é uma medida de valor, resultante da confrontação entre **valores investidos** e fluxos de recursos futuros esperados, os quais, em função dos riscos inerentes às incertezas de sua ocorrência, são penalizados com a redução dos seus valores futuros mediante a aplicação de uma **taxa de desconto**.

> *Na prática, as decisões financeiras não são tomadas em ambiente de total certeza com relação a seus resultados.*
>
> (ASSAF, 2003, p.201)

A definição da taxa de desconto está diretamente atrelada à probabilidade de sucesso que o investimento em análise possa indicar. Essa possibilidade ou não de sucesso é também chamada de risco do investimento, visto que nenhum investimento apresenta 100% de chance de sucesso, e a conscientização sobre a relevância da análise do risco, na análise de investimentos, é importante e antiga.

> *O custo de capital de uma empresa reflete, em essência, a remuneração mínima exigida pelos proprietários de suas fontes de recursos (credores e acionistas).*
>
> (ASSAF, 2003, p. 355)

Os valores investidos em uma empresa são compostos de recursos dos investidores (capital próprio) e de terceiros (empréstimos). Enquanto os recursos de terceiros demandam custos pelos empréstimos, remunerando as fontes por meio de **juros**, os investidores exigem retornos de suas aplicações de forma a remunerar o **custo do capital próprio** investido. Assim, a taxa de desconto, a ser considerada no cálculo do VPL, é formada pelas taxas de juros de capitais de terceiros, valores disponíveis em instituições existentes no mercado, mais a taxa de retorno do capital próprio, ponderadas pelas participações dos capitais de terceiros e próprios, respectivamente.

> *O custo do patrimônio líquido é a taxa de retorno que os investidores exigem para realizar um investimento patrimonial em uma empresa.*
>
> (DAMODARAN, 1997, p. 59)

Enquanto o valor da taxa de juros representa o custo do aluguel do dinheiro, podendo ser obtida nas instituições financeiras, o custo do capital próprio pode ser calculado por meio de modelos de risco e retorno, sendo adotado, aqui, o Modelo de Precificação de Ativos, identificado como CAPM (*Capital Asset Pricing Model*).

8.6.1 Modelo de precificação de ativos – CAPM

> *As questões de como o risco é medido, como é recompensado e quanto risco assumir são fundamentais em cada decisão de investimento, desde a alocação de ativos até a avaliação.*
>
> (DAMODARAN, 1997, p. 27)

Utilizando o desenvolvimento de raciocínio adotado por Assaf, o cálculo da taxa de retorno, via CAPM, é representado pela fórmula:

$$K_e = [\ R_F + \beta \times (R_m - R_F)]$$

Na qual:

K_e = taxa de retorno mínima requerida pelos investidores do ativo (custo do capital próprio);

R_F = taxa de retorno de ativos livres de risco;

β = coeficiente *beta*, medida do risco sistemático (não diversificável) do ativo;

R_m = rentabilidade oferecida pelo mercado em sua totalidade e representada pela carteira de mercado;

A diferença $(\boldsymbol{R_m} - \boldsymbol{R_F})$ significa o prêmio pelo risco de mercado.

O CAPM é reconhecido pela qualidade da informação que propicia, sendo bastante utilizado nas tomadas de decisão de investimentos. Entretanto, apesar da qualidade reconhecida, sua aplicação no Brasil encontra limitações em virtude da falta de informações pertinentes aos indicadores necessários para o seu cálculo.

> *Esses problemas concentram-se, principalmente, no precário* disclosure *das companhias de capital aberto de todas as suas informações relevantes aos investidores [...].*
>
> (ASSAF, 2003, p. 361)

Diante disso, um expediente adotado é a utilização do mercado norte-americano como *benchmarking*.

> *Uma metodologia bastante adotada ao se estimar o custo de capital próprio no Brasil é buscar uma referência das informações demandadas pelo modelo CAPM em outros*

> *mercados financeiros que não apresentam as limitações [...] presentes no mercado brasileiro.*
>
> (ASSAF, 2003, p. 361)

Nesse caso, segundo Assaf, para a definição das variáveis utilizadas no modelo CAPM são adotadas as seguintes orientações:

- **taxa livre de risco**[5] **(R_F)** – utilização de taxas de juros médias dos títulos públicos de longo prazo emitidos pelo governo americano;
- **coeficiente beta (β)** – adoção de valor por meio de *benchmarking* com base em empresas que operem em setor similar e com características semelhantes ao negócio em análise;
- **retorno da carteira de mercado (R_m)** – observação das médias das taxas de rentabilidade do mercado de ações.

> *Para o CAPM, a taxa de retorno requerida pelo investidor deve incluir a taxa livre de risco da economia, mais um prêmio que remunere o risco sistemático apresentado pelo ativo em avaliação [...].*
>
> (ASSAF, 2003, p. 359)

Considerando o contexto brasileiro, Assaf sugere a seguinte formulação para a determinação do custo de capital próprio, utilizando o CAPM:

$$Ke = [\, R_F + \beta \times (R_m - R_F)] + \alpha_{BR}$$

Na qual α_{BR} significa o risco Brasil.

A título de exemplo, a definição do custo de capital próprio para uma empresa do setor automobilístico seria:

Tabela 8.43: Cálculo do custo de capital para uma empresa automobilística, via CAPM

Taxa livre de risco	R_F	5,50%
Retorno da carteira de mercado	R_M	12,80%

[5] Sanvicente apresenta críticas à adoção de taxas de juros livre de riscos dos Estados Unidos. A seu ver, no caso de investimentos no Brasil, seria mais adequado calcular as taxas de riscos com base em dados brasileiros.

Prêmio pelo risco de mercado	$R_M - R_F$	7,30%
Coeficiente beta	β	1,03
Remuneração pelo risco da empresa	$[\beta \times (R_M - R_F)]$	7,52%
Custo de oportunidade do capital próprio	$[\beta \times (R_M - R_F)] + R_F$	13,02%
Risco país		4,0%
Custo de oportunidade do capital próprio		**17,02%**

Fonte: Assaf, 2003, p. 363 (adaptado).

A taxa de juros representa o custo de tomar dinheiro emprestado.

(GITMAN, 2003, p. 63)

Uma vez definido o custo de oportunidade do capital próprio em 17,02%, conforme a Tabela 8.43, há que definir o custo do capital de terceiros. Segundo Assaf, recursos de terceiros podem ter como origem: a) empréstimos realizados em entidades financeiras do mercado de capitais; b) recursos do governo, repassados via instituição financeira, direcionados às atividades de interesse econômico do país; c) empréstimos captados no exterior, repassados via instituição financeira ou obtidos diretamente com o credor internacional; d) captação via subscrição de debêntures, intermediada por instituição financeira; e e) arrendamento mercantil via empresa arrendadora.

Os riscos corridos pelo credor de empréstimos, *vis-à-vis* os riscos do investidor, são relativamente menores. Nesse sentido, é recomendável a captação de recursos de terceiros a custos menores que o custo próprio.

8.6.2 Cálculo do custo médio ponderado do capital – CMPC

O custo de capital da empresa é a média ponderada dos retornos exigidos pelos investidores em dívidas e patrimônio.

(BREALEY, 2002, p. 326)

O custo total de capital, decorrente das taxas de captação de recursos de terceiros e dos custos do capital próprio, representa a taxa mínima de atratividade – TMA.

Essa taxa é o custo médio ponderado das taxas exigidas pelos financiadores do projeto – de um lado, os acionistas que esperam dividendos como retorno e, do outro, terceiros que alugam dinheiro, em troca de juros.

> *O custo total de capital [...] representa a taxa de atratividade da empresa, que indica a remuneração mínima que deve ser exigida na alocação de capital.*
>
> (ASSAF, 2003, p. 366)

No exemplo apresentado no Quadro 8.4, o total das aplicações monta R$ 102.028, representados por R$ 22.028 em aplicações em capital de giro líquido e R$ 80.000 relativos a aplicações em ativos permanentes. Supondo-se que, para financiar o montante necessário à operação inicial, fosse estruturada uma composição de 80% em capital próprio e 20% com fontes de terceiros, a custos financeiros de 20% e 18%, respectivamente, o Balanço Patrimonial inicial seria representado com os seguintes valores:

Quadro 8.4: Balanço patrimonial (inicial)

ATIVO (aplicações) – em R$		PASSIVO (fontes de recursos) – em R$	
Aplicações em giro	22.028	Fontes de terceiros	20.406
Aplicações em perm.	80.000	Fontes próprias	81.622
Total de aplicações	102.028	Total de fontes	102.028

Assim, a TMA seria de 19,06%, a partir da seguinte estrutura de cálculo:

Quadro 8.5: Cálculo da TMA

Passivo (fontes de recursos) – em R$			
Fontes	R$	Partic. %	Taxa exigida %
Terceiros	20.406	20%	15,30%(*)
Próprias	81.622	80%	20,00%
Total de Fontes	102.028	100%	19,06%

(*) Decorrente da redução de 15% de Imposto de Renda, aplicável na Demonstração de Resultados.

Resultante do cálculo (20% * (18% * (1 – 15%)) + 80% * 20%).

Observação: Atenção ao utilizar a TMA média, quando há fontes de terceiros. O empréstimo de dinheiro de terceiros gera despesas com juros, que são redutoras do resultado operacional e, conseqüentemente, do Imposto de Renda a pagar.

Como curiosidade, a Tabela 8.44 apresenta um referencial das taxas médias com participações progressivas de fontes de terceiros, variando de 0% a 100%, que, nas condições dos exemplos expostos nos Quadros 8.4 e 8.5, apresentaria os seguintes valores:

Tabela 8.44: Participações de fontes de terceiros

Fontes de Terceiros	TMA
0%	20,00%
10%	19,53%
20%	19,06%
30%	18,59%
40%	18,12%
50%	17,65%
60%	17,18%
70%	16,71%
80%	16,24%
90%	15,77%
100%	15,30%

Isso significa que, para 0% de participação de recursos de terceiros, a taxa de retorno esperada é a exigida pelo acionista, isto é, 20%, e, no caso extremo de uma participação de 100% de terceiros, a taxa resultante seria a exigida pelos fornecedores de empréstimo. Naturalmente, não é normal supor a condição extrema de 100% de fontes de terceiros, apresentada aqui somente como exemplo didático.

Seguindo o mesmo raciocínio e utilizando todos os valores da Tabela 8.44, o seguinte quadro de valores poderia ser calculado:

Quadro 8.6: Referencial da sensibilidade do projeto a recursos de terceiros

Terceiros	TMA	VPL	Payback	TIR
%	%	R$	Anos	%
0	20,00%	18.909	4,62	25,59%

Terceiros	TMA	VPL	Payback	TIR
%	%	R$	Anos	%
10	19,53%	20.715	4,59	25,59%
20	19,06%	22.558	4,56	25,59%
30	18,59%	24.439	4,53	25,59%
40	18,12%	26.360	4,51	25,59%
50	17,65%	28.321	4,48	25,59%
60	17,18%	30.324	4,45	25,59%
70	16,71%	32.369	4,43	25,59%
80	16,24%	34.458	4,40	25,59%
90	15,77%	36.592	4,38	25,59%
100	15,30%	38.771	4,36	25,59%

Analisando os dados apresentados, pode-se afirmar que, para uma condição em que o investidor aplica sozinho 100%, a uma taxa de retorno esperada de 20%, o resultado apresentado é um VPL de R$ 18.909 e um prazo de 4,62 anos. Por outro lado, uma captação de recursos de terceiros, na relação de 20% do investimento necessário, a uma taxa de juros bruta de 18%, implicaria uma TMA de 19,06%, um VPL de R$22.558 e um prazo de 4,56 anos. Já no caso de uma captação de recursos de terceiros da ordem de 70%, os valores seriam: TMA de 16,71%, VPL de R$ 32.369 e prazo de 4,43 anos.

Observa-se que, para todos os casos, a TIR é a mesma, 25,35%, uma vez que essa é a capacidade interna de remuneração do projeto.

Concluindo, nota-se que, progressivamente, conforme o aumento da participação de capital de terceiros o VPL diminui, fato decorrente do valor da TMA.

8.7 Projeção de Balanços Futuros

Para efeito de análise de investimento, as informações obtidas por meio dos cálculos do *Pay-back*, VPL e TIR são suficientes para que se verifique a viabilidade do investimento sob análise. Entretanto, muitos investidores também querem saber a projeção do balanço patrimonial, que permite obter a evolução de outros indicadores financeiros, por exemplo: retorno sobre o investimento, retorno sobre o patrimônio líquido investido, giro do ativo etc.

Considerando-se as principais contas do balanço patrimonial, Ativo (Disponibilidade, Duplicatas a receber, Estoques, Imobilizado), Passivo (Fornecedores,

Empréstimos de terceiros, Capital social e Resultados acumulados), a seguinte estrutura poderia ser utilizada para projeção do balanço patrimonial.

Quadro 8.7: Balanço patrimonial

Ativo	Passivo
Disponibilidades	Fornecedores
Duplicatas a receber	Empréstimos de terceiros
Estoques	Capital social
Imobilizado	Lucros acumulados
Ativo total	Passivo total

Utilizando-se os valores projetados anteriormente, o balanço patrimonial apresentaria a seguinte evolução.

Quadro 8.8: Balanço patrimonial (valores em R$)

ATIVO e PASSIVO	1	2	3	4	5
Disponibilidades	13.428	33.949	71.671	127.836	202.479
Dupli. a receber	29.250	31.500	36.000	40.500	45.000
Estoques	4.063	4.375	5.000	5.625	6.250
Imobilizado líquido	67.000	54.000	41.000	28.000	15.000
TOTAL	**113.741**	**123.824**	**153.671**	**201.961**	**268.729**
Fornecedores	11.285	11.701	13.403	15.069	16.736
Empr. de terc.					
Capital social	102.028	102.028	102.028	102.028	102.028
Lucros acumulados	428	10.095	38.240	84.864	149.965

8.7.1 Projeção de exigível e juros

A título de detalhamento, voltando ao exemplo inicial, utilizando 20% de fontes de terceiros, teriam-se as seguintes informações sobre o empréstimo de R$ 20.406, a saber:

Tabela 8.45: Informações sobre empréstimo: principal

Principal	1	2	3	4	5
Saldo inicial	0	16.324	12.243	8.162	4.081
Captação	20.406				
Amortização	(4.081)	(4.081)	(4.081)	(4.081)	(4.081)
Saldo final	16.324	12.243	8.162	4.081	0

Juros a 18% aa	1	2	3	4	5
Saldo inicial	0	0	0	0	0
Incorridos(*)	3.673	2.938	2.204	1.469	735
Pagos	(3.673)	(2.938)	(2.204)	(1.469)	(735)
Saldo final	0	0	0	0	0

(*) Calculado sobre o saldo devedor final.

Esse empréstimo afetaria as despesas e conseqüente fluxo de caixa, implicando nas seguintes projeções de relatórios:

Quadro 8.9: Projeção de resultados operacionais com despesas de juros (valores em R$)

Conta	1	2	3	4	5
Receita bruta de vendas	351.000	378.000	432.000	486.000	540.000
(-) Deduções de vendas	(75.992)	(81.837)	(93.528)	(105.219)	(116.910)
= Receita líq. de vendas	275.009	296.163	338.472	380.781	423.090
(-) Gast. prop. de vendas					
• Cust. var. de vendas	(97.500)		120.000)	(135.000)	(150.000)
• Desp. de vendas	(36.205)	(38.990)	(44.560)	(50.130)	(55.700)
= Margem de contr.	141.304	152.173	173.912	195.651	217.390
(-) Gastos fixos op.					
• Desp. Comerciais	(75.000)	(75.000)	(75.000)	(75.000)	(75.000)
• Despesas Adm.	(52.800)	(52.800)	(52.800)	(52.800)	(52.800)
• Depr./Amortizações	(13.000)	(13.000)	(13.000)	(13.000)	(13.000)
= LAJIR	504	11.373	33.112	54.851	76.590
• Desp. financeiras	(3.673)	(2.938)	(2.204)	(1.469)	(735)
= LAIR	(3.170)	8.435	30.908	53.382	75.855
(-) Imp. de Renda[6] 15%	-	(790)(*)	(4.636)	(8.007)	(11.378)
= Resultado líquido	(3.170)	7.645	26.272	45.375	64.477

(*) Contempla compensação de prejuízo do ano anterior.

Revendo o fluxo de caixa do projeto, os seguintes valores seriam apurados:

Quadro 8.10: Fluxo de caixa projetado(*) Valores em R$

	0	1	2	3	4	5
Resultado op. após IR		(3.170)	7.645	26.272	45.375	64.477
+ Deprec./Amortizações		13.000	13.000	13.000	13.000	13.000
= Ger. op. de Caixa		**9.830**	**20.645**	**39.272**	**58.375**	**77.477**
(-) Variação líquida no CGL	(22.028)	(2.146)	(3.424)	(3.458)	(3.458)	(69)
(-) Investimento de capital	(80.000)					
+ Aporte de capital	81.622					
+ Empréstimos de terceiros	20.406					
(-) Amortização de principal		(4.081)	(4.081)	(4.081)	(4.081)	(4.081)
= Fluxo de caixa líq.	**0**	**3.604**	**13.140**	**31.733**	**50.835**	**73.327**
= Saldo de caixa. acum.	**0**	**3.604**	**16.744**	**48.476**	**99.311**	**172.638**

(*) Exemplo admitindo-se a continuidade do projeto, i.e., sem recuperação do CGL ou valor residual de imobilizado.

Obedecendo à estrutura básica, os balanços patrimoniais teriam os seguintes valores:

Quadro 8.11: Projeção de balanços patrimoniais

ATIVO	0	1	2	3	4	5
Disponibilidades	0	3.604	16.744	48.476	99.311	172.638
Capital de giro líq	22.028	24.174	27.597	31.056	34.514	34.583
Ativo per. líquido	80.000	67.000	54.000	41.000	28.000	15.000
Total ATIVO	102.028	94.777	98.341	120.532	161.825	222.221

PAS. e PATR. LÍQ.	0	1	2	3	4	5
Fontes de terceiros	20.406	16.324	12.243	8.162	4.081	
Fontes próprias						
Capital social	81.622	81.622	81.622	81.622	81.622	81.622
Result. acumulados		(3.170)	4.475	30.747	76.122	140.599
Total PASSIVO	102.028	94.777	98.341	120.532	161.825	222.221

[6] A título de exemplo, e de forma simplificada, o IR do segundo ano foi calculado a partir de base reduzida, em virtude do prejuízo observado no primeiro ano. Observar a legislação e as reduções permitidas.

Tabela 8.46 Memória de cálculo de cada rubrica

Disponibilidades	0	1	2	3	4	5
Ger. oper. de caixa		9.830	20.645	39.272	58.375	77.477
Amorti. de empréstimos		(4.081)	(4.081)	(4.081)	(4.081)	(4.081)
Variação do CGL	(22.028)	(2.146)	(3.424)	(3.458)	(3.458)	(69)
Disp. líq. por período		3.917	13.025	31.653	50.764	73.334
Saldo disp. acumulado		**3.917**	**16.943**	**48.596**	**99.361**	**172.694**

Capital de giro líquido	0	1	2	3	4	5
Contas a receber		29.250	31.500	36.000	40.500	45.000
Estoques		3.521	3.833	4.458	5.083	5.708
Fornecedores		(9.389)	(10.222)	(11.889)	(13.556)	(15.222)
Capital de giro líquido		**(22.028)**	**(2.146)**	**(3.424)**	**(3.458)**	**(3.458)**

Ativo permanente líq.	0	1	2	3	4	5
Ativo permanente total	80.000	80.000	80.000	80.000	80.000	80.000
Depr. e amort. acum.		(13.000)	(26.000)	(39.000)	(52.000)	(65.000)
Ativo permanente líq.	**80.000**	**67.000**	**54.000**	**41.000**	**28.000**	**15.000**

Fontes de terceiros	0	1	2	3	4	5
Fontes de terceiros	20.676	16.541	12.406	8.271	4.135	-
Fontes próprias	81.622	78.453	86.098	112.370	157.744	222.221

Resultados acumulados	0	1	2	3	4	5
Resultado do período		**(3.170)**	**7.645**	**26.272**	**45.375**	**64.477**
Resultado acumulado		**(3.170)**	**4.475**	**30.747**	**76.122**	**140.599**

8.8 Análise de sensibilidade

A análise de resultados, conforme desenvolvida no Item 8.2.6, "Análise de viabilidade econômico-financeira", dá ao analista um referencial sobre os resultados projetados, complementados pelos indicadores (*Pay-back*, VPL e TIR), que abordam a viabilidade do projeto proposto. No entanto, um dos pontos que mais afligem os responsáveis por tomadas de decisões é a qualidade das premissas assumidas, que resultaram nos valores até então disponíveis.

Adicionalmente à análise de viabilidade econômico-financeira realizada até este momento, pode-se fazer uma análise complementar chamada de Análise de sensibilidade. O objetivo dessa análise é trazer mais segurança para as decisões. Os valores obtidos dão ao interessado a leitura relativa às variáveis mais críticas no projeto e o grau de risco que uma ou outra variável pode representar.

Assim, uma vez decidido o investimento, os responsáveis pela implantação e gerenciamento da operação dispõem de parâmetros, que precisam ser observados de forma a não comprometer o sucesso da empreitada.

Essa análise baseia-se nas variáveis-chave componentes dos resultados, a saber:

- Volumes de venda
- Preços unitários
- Gastos variáveis
- Gastos fixos
- Investimentos em permanente

O produto final dessa abordagem é uma matriz de valores que mostra os principais indicadores decorrentes de alterações, perante os valores projetados via premissas assumidas.

A forma desta matriz é representada da seguinte forma:

Quadro 8.12: Indicadores

Indicador (*)	Valores-BASE	Volume de ven.	Preço de ven.	Gastos variav.	Gastos fixos	Invest. at. perm.
Vol. de ven. (unid.)	16.605					
Result. oper. após IR	149.965					
Deprec. e amort.	65.000					
Ger. oper. caixa	214.965					
Cap. giro líquido	34.514					
Invest. tot. (perm. giro)	102.028					
Fluxo cx. do proj.	114.965					
Pay-back simp. – anos	3,60					
Pay-back desc. – anos	4,62					
Valor pres. líq. R$	22.558					
Taxa int. de ret. %	25,59%					

(*) Com base na projeção de valores para os cinco anos.

O cálculo dos valores relativos às variáveis elencadas é feito por meio da projeção de novos resultados, aplicando-se uma variável por vez e considerando-se um percentual fixo, para a verificação, de forma a permitir a identificação da variável a que o projeto é mais sensível.

Com base no exemplo disponível, definindo um percentual referencial de 1% e reprojetando os valores para o período considerado, o Quadro 8.5, que traz um resumo da situação explanada, estaria baseado nas seguintes sensibilidades:

Tabela 8.47: Variáveis

Variável	%
Volume de vendas	- 1
Preço de venda	- 1
Gasto variável	+ 1
Gasto fixo	+ 1
Investimento (ativo permanente)	+ 1

A partir da primeira variável, a projeção de resultados e análise de viabilidade apresentariam os seguintes números:

Quadro 8.13: Análise de sensibilidade à variação do <u>volume de vendas</u> em -1%. Projeção de resultados operacionais. Valores em R$

Conta	1	2	3	4	5
Receita bruta de vendas	347.490	374.220	427.680	481.140	534.600
(-) Deduções de vendas	(75.232)	(81.019)	(92.593)	(104.167)	(115.741)
= Receita líquida de vendas	275.010	272.258	293.201	376.973	418.859
(-) Gastos proporcionais de vendas					
• Custos variáveis de vendas	(96.525)	103.950)	(118.800)	(133.650)	(148.500)
• Despesas de vendas	(35.843)	(38.600)	(44.114)	(49.629)	(55.143)
= Margem de contribuição	139.890	150.651	172.173	193.694	215.216
(-) Gastos fixos operacionais					
• Desp. comerciais	(75.000)	(75.000)	(75.000)	(75.000)	(75.000)
• Desp. administrativas	(52.800)	(52.800)	(52.800)	(52.800)	(52.800)
• Depreciações/amortizações	(13.000)	(13.000)	(13.000)	(13.000)	(13.000)
= Resultado operacional (lucro ou prejuízo)	(910)	9.851	31.373	52.894	74.416

Conta		1	2	3	4	5
(-) Imposto de renda	15%	136(*)	(1.478)	(4.706)	(7.934)	(11.162)
= Resultado operacional após IR		**773**	**8.374**	**26.667**	**44.960**	**63.254**
Geração operacional de caixa		**12.227**	**21.374**	**39.667**	**57.960**	**76.254**

(*) Ilustrativo para compensação futura.

Procedendo de forma análoga com as demais variáveis, o seguinte quadro resumo se apresenta:

Quadro 8.14: Resumo com as variações de 1% nas variáveis-chave

Indicador(*)	Valores-BASE	Volume de vendas -1%	Preço de vendas -1%	Gastos variáveis +1%	Gastos fixos +1%	Invest. at. permanente +1%
Vol. ven. (unid)	16.605	16.439	16.605	16.605	16.605	16.605
Res. oper. ap. IR	149.965	142.345	136.840	144.731	144.417	149.413
Depc. e amort.	65.000	65.000	65.000	65.000	65.000	65.650
Ger. oper. cx.	214.965	207.345	201.840	209.731	209.417	215.063
Cap. giro líq.	34.514	34.169	34.064	34.409	34.514	34.514
Inv. total	102.028	101.808	101.735	101.956	102.028	102.828
Fluxo cx. proj.	114.965	137.345	131.840	139.731	139.417	144.263
P.-back simp. – anos	3,60	3,69	3,76	3,66	3,68	3,62
P.-back desc. – anos	4,62	4,70	4,76	4,67	4,68	4,63
Val. pres. líq. R$	22.558	14.656	11.504	15.933	15.564	18.167
Tx. int. de ret.	25,59%	24,35%	23,42%	24,72%	24,60%	25,34%

(*) Valores acumulados para os cinco anos.

Observa-se, nesse exemplo, que a variável mais sensível a alterações é o preço, seguida por volume, gastos fixos, gastos variáveis e investimentos.

Adicionalmente, pode-se também verificar, utilizando o recurso "atingir meta" da planilha eletrônica, o limite que cada variável suporta, considerando-se o limite para VPL igual a zero.

Nesse caso, o Quadro 8.15, apresentaria os seguintes valores:

Quadro 8.15: Valores-limite das variáveis, para VPL igual a zero

Indicador	Volume de vendas	Preço de vendas	Gastos variáveis	Gastos fixos	Invest. at. permanente
Limite % de variação para VPL = zero	-4,40%	-2,54%	6,24%	5,57%	25,03%

Ratificando a análise anterior, observa-se que qualquer variação no preço, abaixo de 2,54%, apresentará VPL inferior a ZERO e, conseqüentemente, um *Pay-back* acima de cinco anos e TIR inferior a 20%.

Conforme é possível constatar nos Quadros 8.14 e 8.15, a análise de sensibilidade permite ao investidor identificar o grau de fragilidade de cada uma das variáveis pertinentes ao negócio analisado. Subsídios fundamentais para o direcionamento de ações preventivas e conseqüentes quanto aos cuidados a serem tomados quando da aquisição dos investimentos, bem como para proceder ao gerenciamento da operação, satisfeitas as premissas assumidas.

Ampliando a análise, pode-se observar no Quadro 8.16, a seguir, a magnitude dos impactos causados no Valor Presente Líquido (cinco anos) pelas variáveis-chave, observando-se os percentuais a que elas tenham sido submetidas.

Quadro 8.16: Resumo com as variações nas variáveis-chave

VPL (cinco anos)	-15%	-10%	-5%	0	5%	10%	15%
Volumes	(46.960)	(24.588)	(2.607)	18.909	39.606	60.302	80.998
Preços unitários	(96.952)	(57.243)	(18.543)	18.909	54.734	90.560	126.385
Gastos variáveis	62.664	48.079	33.494	18.909	3.778	(11.417)	(27.067)
Gastos fixos	67.640	51.396	35.153	18.909	1.930	(15.259)	(32.967)
Investi-mentos	30.034	26.326	22.618	18.909	15.182	11.393	7.603

Graficamente, os valores do Quadro 8.16 apresentam-se da seguinte forma:

Gráfico 8.1: Comportamento das variáveis-chaves

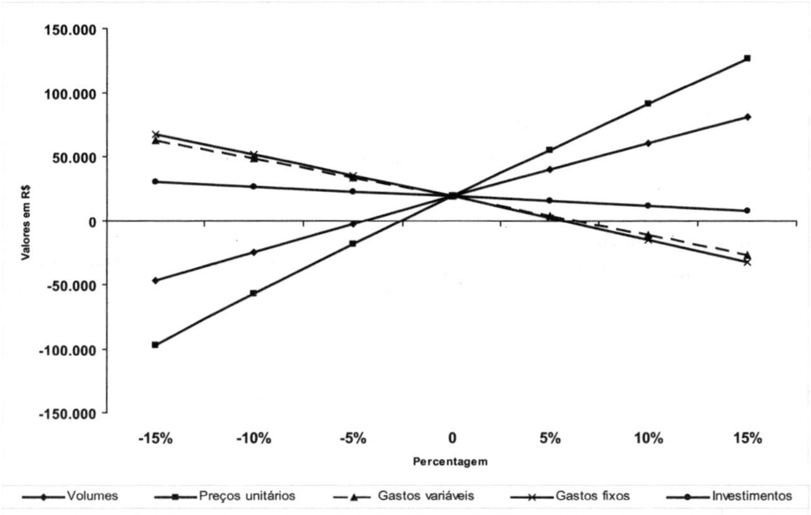

O Gráfico 8.1 confirma que a variável preços unitários é de fato a mais sensível. Nesse caso, para efeito de tomada de decisão, observa-se que a variável investimento é a menos sensível a variações, ou seja, apresenta maior margem de segurança quanto a possíveis erros na adoção de premissas, o que não acontece com as premissas de preço.

8.9 Redação do capítulo sobre análise de viabilidade

Conforme já comentado, o capítulo relativo à análise de viabilidade econômico-financeira destina-se à verificação econômica e financeira das hipóteses e variáveis, assumidas quando do posicionamento estratégico. Assim, deve representar para o investidor o marco referencial para decisões sobre o que fazer diante do questionamento feito na introdução do plano de negócio proposto.

Com isso, a redação do capítulo deve apresentar, de forma lógica e estruturada:

- as premissas operacionais assumidas, *vis-à-vis* o cenário operacional estratégico traçado;
- as projeções operacionais pertinentes e;
- os indicadores relativos à viabilidade do negócio.

Com base nos dados processados e informações produzidas nas diversas etapas do desenvolvimento, podem-se redigir comentários pontuais e relevantes sobre os diversos aspectos identificados pelo responsável pela análise.

A título de revisão, segue o Quadro sinóptico do percurso metodológico para a construção de um Plano de Negócio.

Quadro 8.17: Sinóptico do percurso metodológico para a construção de um Plano de Negócio

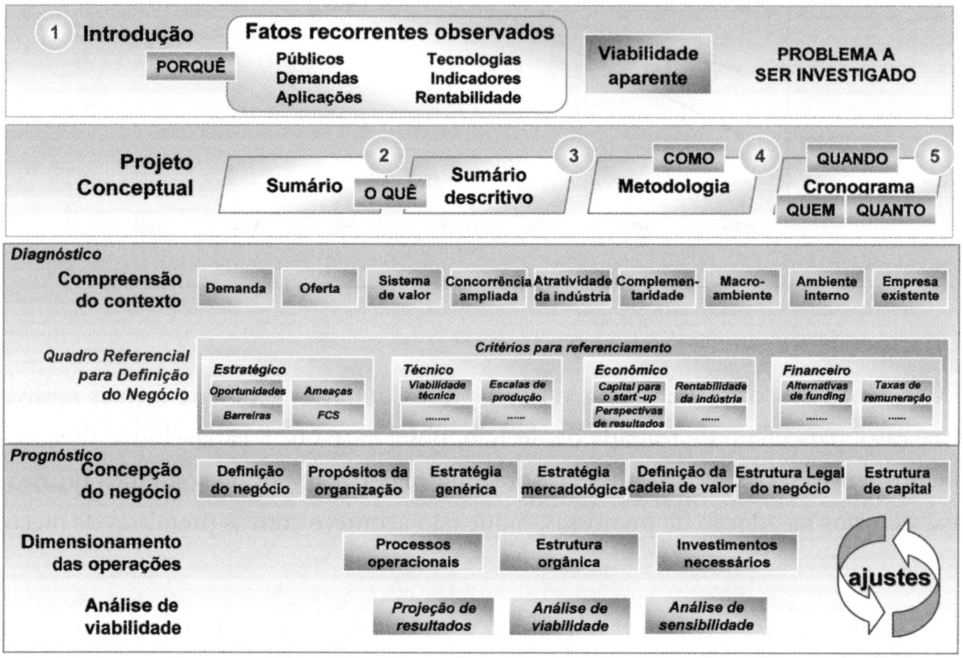

Bibliografia

Livros

ABELL, D. F. *Definição do negócio*. São Paulo: Atlas, 1990.

ABRAMS, R. *The successful business plan*: secrets and strategies. 4th ed. Palo Alto: The Planning Shop, 2003.

ANDREWS, K. R. *The concept of corporate strategy*. Homewood, IL: Richard D. Irwin,1971;1980;1987.

ASSAF Neto, A. *Finanças corporativas e valor*. São Paulo: Atlas, 2003.

BARNEY, J. Firm resources and sustained competitive advantage. *Journal of Management*, 17 (1), 1991, p. 99-120.

BARNEY, J. B.; OUCHI, W. G. *Organizational Economics*. San Francisco: Jossey Bass, 1986.

BRANDENBURGER, A. M.; NALEBUFF, B. J. *Co-opetition*. New York: Doubleday, 1996.

BREALEY, R. A.; MYERS, S. C.; MARCUS, A. J. *Fundamentos da administração financeira*. 3. ed. Rio de Janeiro: McGraw Hill, 2002.

BRUNI, A.; FAMÁ, R. *As decisões de investimentos*. São Paulo: Atlas, 2003.

BULGARELLI, W. *Sociedades comerciais*. São Paulo: Atlas, 1989.

CASAROTTO Filho, N. *Projeto de negócio*. São Paulo: Atlas, 2002.

CHIAVENATO, Idalberto. *Empreendedorismo*: dando asas ao espírito empreendedor. São Paulo: Saraiva, 2004.

COBRA, M. *Administração de marketing*. 2. ed. São Paulo: Atlas, 1992.

COBRA, M. *Plano estratégico de marketing*. 3. ed. São Paulo: Atlas, 1991.

CONNER, K. A historical comparison of resource-based theory and five schools of thought within industrial-organization economics; do we have a new theory of the firm. *Journal of management* 17, mar. 1991, p. 121-54.

CROCCO, L.; TELLES, R.; GIOIA, R. M., ROCHA, T., STREHLAU, V. I. *Decisões de marketing*: os 4 Ps. São Paulo: Saraiva, 2006.

DAMODARAN, A. *Avaliação de investimentos.* Ferramentas e técnicas para a determinação do valor de qualquer ativo. Rio de Janeiro: Qualitymark, 1997.

DEMO, P. *Pesquisa e construção de conhecimento:* metodologia científica no caminho de Habermas. Rio de Janeiro: Tempo Brasileiro, 2000.

DIERICKX, I.; COOL, K. Asset stock accumulation and sustainability of competitive advantage. *Management science*, dec. 1989, p. 1504-1511.

DORNELAS, J. C. A. *Empreendedorismo*: transformando idéias em negócios. Rio de Janeiro: Campus, 2001.

FACHIN, O. *Fundamentos de metodologia.* São Paulo: Atlas, 1993.

FAHEY, L.; RANDALL, R. M. *MBA:* Curso prático - estratégia. Rio de Janeiro: Campus, 1999.

FREIRE, P. *Pedagogia da autonomia*: saberes necessários à prática educativa. São Paulo: Paz e Terra, 1999.

FURLAN, J. D. *Modelagem de negócio*. São Paulo: Makron Books, 1997.

GASQUES, J. G.; REZENDE, G. C.; VERDE, C. M. V.; Salerno, M. S.; CONCEIÇÃO, J. C. P. R.; CARVALHO, J. C. S. *Desempenho e crescimento do agronegócio no Brasil.* Texto para discussão n° 1009, Brasília: IPEA, 2004.

GIGLIO, E. M. *O comportamento do consumidor*. 3 ed. São Paulo: Pioneira-Thompson, 2005.

GITMAN, L. J.; MADURA, J. *Administração financeira.* São Paulo: Pearson, 2003.

GOLD, Inc: Graphics Division, Harvard Business School Intercollegiate Clearinghouse, 9-571-071.

HAMEL, G. *Leading the revolution*. Cambridge: Harvard Business School, 2000.

HAMEL, G.; PRAHALAD, C. K. Strategic intent. *Harvard Business Review*, May/June 1989, p. 63-76.

HAMEL, G.; PRAHALAD, C. K. *Competing for the future*. Cambridge: Harvard Business School, 1994a.

HANAN, M. Reorganize your company around its markets. *Harvard Business Review*, Nov./Dec. 1974.

HITT, M. A. *Administração estratégica*. São Paulo: Thomson-Pioneira, 2004.

HITT, Michel A.; I. R. D, HOSKISSON R. E. *Administração estratégica competitividade e globalização*. São Paulo: Pioneira-Thompson, 2005.

HOOLEY, G. J.; SAUNDERS, J. *Posicionamento competitivo*. São Paulo: Makron-Books, 1996.

HOOLEY, G. J.; SAUNDERS, J. A.; PIERCY, N. F. *Estratégia de marketing e posicionamento competitivo*. 3 ed. São Paulo: Pearson, 2005.

HOUAISS, A. *Dicionário Eletrônico Houaiss da língua portuguesa*. Rio de Janeiro: Objetiva, 2004. Versão 1.0.7.

HUNT, S. D. *A general theory of competition*. Thousand Oaks: CA Sage, 2000.

KAPLAN, R.; NORTON, D. *Convertendo ativos intangíveis em resultados tangíveis, Mapas Estratégicos*. Rio de Janeiro: Campus, 2004.

KOTLER, P. *Administração de marketing*. 10 ed. São Paulo: Prentice Hall, 2000

_________. *Administração de marketing*. 13 ed. São Paulo: Prentice Hall, 2000.

KUAZAQUI, E. (Org.). *Administração para não-administradores*. São Paulo: Saraiva, 2006.

LAMBING, P.; KUEHL, C. R. *Entrepreneurship*. 2nd ed. Upper Saddle River: Prentice Hall, 2000.

LAVILLE, C.; DIONNE, J. *A construção do saber*. Porto Alegre: UFMG, 1999.

LILIEN, G. L.; KOTLER, P.; MOORTHY, K. S. *Marketing models*. 1st ed. Upper Saddle River: Prentice-Hall, 1992.

LIMA, M. C. *Monografia:* a engenharia da produção acadêmica. São Paulo: Saraiva, 2004.

LOVELOCK, C.; WRITZ, J. *Marketing de serviços*. São Paulo: Prentice Hall, 2006.

MONTGOMERY, C.; PORTER, M. *Strategy*: seeking and securing competitive advantage. Boston: Harvard Business School Publishing, 1991.

MOREIRA, J. C. T. (Org.). *Marketing business to business*: como competir em mercados organizacionais. São Paulo: Saraiva, 2006.

MORIN, Edgar. *Os sete saberes necessários à educação do futuro*. São Paulo: Cortez; Brasília, DF: UNESCO, 2002.

MOSIMANN, C. P.; FISCH, S. *Controladoria:* seu papel na administração de empresas. São Paulo: Atlas, 1999.

OLIVEIRA, A. B. S.; CECCONELLO, A. R. et al. *Métodos e técnicas de pesquisa em contabilidade*. São Paulo: Saraiva, 2003.

PENROSE, E. T. *The theory of the growth of the firm*. London: Basil Blackwell and Mott, 1959.

PINDYCK, R. S.; RUBINFELD, D. L. *Microeconomics.* 4th ed. New Jersey: Prentice-Hall, 1997.

PORTER, M. E. *Competitive advantage*. New York: Free Press, 1980; 1985.

_________. *Competição*. Rio de Janeiro: Campus, 1999.

_________. *Competitive strategy.* New York: Free Press, 1980.

_________. *Estratégia competitiva.* 17. ed. Rio de Janeiro: Campus, 1986.

_________. Toward a dynamic theory of strategy. In: RUMELT, R. P. et al. *Fundamental issues in strategy*. New York: Free Press, 1994.

_________. *Vantagem competitiva.* 13. ed. Rio de Janeiro: Campus, 1989.

PRIDE, W. M.; FERRELL, O. C. *Marketing*: conceitos e estratégias. Rio de Janeiro: LTC, 2001.

RIES, A.; TROUT, J. *Positioning:* the battle for your mind. Nova York: Warner Books, 1982.

ROBERTS, J. *The modern firm*. Nova York: Oxford University Press, 2004.

ROSS, S. A.; WESTERFIELD, R. W.; JORDAN, B. D. *Princípios de administração financeira*. São Paulo: Atlas, 2002.

RUMELT, R. P. Toward a strategic theory of the firm. In: LAMB, R. (ed.). *Competitive strategic management*. Englewood Cliffs: Prentice Hall, 1984.

RUMELT, R. P.; SCHENDEL, D. E.; TEECE, D. J. *Fundamental issues in strategy:* a research agenda. Boston: Harvard Business School, 1994.

RUMMLER, G. A.; BRACHE, A. P. *Melhores desempenhos das empresas*. São Paulo: Makron Books, 1994.

SANCHEZ, R.; HEENE, A.; THOMAS, H. *Dynamics of competence-based competition.* New York: Elsevier Science, 1996.

SELZNICK, P. *Leadership in administration*. New York: Harper and Row, 1957.

STONER, James A. F.; FREEMAN, R. E. *Administração*. Rio de Janeiro: Prentice Hall do Brasil, 1995.

TAVARES, M. C. *Gestão estratégica*. São Paulo: Atlas, 2000.

TELLES, R. *Marketing empresarial B2B*. São Paulo: Saraiva, 2003.

TILLES, S. Making strategy explicit. In: ANSOFF, H. I. *Business strategy*. New York: Penguin, 1969.

VASCONCELOS Filho, P. de; PAGNONCELLI, D. *Construindo estratégias para vencer*. Rio de Janeiro: Campus, 2001.

WAACK, R. S.; Terreran, M. T. 2 ed. Gestão tecnológica em sistemas agroindustriais. In: MINISTÉRIO DA CIÊNCIA E TECNOLOGIA/CNPq. *Agronegócio brasileiro*: ciência, tecnologia e competitividade. Brasília, 1998.

ZACCARELLI, S. B. *Estratégia e sucesso nas empresas*. São Paulo: Saraiva, 2002.

ZYLBERSTEIN, D.; FARINA, E. M. M. Q. *Administração do agrosistema*: desenvolvimentos recentes e aplicabilidade do conceito. São Paulo: Edusp, 1997.

Artigos

BUZZELL, R. D.; GALE, B. T.; SULTAN, R. G. M. Market share: a key to profitability. *Harvard business review*, 53, Jan./Feb. 1975, p. 53: 97-106.

FRIED, V.; OVIATT, B. Michael Porter's missing chapter: the risk of antitrust allegations. *Academy of management executive*, 3, (1), 1989, p. 49-56.

GALE, B. T.; BRANCH, B. S. Concentration versus market share: which determines performance and why does it matter?. *The Antitrust Bulletin*, 27, spring 1982, p. 83-103.

JACOBSON, R.; AAKER, D. A. Is market share all that it's cracked up to be? *Journal of marketing*, 49, fall 1985, p. 11-22.

JACOBSON, R. Distinguishing among competing theories of the market share effect, *Journal of marketing*, 52, Oct. 1988, p. 68-80.

LEVITT, Theodore. Marketing myopia. *Harvard Business Review*, Sept./Oct. 1975.

NELSON, Richard R. Why do firms differ, and how does it matter? *Strategic Management Journal* 12, 1991, p. 61-74.

PRAHALAD, C. K.; HAMEL, G. The core competence of the corporation. *Harvard Business Review*, May/June 1990, p. 79-91.

O'KEEFFE, M.; MAVONDO, F.; SCHRODER, W. The resource-advantage theory of competition: implications for Australian competition. Melbourne: Monash University Agriculture Research Unit, 1996.

RAVENSCRAFT, D. J. Structure-profit relationships at the line of business and industry level. *Review of economics and statistics*, 65, Feb. 1983, p. 22-31.

REH, J. F. *Pareto's Principle – The 80-20 Rule*. Disponível em: http://management.about.com. Acesso em: 25 jan. 2006.

SANVICENTE, A. Z. et al. Estimando o custo de capital de companhias fechadas no Brasil para uma melhor gestão estratégica de projetos. São Paulo: IBMEC, *Working Paper – WPE* 33, 2007.

TEECE, D. PISANO, G. The dynamic capabilities of firms: an introduction. *Industrial and corporate change*, 3, 1994, p. 537-556.

SCHMALENSEE, R. Do markets differ much? *American Economic Review*, 75, 1985, p. 341-335.

WERNFELT, B. A resource-based view of the firm. *Strategic Management Journal*, 5, 1984, p. 171-180

Dissertações

AJZENTAL, A. *Estudo da variação das vendas de lojas de uma rede de fast-food.* 2001. Dissertação (Mestrado Profissional) FGV/EAESP, São Paulo.

CECCONELLO, A. R. *Identificação e análise de fatores críticos de sucesso no ensino de contabilidade para não-contadores, em cursos de pós-graduação lato sensu, na cidade de São Paulo*. 2002. Dissertação (Mestrado em Controladoria e Contabilidade Estratégica) Unifecap, São Paulo.

Trabalhos de Conclusão de Curso

AQUINO, C.; BUTION, J.; NUDEL, D. *Resinas termoplásticas recicladas: análise da viabilidade de implementação de sistema integrado de captação e beneficiamento de resíduos.* 2005. (Trabalho de Conclusão de Curso) – ESPM, São Paulo.

FERREIRA, E.; NOVELLI, R.; SAMBUICHI, E. K. *Análise da viabilidade da abertura de um cinema focado na classe popular na cidade de São Paulo.* 2005. (Trabalho de Conclusão de Curso) – ESPM, São Paulo.

Sites

VIVO. Disponível em: http://www.vivo.com.br/portal/estudantes_missao_valores_visao.php. Acesso em: 24 jan. 2007.

GERDAU. Disponível em: http://www.gerdau.com.br/port/agerdau/visao_missao.asp. Acesso em: 24 jan. 2007.

HSBC. Disponível em: http://www.hsbc.com.br/sobre-hsbc/hsbc-brasil/missao-visao-valores.shtml. Acesso em: 24 jan. 2007.

Sebrae-SP. Sobrevivência e mortalidade de empresas paulistas de 1 a 5 anos – 2001 a 2004. Disponível em: http://www.sebraesp.com.br. Acesso em: 1º mar. 2006.

Apêndice: Apresentação de Planos de Negócio

Introdução

Enquanto no texto que compõe este livro a preocupação principal foi desenvolver o percurso metodológico para a construção de um plano de negócio, esta parte tem o objetivo de oferecer considerações para sua apresentação. O conteúdo a seguir traz lembretes e não tem a pretensão de esgotar o assunto.

Apresentar um Plano de Negócio significa expor, à avaliação de terceiros, o desenvolvimento ordenado de um raciocínio, que pode ocorrer por escrito ou por uma exposição oral, bastante comuns em se tratando de planos de negócio para empresas ou trabalhos de conclusão de curso.

Para atender às necessidades específicas, tanto por escrito quanto oralmente, este apêndice está dividido em duas partes, começando com alguns comentários relativos à comunicação de um plano de negócio.

Comunicação

Stoner e Freeman definem comunicação como o processo por meio do qual as pessoas tentam compartilhar significado pela transmissão de mensagens simbólicas.

Sua definição operacional de comunicação chama atenção para três pontos essenciais:

1. a comunicação envolve pessoas, compreender a comunicação, portanto, implica a tentativa de entender como as pessoas se relacionam umas com as outras;
2. a comunicação envolve significados compartilhados, o que sugere que, para se comunicar, as pessoas devem concordar quanto à definição dos termos que estão usando;
3. a comunicação é simbólica – gestos, sons, letras, números e palavras só podem representar ou sugerir as idéias que eles pretendem comunicar.

A Figura 1.A, a seguir, ilustra um modelo operacional do processo de comunicação. Em seguida, são apresentados os principais elementos desse modelo.

Em uma organização, o **emissor** é a pessoa que tem informações, necessidades ou desejos de comunicá-los a uma ou mais pessoas.

A **codificação** acontece quando o emissor traduz numa série de símbolos a informação a ser transmitida. A codificação se faz necessária porque a informação só pode ser transferida de uma pessoa a outra por meio de representações ou símbolos. Como a comunicação é o objeto da codificação, o emissor tenta estabelecer um significado mútuo com o receptor por intermédio da escolha de símbolos, geralmente, na forma de palavras e gestos, que ele considera que terão o mesmo significado para o receptor. A falta de significado mútuo é uma das causas mais comuns de desentendimento ou de falha na comunicação.

Figura 1.A: Modelo do processo de comunicação

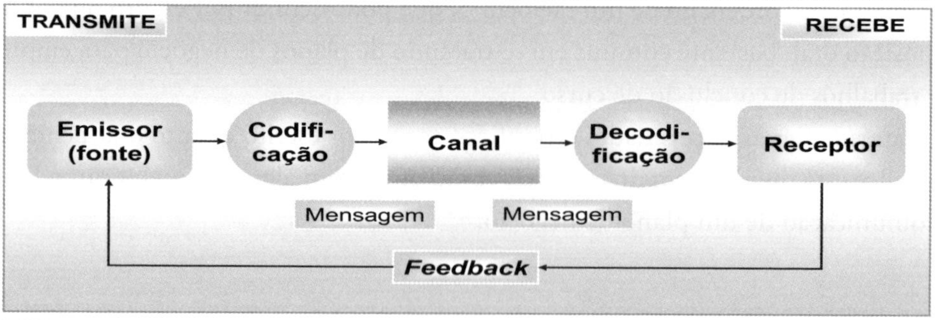

A **mensagem** é a forma física na qual o emissor codifica a informação. Ela pode ter qualquer forma que possa ser captada e compreendida por um ou mais dos sentidos do receptor.

O **canal** é o meio de transmissão de uma pessoa a outra, e, freqüentemente, é inseparável da mensagem. Para a eficácia e eficiência da comunicação, o canal deve ser adequado à mensagem. Apesar de os administradores terem uma ampla gama de canais disponíveis, nem sempre utilizam os mais eficazes, por gostos, costume ou comodidade. O administrador deve atentar para a escolha do melhor canal.

Receptor é a pessoa cujos sentidos percebem a mensagem do emissor, que, não necessariamente, é destinada a apenas uma pessoa, ou seja, pode haver um grande número de receptores. A mensagem deve ser elaborada levando-se em conta a experiência passada do receptor. Caso ela não chegue ao receptor, a comunicação não acontece. Pode-se dizer o mesmo se a mensagem chega, mas o receptor não a compreende.

Decodificação é o processo pelo qual o receptor interpreta a mensagem e a traduz em informação significativa. É um processo de duas etapas: o receptor, primeiro, deve perceber a mensagem e, em seguida, interpretá-la. A decodificação é afetada pela experiência passada do receptor, por suas interpretações dos símbolos e gestos usados, pelas expectativas (as pessoas tendem a ouvir o que desejam) e pelo compartilhamento de significados comuns com o emissor. Em geral, quanto mais a decodificação do receptor se aproximar da mensagem pretendida pelo emissor, mais eficaz será a comunicação.

Ruído é qualquer fator que perturba, confunde ou interfere na comunicação, e pode ocorrer em qualquer estágio do processo comunicativo. A ânsia de dar sentido a uma comunicação é tão grande que até mesmo uma comunicação absurda é, comumente, decodificada pelo receptor como uma declaração sensata que pode ter um significado totalmente diferente da mensagem originalmente codificada.

O ***feedback*** é o reverso do processo de comunicação. Nele é expressa uma reação à comunicação do emissor. Como o receptor tornou-se emissor, o *feedback* passa pelas mesmas etapas da comunicação original. Em uma organização, o *feedback* pode ocorrer numa variedade de formas.

A **comunicação em um sentido** é aquela que não espera ou recebe *feedback*. Por outro lado, a **comunicação em dois sentidos** é aquela em que o *feedback* se faz presente.

A mídia é conteúdo.

A apresentação escrita e oral trata da disposição das informações. No entanto, a forma, ou mídia, não somente estrutura, apresenta e delimita o conteúdo; a mídia também é conteúdo.

Dada a reação que se deseja obter do interlocutor, a linha de raciocínio adotada, o trabalho de pesquisa realizado, a análise e conclusões obtidas devem ser apresentadas em formato consoante com o propósito do trabalho, o qual deve incluir o meio em que será realizado, seu objetivo e características particulares dos interlocutores.

Forma e conteúdo

Apresentação escrita

A título de exemplo, expõe-se a seguir um modelo de plano de negócio para orientação sobre o conteúdo usualmente contemplado nesse relatório. Esse modelo não pretende substituir outros utilizados pelas instituições e sua estrutura é basicamente a adotada em apresentações para bancos de investimento, órgãos financiadores, competições e em cursos de graduação e pós-graduação. Deve-se lembrar que, dependendo da ocasião, as pessoas que recebem os planos têm a possibilidade de definir um padrão próprio.

Plano de negócios

I. Sumário

No sumário são relacionados seções, capítulos e itens. Geralmente, os subitens não são incluídos. Ele deve indicar a numeração da página.

II. Sumário executivo

Diferentemente de uma introdução, o sumário executivo diz respeito a um resumo do trabalho como um todo. Para cumprir esse propósito é preciso resumir a mensagem em três a cinco páginas. É importante considerar que os avaliadores têm muitos planos para ler, assim, o sumário executivo deve proporcionar ao leitor uma idéia do conjunto da obra e, principalmente, prender sua atenção e despertar a curiosidade para que leia o Plano inteiro. Para abranger uma visão global e sintética do trabalho, é mais adequado que seja redigido ao final da elaboração do Plano. Procure mencionar as seções que o leitor irá encontrar, sem transformar o sumário em um índice.

III. A empresa – descrição geral

Seu objetivo é fazer o leitor entrar em contato com a concepção da empresa – sua proposta, sua oferta; a **solução** adotada face ao trabalho realizado. Esse é o caminho mais rápido e direto para que o leitor entenda seu posicionamento. Depois, com interesse nas razões para a solução adotada, procurará entender o percurso metodológico utilizado e as bases estudadas.

Os itens a seguir, desenvolvidos na seção III, devem relatar as informações obtidas no percurso desenvolvido.

1 Visão, Missão, Objetivos e Valores
2 Identificação do negócio
3 História da empresa (caso seja uma empresa existente)
  3.1 Fundação, desenvolvimento e situação atual
  3.2 Histórico de desempenho financeiro
4 Vantagens competitivas da empresa
  4.1 Acesso aos mercados fornecedor e consumidor
  4.2 Localização geográfica
  4.3 Tecnologia de produção
  4.4 Marca
  4.5 Características únicas

IV. Análise de mercado

Com essa seção inicia-se a apresentação da justificativa da solução adotada. Aqui serão expostas as pesquisas realizadas, os dados obtidos, os modelos adotados e as análises decorrentes. Não confundí-la com Estratégia de Marketing, pois enquanto a primeira procura conhecer o meio, a última indica uma linha de atuação.

1. Análise setorial

Apresentação da indústria e sua relação com o macroambiente.

  1.1 Descrição geral
  1.2 Principais grupos de fornecedores
  1.3 Principais grupos de clientes

1.4 Empresas rivais
1.5 Ameaça de substitutos e novos entrantes
1.6 Barreiras de entrada
1.7 Barreiras de saída
1.8 Análise sobre competição e cooperação
1.9 Ameaças e oportunidades do setor
1.10 Relacionamento do setor com o macroambiente

2. Análise de demanda

Apresentação do estudo desenvolvido para analisar a demanda.

2.1 Perfil do cliente
2.2 Segmentação
2.3 Quantificação por segmento
2.4 Preços e margens por segmento
2.5 Histórico, tendências e perspectivas

3. Análise da concorrência

Estudo sobre os agentes que competem por insumos ou clientes com a empresa sob estudo.

3.1 Identificação dos concorrentes
3.2 Perfil dos concorrentes
3.3 Pontos fortes e fracos
3.3 Localização geográfica
3.4 Tecnologia de produção
3.5 Canais de distribuição
3.6 Marca
3.7 Características únicas
3.8 Estratégias mercadológicas adotadas
3.9 Reação esperada à ação pretendida

V. Oferta da empresa

Apresentadas a indústria em que se deseja atuar, a demanda e a concorrência, expõe-se a oportunidade que se pretende explorar.

1 Descrição
2 Vantagem competitiva
3 Estratégia mercadológica (mencionar estratégia de vendas, promoção, distribuição e preço)
4 Propriedade intelectual

VI. Plano operacional

Apresentação da estrutura necessária para que a oferta possa ser realizada e as metas propostas, atingidas.

1 Infra-estrutura inicial e futura
2 Tecnologia utilizada
3 Logística interna
4 Fornecedores
5 Logística externa
6 Gerência
7 Organização e Recursos Humanos

O plano operacional é um item importantíssimo, diz respeito às pessoas, talentos, com quem se fará o negócio, sendo normal os investidores perguntarem quem o conduzirá, antes de discutirem idéias e produtos. Para facilitar esse entendimento, deve-se apresentar os possíveis responsáveis inserindo um breve *curriculum vitae* de cinco a seis linhas. O currículo completo pode ser exposto no final, como apêndice. É importante apresentar também o organograma da instituição.

VII. Capitalização – sustentação financeira

Nesse ponto ocorre a conversão da estratégia, redigida em palavras, para os números. São apresentadas as planilhas financeiras que incluem os indicadores que possibilitam a avaliação da tomada da decisão. É uma das partes mais importantes do Plano. Aqui, surge a questão da necessidade de capital.

VIII. Fontes de recursos – necessidade de capital

Nessa seção, evidencia-se a questão da necessidade de capital. Relaciona-se à seção anterior, pois evidencia a estrutura e a origem dos capitais de investimento.

IX. Apêndices

A. *Curriculum vitae* dos principais dirigentes
B. Pesquisa de mercado – Demanda
C. Pesquisa de mercado – Indústria
D. Outros apêndices relevantes

Redação

Conforme já visto, a comunicação é fator crítico para a compreensão de um plano de negócio. Na seqüência, comentam-se alguns itens que devem ser levados em consideração quando o Plano estiver sendo escrito.

Texto

É difícil enfrentar uma página em branco e iniciar a escrita. Muitos, em geral, são tentados a sair escrevendo aquilo que vem à cabeça. Apresente para seu leitor um texto enxuto, objetivo, com idéias estruturadas e relacionadas entre si. Antes de escrever o texto propriamente dito, escreva uma estrutura das idéias que deseja transmitir e os argumentos que podem ser empregados para defendê-las. Monte a seqüência do que quer comunicar, estruturando o pensamento sob a forma de um sumário. Imagine cada idéia em um parágrafo. De forma geral, parágrafos com no máximo quatro ou cinco linhas. Utilize as palavras com precisão na construção das frases. Os textos, quando revisados, tendem a diminuir de tamanho, mostrando a dificuldade existente para se exprimir da melhor maneira logo de início.

Evite a utilização de palavras entre aspas, pois, em geral, elas escondem ou atribuem um sentido às palavras que nem sempre é percebido pelo leitor. Ter um dicionário ao lado é imprescindível para buscar palavras e apreender seu significado na hora de escrever.

Fonte

Há várias fontes disponíveis nos editores de texto. Recomendam-se fontes que transmitam sobriedade, seriedade e segurança. Dentre elas, podem-se destacar Times e Arial. A fonte serifada, como a Times, é bastante apropriada em textos escritos formais, pois é de mais fácil leitura e, por essa razão, é a mais utilizada por jornais e revistas. Apesar disso, a escolha da fonte é subjetiva, evitando-se, contudo, as muito rebuscadas ou não usuais, que possam transmitir uma idéia de displicência ao leitor. O tamanho da fonte pode ser 12 ou 13.

Exemplo de fontes e aplicação:

Times New Roman – 12	A análise da demanda revelou que o público em questão apresenta preferência pelo modelo da cor cinza.
Arial – 11	A análise da demanda revelou que o público em questão apresenta preferência pelo modelo da cor cinza.
Comic Sans MS - 11	A análise da demanda revelou que o público em questão apresenta preferência pelo modelo da cor cinza.

Tempos verbais

Com relação aos tempos verbais empregados no texto, pode-se dividir o trabalho em três partes: futuro, presente e passado, nessa ordem.

O sumário executivo, como mencionado anteriormente, apresenta ao leitor o propósito do trabalho e o que faz parte dele. Nesse texto, deverá ser empregado o tempo **futuro**. Por exemplo:

> Neste trabalho, **será realizado** um estudo sobre a viabilidade da implementação de uma estratégia voltada...

Ao longo do desenvolvimento do trabalho emprega-se o tempo **presente**. Por exemplo:

> Assim, com as pesquisas realizadas, observa-se que as empresas concorrentes **apresentam-se** defasadas em relação...

Na conclusão do trabalho emprega-se o tempo **passado**. Não se deve esquecer de que a conclusão precisa estar ligada ao sumário executivo, devendo responder à questão proposta no início do trabalho, ou seja, se os objetivos propostos foram atendidos. Por exemplo:

No desenvolvimento deste trabalho, **foi** possível concluir que...

Pessoa empregada

Por se tratar de um trabalho que utiliza metodologia científica, no qual o pesquisador deve se distanciar do experimento, observando-o e não influenciando-o, ele não deve ser redigido na primeira pessoa do singular (eu). Podem-se empregar a terceira pessoa do singular (ele) e do plural (eles), e, dependendo da proposta, a primeira pessoal do plural (nós). Por exemplo:

Pelos dados expostos, pode-se observar que... (terceira pessoa do singular)
Assim, optam-se por demandas... (terceira pessoa do plural)
Pudemos observar que... (primeira pessoa do plural)

Outras recomendações

Afirmação própria ou **opinião pessoal** – como comentado anteriormente, dado o caráter objetivo da pesquisa, não devem ser expressas opiniões pessoais. A metodologia empregada e as pesquisas realizadas devem ser embasadas e os dados obtidos devem ser analisados.

Adjetivação – os adjetivos devem ser empregados com concisão e parcimônia, ficando restritos a situações em que seu uso seja imprescindível, para não refletir opinião pessoal ou subjetivismo. O estudo deve dispor de dados e informações consistentes para dar base à argumentação exposta. Por exemplo:

A indústria sob estudo apresentou um crescimento **muito grande**...

O crescimento mencionado pode ter sido muito grande para um e ínfimo para outro. A frase poderia ficar assim:

A indústria sob estudo apresentou um crescimento de **10%** comparado ao período anterior, porém 5% inferior, se comparado às indústrias internacionais nesse mesmo período...

Cuidado com as afirmações – as afirmações devem ser fruto de dados obtidos por meio de pesquisas em fontes fidedignas. Evite realizar afirmações oriundas do senso comum, do tipo "eu sei e todo mundo sabe". O processo de escrita deve ser racional, estruturado, reflexivo e, por conseqüência, lento, se comparado à transcrição direta de pensamentos que vêm à mente. As afirmações devem ter fonte citada, refletindo a pesquisa realizada. Por exemplo:

> *Pretendemos investir em alimentação, que é um bom negócio, pois todo mundo precisa comer...*
>
> *Pudemos ver que apesar de a alimentação ser um item de consumo de caráter essencial (...) quando estudado através da POF como um subitem de Alimentação Fora do Domicílio (...) este item apresenta alta elasticidade comparável ao de vestuário...*
>
> (AJZENTAL, 2001, p. 92)

Autores e suas obras citados ao longo do texto devem constar de uma seção específica, a **bibliografia**, pois as afirmações devem apresentar fonte, que tragam autor, título da obra, cidade onde se localiza a editora e o ano de publicação. Aliás, o ideal é registrar as obras na medida que as citações forem sendo incluídas, pois é muito mais difícil ter de retornar toda a pesquisa para resgatar os dados das fontes.

Amarração entre capítulos – no início de um capítulo, escreva um parágrafo introdutório sobre assunto que será tratado nele. Aproveite para fazer uma amarração com o capítulo anterior. No final, resuma o conteúdo estudado e adiante brevemente o conteúdo do próximo. Se realizado com dois ou três parágrafos, esse processo ajuda o leitor a entender o encadeamento lógico dos capítulos. Deve-se, porém, ter o cuidado de não ser repetitivo e redundante.

Ilustrações

As ilustrações apresentam informações de rápida e fácil leitura que, se escritas, demandariam muito texto para expressar a mesma informação. Auxiliam também a atenuar o efeito monótono de um texto muito extenso. Dentre as ilustrações podem-se mencionar mapas, tabelas, quadros, gráficos, infográficos, esquemas, plantas e fotos.

Mapas

Os mapas são úteis para ilustrar distribuições geográficas, principalmente quando é analisada a distribuição de fornecedores, de mercados-alvo, escolha de local de ponto-de-venda - *site location* e logística externa.

Figura 2.A: Mapa São Paulo Distribuição etc

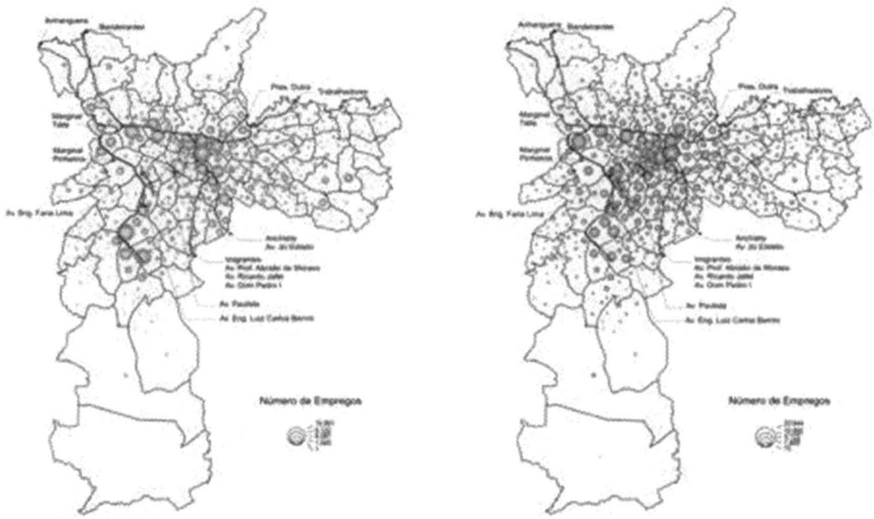

Os mapas também podem servir como plataforma para a elaboração de trabalhos mais sofisticados, como de geomarketing, por exemplo, apresentado a seguir.

Figura 3.A: Mapa referente às áreas potenciais

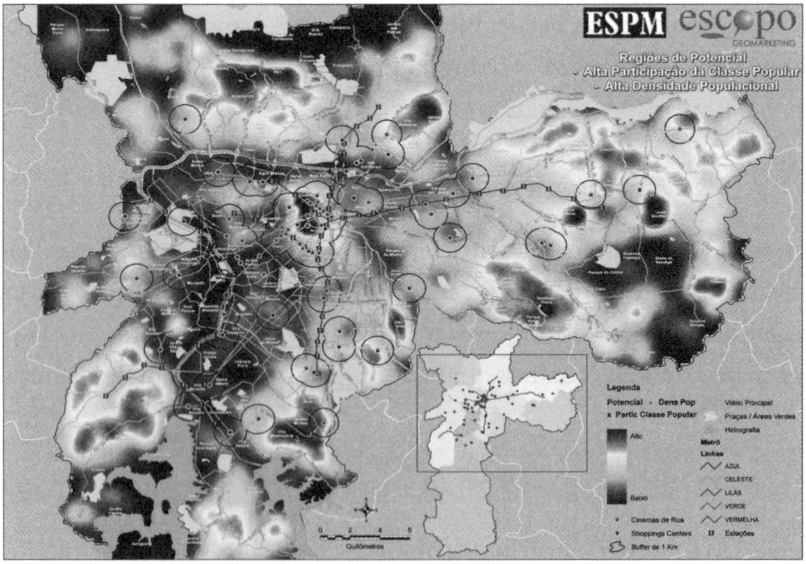

Fonte: Escopo Geomarketing, 2004 (citado por FERREIRA *et al.*, 2005.).

Nesse exemplo, foram cruzadas informações da posição geográfica das regiões, determinadas distribuições de renda da população e sua densidade demográfica, obtendo-se informações sobre as localizações de regiões que agregavam alta densidade populacional e baixa renda, indicadas por meio de coloração mais quente.

Estas foram acrescidas de informações sobre vias de acesso e transporte público, como as linhas e estações de metrô e as principais vias de tráfego, conhecimento relevante e importante para os propósitos de alunos que desenvolviam um Plano de Negócios de rede de cinemas voltados ao público de baixa renda na região metropolitana de São Paulo.

Tabelas, gráficos, fluxogramas

As tabelas são empregadas para organizar e expor os dados. No entanto, na medida que incorporam mais dados, podem não transmitir a informação de forma que o leitor compreenda. Nesse caso, deve-se recorrer à utilização de gráficos que transmitem informações que encaminham as análises.

Exemplo de boa utilização de tabela:

Tabela 1.A: Barreiras de entrada e saída

Barreiras de Saída Barreiras de Entrada	Alta	Baixa
Alta	alta margem/alto risco	alta margem/baixo risco
Baixa	baixa margem/alto risco	baixa margem/baixo risco

Fonte: Autores

A Tabela 2.A, a seguir, traz um exemplo de utilização confusa e pouco funcional de uma tabela, além de alguns erros, a saber:

- Há uma grande quantidade de números.
  Uma série longa de números não permite a visualização do fenômeno que pode estar ocorrendo.
- Os números apresentam muitos dígitos.
  Em vez de mostrar US$ 4.537.905.454 de importações em janeiro de 2001, seria mais indicado apresentar US$ 4,53 BI. Recomenda-se utilizar a notação BI para bilhão, MM para milhão, mil para os milhares.

Deve também se evitar, em demonstrações financeiras, o uso de numerais com centavos.

Tabela 2.A: Valores importação e exportação Brasil

Mês	Importações	Exportações
	US$ FOB Total	
jan/01	4.537.905.454	5.014.229.520
fev/01	4.083.022.884	4.005.275.273
mar/01	5.167.499.613	5.447.377.439
abr/01	4.729.697.668	4.609.505.039
mai/01	5.367.053.752	5.156.175.939
jun/01	5.041.980.071	4.761.558.051
jul/01	4.964.484.598	4.856.732.737
ago/01	5.727.435.747	5.099.364.690
set/01	4.754.965.473	4.159.223.906
out/01	5.002.528.670	4.756.599.313
nov/01	4.500.259.998	4.213.398.997
dez/01	4.345.807.967	3.492.735.114
jan/02	3.971.828.775	3.802.956.320
fev/02	3.658.349.034	3.396.825.868
mar/02	4.260.412.206	3.663.463.161
abr/02	4.641.399.729	4.139.706.082
mai/02	4.441.379.547	4.063.414.031
jun/02	4.078.559.433	3.399.690.988
jul/02	6.223.334.278	5.023.583.022
ago/02	5.751.020.402	4.174.104.812
set/02	6.491.806.837	4.001.096.213
out/02	6.474.407.905	4.281.792.967
nov/02	5.126.951.442	3.847.812.797
dez/02	5.242.335.956	3.442.305.539

Fonte: BCB – MDIC/Sesex.

No caso apresentado, há dificuldade para interpretação dos dados. Um outro exemplo inadequado é mostrado abaixo.

Vendas do período	Valores em R$
Janeiro	21358
Fevereiro	128933,51
Março	98432,1
Abril	4357,2

Observe a diferença entre a tabela anterior e a seguinte, com o mesmo conteúdo.

Vendas do período	Valores em R$
Janeiro	21.358
Fevereiro	128.934
Março	98.432
Abril	4.357

A comunicação também pode ser bastante efetiva por meio do uso de gráficos. Veja, na sequência, como a utilização de gráficos pode auxiliar na visualização e interpretação das informações, considerando-se os mesmos dados.

Gráficos de linha – servem para mostrar evoluções de variáveis em maiores períodos de tempo e comparar variáveis entre si. A melhor visualização permite um melhor entendimento do fenômeno sob estudo. Observe que, além das duas variáveis apresentadas, a própria ilustração permite observar uma terceira, o saldo comercial.

Figura 4.A: Gráfico de valores importação e exportação Brasil

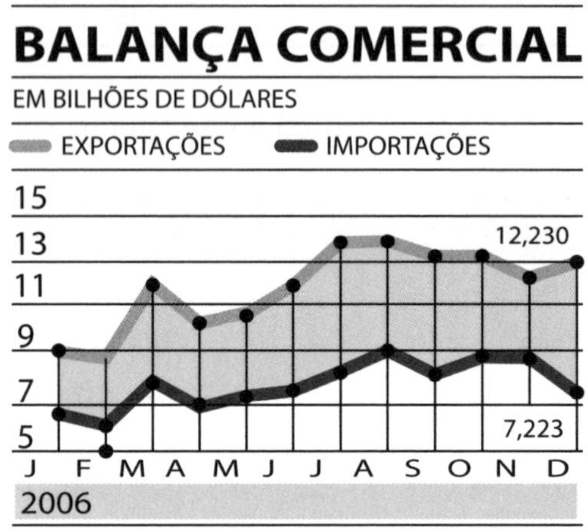

Fonte: Ministério do Desenvolvimento.

Gráficos de barras – servem para ilustrar a evolução de variáveis e sua comparação.

No exemplo dado são comparados os componentes da Pesquisa de Orçamento Familiar (POF) ao longo dos anos, com o intuito de se compreender sua evolução e observar tendências de participação desses itens no orçamento de uma família na região metropolitana de São Paulo.

Figura 5.A: Gráfico de componentes da estrutura do orçamento doméstico na cidade de São Paulo com base nos POF's de 1958, 1969/70, 1982/83 e 1994/95 (em %)

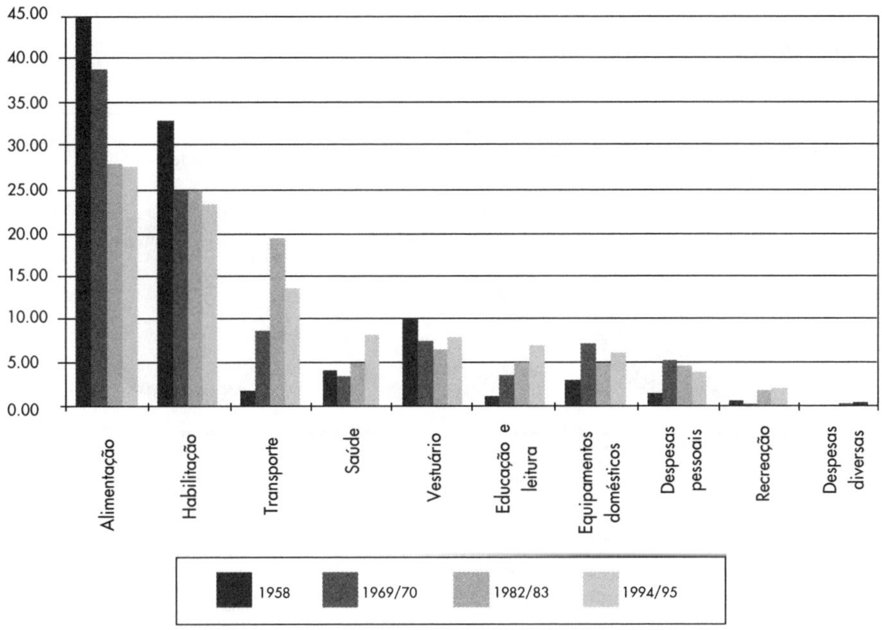

Fonte: DIEESE – POF 1994/95 (citado por FERREIRA *et al.* 2005).

Gráficos de setor ou *pizza* – são ideais para apresentar partes de um todo, por exemplo, participação de mercado de uma empresa ou produto em determinado momento, distribuição das despesas por centro de custo, distribuição de faixas etárias ou faixas de rendimento de um determinado universo de entrevistados. Deve-se estar atento para que os números apresentados estejam de acordo com o conteúdo do texto.

Neste exemplo são apresentados dois gráficos de setor para comparar a situação da estrutura societária da empresa Santos Brasil antes e depois da oferta pública de ações (IPO).

Figura 6.A: Gráfico de setor

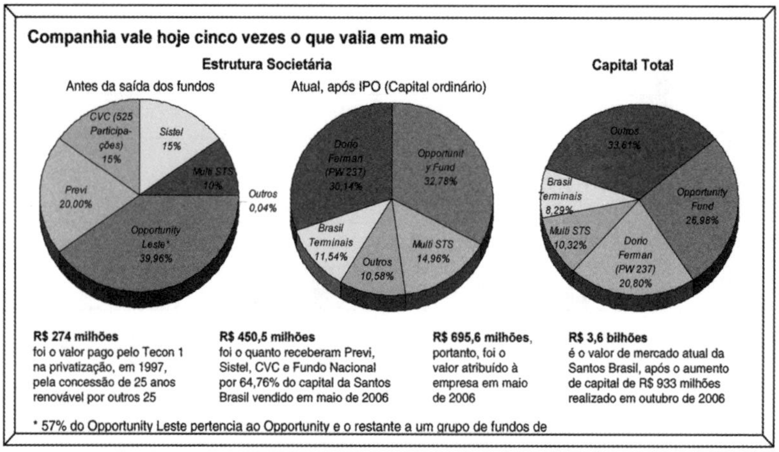

Fonte: Prospecto da oferta pública e IAN da companhia, Bovespa, Economática, e Valor Data.

Fluxogramas – ilustram padrões de processos, como o fluxo de informações em uma empresa, um processo, ou auxiliam na estruturação de um processo lógico. O exemplo ilustra a lógica do desenvolvimento de um Plano de Negócios.

Figura 7.A: Fluxograma da estrutura de desenvolvimento de um Plano de Negócios

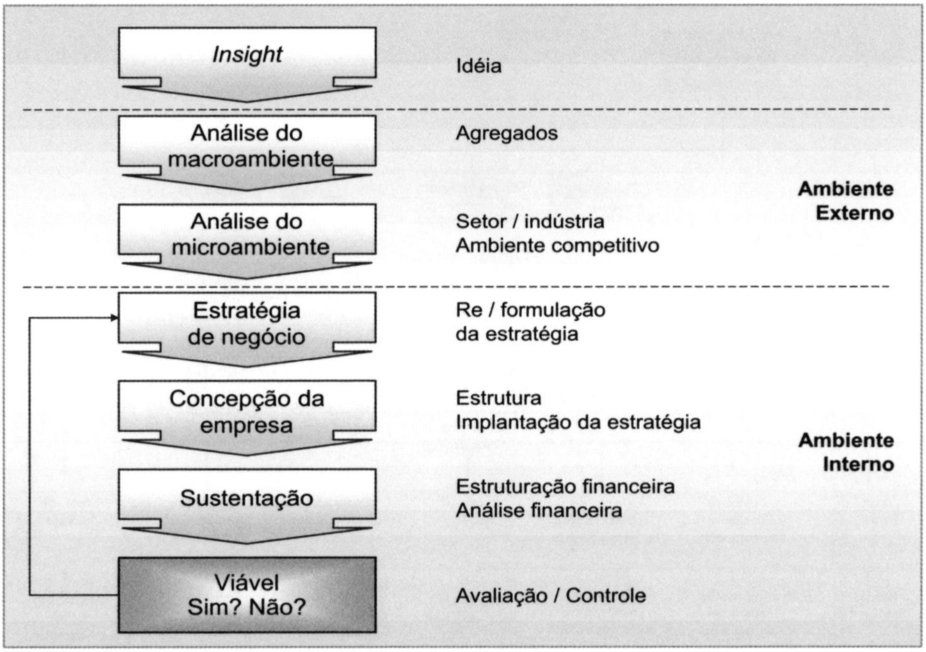

Organogramas – servem para ilustrar padrões de autoridade em uma empresa, tais como o relacionamento entre cargos.

Figura 8.A: Organograma

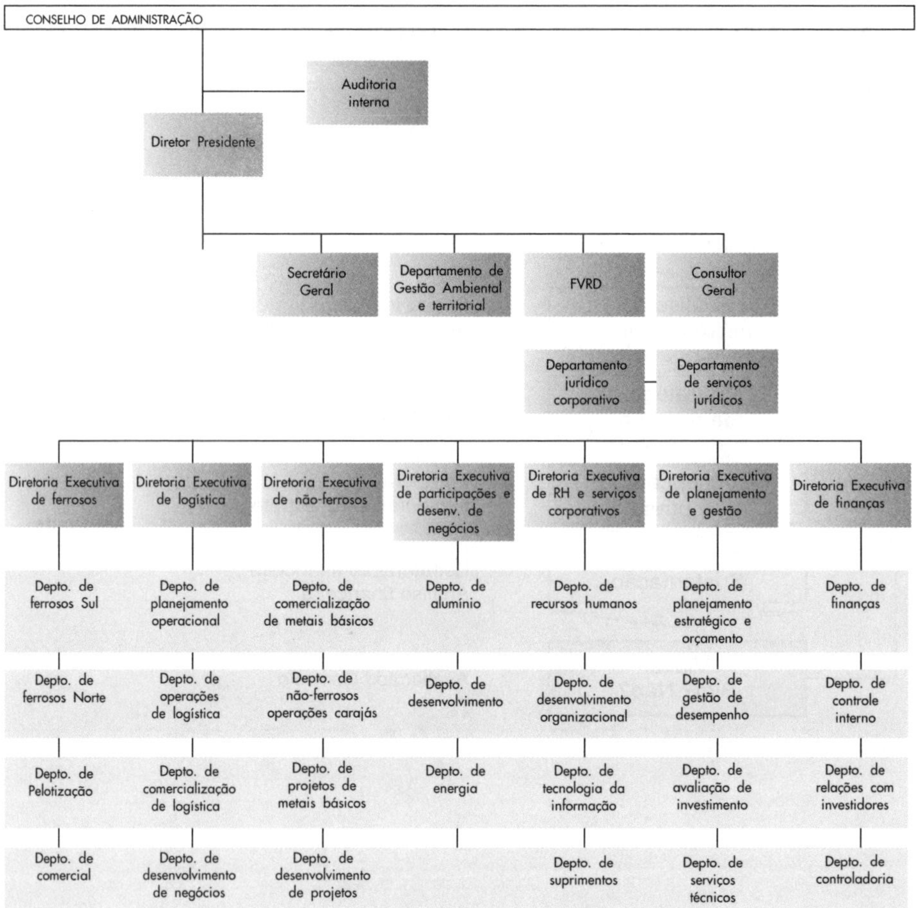

Fonte: http://www.votorantim.com.br/PTB/O_Grupo_Votorantim/Governanca_Corporativa/ Governan%C3%A7a_Corporativa_Estrutura/ Acesso em: 18 jul. 2007.

O exemplo acima é o organograma das empresas do Grupo Votorantim, apresentado em seu site.

Observação: É importante para o resultado estético do trabalho que o material de ilustração apresente uma linguagem visual única com relação às cores e fontes. Recomenda-se que, quando possível, os dados obtidos nas pesquisas em livros, documentos, Internet e em outros meios sejam transpostos para uma geração de gráficos única, de tal modo que tenham uma mesma linguagem. A cópia e transferência de material de diversas fontes, sem um tratamento homogêneo, pode conferir ao trabalho um ar de "colcha de retalhos" em termos estéticos, causando uma comunicação indesejada.

Apresentação oral – audiovisual

Há ocasiões em que há necessidade de se realizar uma apresentação pública do trabalho. Em geral, a apresentação pública não consiste na simples leitura do trabalho em voz alta. Em princípio, as pessoas envolvidas na avaliação do trabalho tiveram, previamente, acesso à parte escrita e aproveitam a apresentação para entender alguns aspectos que possam ter gerado dúvidas.

Uma apresentação oral deve, na medida do possível, contar com recursos audiovisuais, ou seja, apoio de quadro, *flipchart*, *slides*, *datashow* ou transparências.. De forma geral, considere em média três minutos para a apresentação de cada imagem, assim, se a apresentação tiver a duração de vinte minutos, prepare no máximo sete imagens. Informe-se previamente sobre o tempo dedicado à apresentação e à sessão de perguntas e respostas, e procure respeitá-lo.

Tenha bom senso. Se não for pertinente ao tema, não utilize animações em demasia, tampouco exponha imagens com artes muito monótonas. Fotos, animações e filmes, se justificarem sua utilização, podem ser inseridos.

As imagens não devem apresentar o texto completo, tampouco o texto deve ser lido na apresentação. O foco deve ser os principais tópicos ou temas que estão sendo abordados.

Ensaie a apresentação com seus parceiros, sócios ou colegas. Procure dividir a exposição entre os responsáveis pelo plano de negócio, mas evite uma apresentação truncada, em que cada participante fala um pouco. Procure dar fluência e continuidade à explanação. Organize a explicação por imagem, assunto ou área de interesse.

Enquanto um dos elementos do grupo opera o equipamento de suporte, outro pode realizar a apresentação. O apresentador deve permanecer de frente para sua audiência e fazer referência ao material projetado como ilustração de seu discurso não como guia para si, já que, em princípio, deve ter domínio sobre o conteúdo.

Evite ficar na frente do material projetado. Procure ficar ao lado e utilizar apontadores de laser ou tipo vareta para indicar o ponto a que está se referindo.

Para uma apresentação é importante estar prevenido. Sempre utilize mais de um tipo de mídia para evitar problemas. Previna-se com arquivos em duplicidade, empregando CD, *pen drive*, disquete ou arquivo em e-mail para *download* direto da Internet e material impresso para distribuir para a banca e alguns espectadores, caso ocorra falta de energia elétrica ou falha grave nos equipamentos.

Quando os interessados, investidores ou avaliadores, fizerem uma pergunta, aguarde seu final. Não atropele seu questionador iniciando a resposta antes de ele terminar.

Impresso na gráfica das Escolas Profissionais Salesianas.